U0501375

长江人文馆

Humanities

庄老通辨

钱穆/著

长江出版传媒　长江文艺出版社

图书在版编目（ＣＩＰ）数据

庄老通辨 / 钱穆著. -- 武汉：长江文艺出版社，
2020.10
（钱穆作品）
ISBN 978-7-5702-1781-6

Ⅰ. ①庄… Ⅱ. ①钱… Ⅲ. ①道家－研究②《庄子》－
研究③《道德经》－研究 Ⅳ. ①B223.15②B223.55

中国版本图书馆 CIP 数据核字(2020)第 169948 号

策划编辑：陈俊帆
责任编辑：周 阳   责任校对：毛 娟
封面设计：天行云翼·宋晓亮   责任印制：邱 莉 杨 帆

出版：长江出版传媒 ｜ 长江文艺出版社
地址：武汉市雄楚大街 268 号   邮编：430070
发行：长江文艺出版社
http://www.cjlap.com
印刷：武汉中科兴业印务有限公司

开本：640 毫米×970 毫米   1/16   印张：25.75   插页：1 页
版次：2020 年 10 月第 1 版   2020 年 10 月第 1 次印刷
字数：306 千字

定价：45.00 元

目　录

右文①《关于老子成书年代之一种考察》，成于一九二三年夏。《再论老子成书年代》，成于一九三三年春。此两篇，曾与拙著《先秦诸子系年》中《孔子与南宫敬叔适周问礼老子辨》及《老子杂辨》两篇合刊，由上海大华书店印行，书名《老子辨》。

一九四五年，在成都，成《比论孟庄两家论人生修养》及《记魏晋玄学三宗》共两篇。一九四八年，在无锡江南大学。是年春，成《郭象庄子注中之自然义》一篇。冬，草创《庄子纂笺》，越年脱稿。

一九五三年在香港，成《庄》《老》两小传，及《道家政治思想》，共三篇。

一九五五年，成《庄老宇宙论》，《王弼郭象注易老庄用理字条录》，又《庄老太极无极义》，共三篇。

一九五六年，成《释道家精神义》，及《庄子外杂篇言性义》，共

---

① 编者注：原指繁体竖排版中右边的文字。

两篇。

一九五七年，成《老子书晚出补证》，及《王弼论体用》，共两篇。上述十五篇合成今书，前后计之，已历三十五年矣。

诸文多数均曾分别于各杂志刊载，此次汇合付印，逐篇均有修订润饰。然大体各仍旧贯，未能竟体改写。语或重出，亦恐有小小相牴牾处，幸读者谅之。

本书专为讨论庄、老两家之思想，而辨订其先后。其关于庄、老两家之生卒年世，及历史传说之种种考订，则均详见于拙著《先秦诸子系年》。

拙著与本书可互相发明参证者，除《先秦诸子系年》外，尚有《国学概论》《中国思想史》《墨子》《惠施公孙龙》诸书，幸读者参阅。

一九五七年八月

此书于一九五七年十月，由香港新亚书院研究所初版发行。一九七一年，又在台北再版发行。今又补入三篇：一、《三论老子成书年代》，二、《庄子书言长生》，三、《庄老与易庸》，皆早年之作，今一并收入此集，全书共十八篇。特识数语，以告读者。

一九九〇年五月

编者按：本次重印新增《庄子薪尽火传释义》与《道家与黄帝》两文，共计二十篇。

自　序

　　近人论学，好争汉、宋。谓宋儒尚义理，清儒重考据，各有所偏，可也；若立门户，树壁垒，欲尊于此而绝于彼，则未见其可也。清儒以训诂考据治古籍，厥功伟矣。其谓"训诂明而后义理明"，说非不是。惟求通古书训诂，其事不尽于字书小学，《尔雅》《说文》，音韵形体，转注假借之范围。此属文字通训，非关作家特诂。如孔孟言仁，岂得专据字书为说？即遵古注，亦难惬当。阮元有《论语论仁篇》《孟子论仁篇》，遍集《论》《孟》"仁"字，章句缕析，加以总说，用意可谓微至。然所窥见，仍无当于孔孟论仁之精义。昔朱子告张南轩，已指陈其症结所在。此必于孔孟思想大体，求其会通，始可得当，而岂寻章摘句，专拈《论》《孟》有"仁"字处用心，谓能胜任愉快乎？又况抱古注旧训拘墟之见，挟汉、宋门户之私，则宜其所失之益远矣。

　　清儒于考据，用力勤，涉猎广，而创获多。然其大体，乃颇似于校勘、辑逸之所为。跖实有余，蹈虚不足。施于每一书之整理，洵为有功。其于古人学术大体、古今史迹演变，提挈纲宗，阐抉幽微，则犹有憾。此必具综合之慧眼，有博通之深识，连类而引伸之，殊途而同归焉；此亦一种考据，岂仅比对异同，网罗散失之谓乎？清儒于小学音韵，造诣深者，差已睎此境界，其他犹悬然也。

　　清儒亦有言，非通群经，不足以通一经。推此说之，非通诸史，亦不足以通一史；非通百家，亦不足以通一家。清儒考据，其失在于各别求之，而不务于会通。章实斋号为长于平章学术，其分别清儒为学途辙，谓浙西尚博雅，浙东贵专家。其实博涉必尚会通，否则所涉虽博，而仍陷于各别之专。清儒往往专精一史，专治一子。一史一子已毕，乃又顾而之他。故所繁称博引，貌为博而情则专，实未能兼综诸端，体大思精，作深入会通之想也。

衡量清学一代所得，小学最渊微。整理经籍，瑕瑜已不相掩。至于子、史两部，所触皆其肤外，而子部为尤甚。此正其轻忽于义理探求之病。然求明古书义理，亦岂能遂舍训诂考据而不务？后有作者，正贵扩其意境，广其途辙，就于清儒训诂考据已有业绩，而益深益邃，庶有以通汉、宋之囿，而义理考据一以贯之，此则非争门户、修壁垒者之所能知也。

《老子》为晚出书，汪容甫已启其疑。然汪氏所疑，特在《史记》所载老子其人其事，固未能深探本书之内容。梁任公推汪氏意，始疑及《老子》本书；所举例证，亦殊坚明。然梁氏亦复限于清儒旧有途辙，未能豁户牖而开新境。且《老子》书晚出于《论语》，其说易定。而其书之著作年代，究属何世？庄老孰先孰后？则其谳难立。余之此书，继踵汪、梁，惟主《老子》书犹当出庄子、惠施、公孙龙之后，则昔人颇未论及。持论是非，当待读者之自辨。而本书所用训诂考据方法，亦颇有轶出清儒旧有轨范之外者。此当列诸简端，以告读吾书者也。

《老子》书开宗明义，即曰："道可道，非常道；名可名，非常名。"以清儒训诂小学家恒见遇之，若不烦有训释。而实不然。先秦诸子著书，必各有其书所特创专用之新字与新语，此正为一家思想独特精神所寄。以近代语说之，此即某一家思想所特用之专门术语也。惟为中国文字体制所限，故其所用字语，亦若惯常习见。然此一家之使用此字此语，则实别有其特殊之涵义，不得以惯常字义说之。

韩昌黎有言："道其所道，非吾所谓道也。"《老子》书开宗明义，"道""名"兼举并重。即此一"名"字，其涵义，亦非孔子

《论语》"必也正名乎"之"名"字涵义，所可一例而视。若深而求之，《老子》书中所用"道""名"二字，不惟其涵义与《论》《孟》有别，并亦与《庄子》内篇七篇所用"道""名"二字涵义有不同。此正庄老两家之所以各成其为一家言也。此非熟参深通于《庄》《老》两书之全部义理，将无法为此二字作训释。清儒惟戴东原《孟子字义疏证》，为能脱出训诂旧轨。焦里堂、阮芸台继踵，亦多新见。然清代学术大趋，则终在彼不在此。抽其端，未畅其绪，故其所谓"训诂明而义理明"者，亦虚有其语耳。

今试就此"名"字，比观《庄》《老》两书，分析其涵义内容，较量二氏对此"名"字一观念之价值评判，则有一事甚显然者。《庄子》内篇七篇，每兼言"名""实"，此与《孟子》略相似。兼言"名""实"，则每重实不重名。故庄子曰："名者，实之宾也。吾将为宾乎?"此庄子之无重于名也。而《老子》书则"道""名"兼重;有"常道"，复有"常名"。又曰："自古及今，其名不去，以阅众甫。吾何以知众甫之状哉? 以此。""其名不去"，即"常名"也。正因有此等常名，乃可使吾知"众甫之状"。然则"常名"者何指? 是即吾所谓此乃一家思想所特用之一种新语也。即"常"字，古经籍亦不多见。后世重视此"常"字，实承《老子》。读古书者，贵能游情于古作者之年代，其心若不知有后世，然后始可以了解此古书中所新创之字语，及其所影响于后世者何在。否则亦视为老生常谈，而不知我之沉浸染被于此老生常谈中者之深且厚也。俞曲园《诸子平议》，破此"常"字为"尚"字，此正其锢蔽于清儒小学训诂家之恒习常见，乃不知此"常"字乃老子所创用。故老子又郑重申言之，曰："不知常，妄作凶。"亦岂可以"尚"字说之乎?

必欲求《老子》书中此"常名"一语涵义所指，则仍须一种训诂，而此种训诂，则仍必凭于考据。清儒解经训字，或凭字书，或凭古注。因其重古注，遂重家法。而诸子书固无家法可循。为诸子作注，其事较晚起。注《老子》者莫著于王弼。弼之注"自古及今，其名不去"曰："无名则是其名也。"既曰无名，则并名而不立，乌得谓"其名不去"乎？是王《注》之未谛也。今以《老子》本书注《老子》，则所谓"自古及今，其名不去"者，此必为《老子》书开端所谓之"常名"可知矣。

然则何者乃始为常名？当知"名""实"兼言，此为孟、庄时代之恒语。一名指一实，此一实即一物也。惟由庄子意言之，万物在天地间，若驰若骤，如庄周之与胡蝶，鼠肝之与虫臂，化机所驱，将漫不得其究竟，故名无常而不足重。老子则不然。老子曰："有物混成，先天地生。寂兮寥兮，独立而不改，周行而不殆，可以为天下母。吾不知其名，字之曰道，强为之名曰大。大曰逝，逝曰远，远曰反。"此所谓"先天地生"，即首章"无名天地之始"也；"可以为天下母"，即首章"有名万物之母"也。谓之"混成"，则无可分别，故曰"不可名"；谓之"不改"，则常在不去，乃终不可以无名，故又强而为之名。而道则终是不可名者。故既曰"大道无名"，又曰"吾不知其名，字之曰道"，则道者乃无可名而强为之字。"字"与"名"之在《老子》书，涵义亦有别。今若进而问：何者始为可名？在老子意，似谓有状者乃始可名。"状"即一种形容也。今若强为道作形容，则曰"大"，曰"逝"，曰"远"，曰"反"；此皆道之状也。道既有状，故得强为之名。

然则"名"字之在《老子》书，其重要涵义，乃指一种物状之形容，因于有状而始立。"状"字在《老子》书，又特称曰"象"。老子曰："道之为物，惟恍惟惚。惚兮恍兮，其中有象。恍兮惚兮，其中有物。窈兮冥兮，其中有精。其精甚真，其中有信。自古及今，其名不去。"然则就《老子》书释《老子》，名当有两种：一为物体之名，一为象状之名。物之为物，若驰若骤，终不可久，故"其名不去"者，实是一种象状之名，而非"名""实"之名也。故曰《老子》书中"名"字，乃与《庄子》书中"名"字涵义所指有大别也。

老子言道演化而生万物，其间有"象"之一境，此亦老子所特创之新说，为《庄子》书所未及；故"象"之一字，亦《老子》书所特用之新名也。若循此求之，《老子》书中所举"有无""曲全"，"大小""高下"，"动静""强弱"，"雌雄""黑白"，"荣辱""成败"，种种对称并举之名，实皆属象名；非物名也。以近代语释之，此等皆为一种抽象名辞。然则老子之意，乃主天地万物生成，先有抽象之表现，乃始有具体之演化者。《易·系传》承之，故曰："易有太极，是生两仪。两仪生四象，四象生八卦。"所谓"易"，即道体也。所谓"仪"，亦象也。又曰："在天成象，在地成形。"天必先于地，故知"象"亦先于"形"。今试再浅释之。天下凡黑之物，皆在演化中，皆不可久，皆可不存在而可去，独"黑"之名则较可常在而不去。故黑物非可常，而黑名较可常。老子之意，似主天地间，实先有此较可常者，乃演化出一切不可常者。而王弼之说《老子》，乃主天地万物以"无"为体，以"无"为始，又必重归于"无"；此实失《老子》书之真意。郭象注《庄》，则已知王弼"体无"之论之不可安而力辨之矣。然余之此辨，则非自持一义理，谓老子是而王弼非。余实仅为一种考据，一种训诂，仅指王弼之说之无当于《老子》书之本意耳。然试问若果舍却训诂考据，又何从而求老子、王弼所持义理之真乎？

老子谓天地间惟有此较可常者，故人之知识乃有所凭以为知。故曰："不出户，知天下；不窥牖，见天道。"庄子认为天道不可知，而老子则转认为可知。试问其何由知？老子亦已明言之，曰："执大象，天下往。"以天地万物一切演化之胥无逃于此"大象"也。故曰："吾何以知众甫之状哉？以此。"此乃《老子》书中所特别提出之一种甚深新义，所由异于庄周。居今而知此两家持论之异，则亦惟有凭于考据训诂以为知耳。

上之所述，特举《老子》书开宗明义两语为说，以见欲明古书义理，仍必从事于对古书本身作一番训诂考据工夫。此即在宋儒持论，亦何莫不然？如程朱改定《大学》，阳明主遵古本，此即一种有关考据之争辨也。又如朱、王两家训释"格物致知"互异，此即一种有关训诂之争辨也。居今而欲研治宋儒之义理，亦何尝不当于宋儒书先下一番训释考核之工夫？孟子曰："圣人先得我心之所同然。"欲知圣人之心，必读圣人之书；欲读圣人之书，斯必于圣人书有所训释考据。否则又何从由书以得其心？象山有言曰："六经皆我注脚。"试问何以知六经之皆为我注脚乎？岂不仍须于六经有所训释考据？象山又曰："不识一字，我亦将堂堂地做一个人。"然固不谓不识一字亦能读古人书，可以从书得心，用以知古人义理之所在也。

然治《老子》书，欲知《老子》书中所持之义理，其事犹不尽于上述。孟子曰："诵其诗，读其书，不知其人可乎？所以论其世也。"读《老子》书，考核《老子》书中所持之义理，而不知老子其人，则于事终有憾。不幸老子其人终于不可知，则贵于论老子之世。以今语说之，即考论《老子》书之著作年代也。虽不知其书之作者，而得其书之著作年代，亦可于此书中所持之义理，更有所了然矣。

考论一书之著作年代，方法不外两途：一曰求其书之时代背景，一曰论其书之思想线索。前者为事较易，如见《管子》书有西施，即知其语之晚出；见《中庸》有"今天下，车同轨，书同文，行同伦"之语，即知其语当出于秦人一统之后。梁任公辨《老子》书晚出，亦多从时代背景着眼。余定《老子》书出庄周后，其根据于《老子》书之时代背景以为断者，所举例证，较梁氏为详密；然就方法言，则仍是昔人所用之方法也。惟余论《老子》书之思想线索，则事若新创，昔人之运用此方法者尚鲜，爰再约略申说之。

人类之思想演进，固有一定必然之条贯可言乎？此非余所欲论。余特就思想史之已往陈迹言，而知当时之思想条贯，则确然有如此而已。以言先秦，其人其世其书，有确可考而无疑者，如孔子、墨子、孟子、庄周、惠施、公孙龙、荀子、韩非、吕不韦，皆是。就于其人其世先后之序列，而知其书中彼此先后思想之条贯，此亦一种考据也。然先秦诸家著书，亦有不能确知其书之作者与其著作之年代者，如《易传》《中庸》，如《老子》，如《庄子》外杂篇皆是。然其人虽不可知，而其世则约略尚可推。此于考求其书时代背景之外，复有一法焉，即探寻其书中之思想线索是也。何谓"思想线索"？每一家之思想，则必前有承而后有继；其所承所继，即其思想线索也。若使此一思想在当时，乃为前无承而后无继，则是前无来历，后无影响。此则决不能肖然显于世而共尊之为一家言。故知凡成一家言者，则必有其思想线索可寻。

探求一书之思想线索，必先有一已知之线索存在，然后可据以为推。前论思想条贯，即此各家思想前承后继之一条线索也。就其确然已知者，曰孔、墨、孟、庄、惠、公孙、荀、韩、吕，综此诸家，会通而观，思想线索，亦既秩然不可乱。今更就此诸家为基准，而比定老子思想之出世年代，细辨其必在某家之后，必在某家之前。此一方法，即是一种新的考据方法也。

思想线索之比定，亦有甚显见而易决者。如《论语》重言"仁"，而老子曰："失道而后德，失德而后仁。"又曰："天地不仁。"此即老子思想当晚出于《论语》之证也。《墨子》书有《尚贤篇》，而老子曰："不尚贤，使民不争。"此又老子思想当晚出于墨子之证也。世必先有"黑"之一语与"黑"之一观念之存在，乃始有"非黑"之语与"非黑"之观念之出现，故曰此显见而易定也。

循此推之，庄、惠两家，皆言万物一体，庄子本于"道"以为说，惠施本于"名"以立论。今《老子》书开宗明义，"道""名"兼举并重，故知老子思想又当晚出于庄、惠两家也。然则先秦道家，当始于庄周，名家当始于惠施，不得谓老子乃道、名两家共同之始祖。老子特综汇此两家，而别创一新义耳。此种思想线索之比定，则较为深隐而难知。

然更有其深隐难知者。试再举例。如老子曰："视之不见，名曰夷；听之不闻，名曰希；搏之不得，名曰微。此三者不可致诘，故混而为一。"此一条立论甚新奇，遍求之先秦诸家思想，乃甚少同持此意见者。有之，惟公孙龙之坚白论。公孙龙主"坚""白"可以外于"石"而相离，故曰："拊石得坚而不得白，视石得白而不得坚，故'坚''白''石'可二不可三。"就常识论，"石"是物体之名，"坚""白"乃象状之辞；物体是实，象状则虚。"石"为一实体，而兼包"坚""白"二象状。故坚白相盈，不相离也。公孙龙顾反其说。循公孙龙之意，岂不象状之名，可以脱离于物之实体而独立自在乎？《老子》书正持此义。常识谓所视、所听、所拊，皆必附随某一物之实体。老子似不认此说，乃谓所视、所听、所拊，本皆相离，各别存在，乃由于"不可致诘，故遂混而为一"焉。此非其立论之有与公孙龙相似乎？

详老子之意，天地最先，惟有一物混成，是即其所谓"道"也。"道"之衍变，先有象状，再成具体。如此言之，则抽象之通名当在先，个别之物名当在后。浅说之，老子若谓：天地间当先有"黑""白"之分，乃始有白马、白石、白玉、白雪、白羽之分。"黑""白"之分较先、较可常，而马、石、玉、雪之分，则较后而较为不可常。故《庄子》书屡言"物"，而《老子》书屡言"名"，屡言"象"，更不言"物"。此两书之显然异致也。盖庄子虽屡言于物，然庄子实主未始有物。既谓"未始有物"，故老子承之，乃改就一切象状之可名者以为说。此庄老思想大体之不同，亦可以由此而推也。

盖名之为用，愈具体，则可析之而愈小；愈抽象，则可综之而愈大。惠施分言"大一""小一"，即所以推论万物之一体。而公孙龙变其说，谓"坚""白""石"相离不相盈，则彼"彼"止于"彼"，此"此"止于"此"，天地间万名，各离而自止于其所指。

而老子又变其说，乃成象名在先，物名在后，以证其天地之原始于不可名状之"道"。然则老子之思想，岂不与公孙龙有一线索可寻乎？

公孙龙又曰："物莫非指，而指非指。"若以《公孙龙》书与《老子》书互参，则公孙龙之用此"指"字，亦犹《老子》书之创用一"象"字也。就人言之曰"指"，就物言之曰"象"。凡天地间一切物之抽象之名，此两家皆认其可以离物而自在；此皆人之所由以知于物而就以指名于物、象状于物者也。如曰"此物白"，"白"即此物之可指目之一端，亦即此物之可形容、可名状之一象也。故知老子之说，实与公孙龙相近。而公孙龙之说，则显为承于惠施而变者。而庄子则讥惠施，曰："天选子之形，子以坚白鸣。"然则，坚白之说，惠施唱之，公孙龙承之，所以成为当时之名家。庄子不喜其说，主于观化而言道，所以自成为当时之道家。今老子乃承于庄、惠、公孙之说而又变，遂兼揽"道""名"两观念，而融会为说。又不言坚白，而更称"夷""希""微"，则益见为抽象；此即老子之所谓"玄之又玄"也。即此一端，岂非思想线索之犹可微辨而深探之一例乎？凡此云云，则必博综会通于先秦诸子思想先后之条贯而后始见其必如是，故曰：非通诸子，则不足以通一子也。

言清儒考据者，率盛推阎百诗之《尚书古文疏证》。然古文《尚书》乃有意作伪，故有伪迹可寻。《老子》书则自抒己意，彼非有意作伪，又何从抉发其伪迹？故余书之辨《老子》，与阎氏之辨《尚书》古文亦复不同。盖余之所辨，特亦孟子之所谓求知其人，而追论其世。作意不同，斯方法亦不得不随而变也。昔宋儒欧阳修，疑《易传》，疑《河图》《洛书》，其语人曰："余尝哀夫学者，知守经以笃信，而不知伪说之乱经也。自孔子没，至今二千岁，有一欧阳修者为是说；又二千岁，焉知无一人焉与修同其说也。又二千岁，将复有一人焉。然则同者至于三，则后之人不待千岁而有也。六经，非一世之书；将与天地无终极而存。以无终极视数千岁，顷刻耳。"是则余之有待于后者远矣。《老子》亦非一世之书；其书固不伪，而说之者多伪。以有伪说，遂成伪书。《老子》书至今亦逾二千岁矣，至于余而始为此辨，窃亦有意自比于欧阳。则余说之成为定论，岂能不远有待于后人乎？至于汉宋门户之辨，则固不以屑余怀也。

一九五七年八月钱穆自识于九龙钻石山寓庐

上卷

中国道家思想之开山大宗师——庄周

　　儒家道家，乃中国思想史里两条大主流。儒家宗孔孟，道家祖老庄。《论语》《孟子》《老子》《庄子》四部书，两千年来，为中国知识阶层人人所必读。但就现代人目光，根据种种论证，《庄子》一书实在《老子》五千言之前。庄周以前，是否有老聃这一人，此刻且不论。但《老子》五千言，则决然是战国末期的晚出书。如此说来，道家的鼻祖，从其著书立说，确然成立一家思想系统的功绩言，实该推庄周。

　　庄周是宋国人。宋出商后。中国古代，东方商人和西方周人，在性格上、文化上，有显然的不同。古人说商尚鬼，周尚文。商人信仰鬼神与上帝，带有浓重的宗教气。这一层，只看商汤的种种故事与传说，便可推想了。和此相关的，是商人好玄理，他们往往重理想胜过于人生之实际。如春秋时的宋襄公，他守定了"君子不重伤，不禽二毛，不鼓不成列"几句话，不管当面现实，给楚国打败了。春秋晚期，宋向戌出头发起弭兵会，这还是宋人好骛于高远理想之一证。

　　但古人又说商尚质，周尚文。商人既带宗教气，重视鬼神重于生人，又好悬空的理想，而忽略了眼前的实际，如何又说他们"尚质"呢？因"质"是质朴义，又是质直义。大概商人抱定了一观念，便不顾外面一切，只依照他心里的观念直率地做出来，不再有曲折，不再有掩藏，因此说他们尚质了。在《孟子》书里，有"宋人揠苗助长"的故事；在《庄子》书里，有"宋人资章甫适诸越"的故事；在《韩非》书里，有"宋人守株待兔"的故事；在《列子》书里，有"宋人白昼攫金"的故事。这些也可看出商人的气质。他们心里这么想，便不再顾及外面的一切环境与情实。这也是他们质的一面呀！庄子是宋国人，我们该了解当时宋人一般的气质，可以帮助我们了解庄周之为人，及其思想之大本。

庄周是宋之蒙县人，这是一小地名，在今河南省商丘附近，向北四十里处便是了。在当时已是偏于中国的东南。那里有一个孟渚泽，庄周还常去捕鱼的。战国时，那一带的水利还不断有兴修。有一条汳水，为当时东南地区通往中原的要道。庄周便诞生在这交通孔道上。直到西汉时，那一带地区，土壤膏腴，水木明秀，风景清和，还是一好区域。所以汉文帝时特地把来封他的爱子梁孝王。梁国有著名的东苑，苑中有落猨岩、栖龙岫、雁池、鹤洲、凫渚诸宫观。那里充满着奇果与佳树，瑰禽与异兽。自苑延亘数十里，连属到平台。平台俗称修竹苑，那里有蒹葭洲、凫藻洲、梳洗潭。汉时梁国在睢阳，即今河南商丘县之南。若没有天时地利物产种种配合，梁孝王不能凭空创出一个为当时文学艺术风流荟萃的中心。庄周的故乡，便在这一地区内，我们却不能把现在那地区的干燥枯瘠来想像这旷代哲人与绝世大文豪的生地呀！

此一地区，即下到隋唐时代，一切风景物产，也还像个样子。隋薛道衡《老子碑》有云：

> 对苦相之两城，绕涡榖之三水。芝田柳路，北走梁园。沃野平皋，东连谯国。

又说：

> 原隰爽垲，亭皋弥望。梅梁桂栋，曲槛丛楹。烟霞舒卷，
> 风雾凄清。

这是描写一向相传老子的家乡。就人文地理言，正当与庄周生地，同属一区域。我们即从隋代人对相传老子家乡的描写，也可推想战国时庄周生年景物之一斑了。

庄周曾做过蒙之漆园吏。《史记·货殖传》说："陈夏千亩漆"，这指的私人经营。在战国中期，大概这些还都是贵族官营的。庄周为漆园吏，正如孔子做委吏与乘田。但漆园究竟是青绿的树林，更与天地自然生意相接触，没有多少尘俗的冗杂。这当然是庄周自己存心挑选的一个好差使。

庄周正与梁惠王同时。梁惠王是战国最早第一个大霸主。在那时，已是游士得势的时期了。庄周有一位老友惠施，却是梁惠王最尊信的人，曾在梁国当过长期的宰相。梁惠王尊待他，学着齐桓公待管仲般，不直呼他姓名，也不以平等礼相待，而尊之为父执，称之曰"叔父"，自居为子侄辈。但庄周与惠施，不仅在思想学说上持异，在处世作人的态度上，两人也不相同。庄周近是一个儒家所谓"隐居以求其志"的人。他认为天下是沉浊的、世俗是不堪与相处的。他做一漆园吏，大概他的经济生活勉强可以解决了。他也不再想其他活动。他对世俗的富贵显达，功名事业，真好称是无动于心的。

他曾去看他的老友，梁国大宰相惠施。有人对惠施说："庄周的才辩强过你，他来了，你的相位不保了。"惠施着了慌，下令大梁城里搜查了三天三夜，要搜查庄周的行踪。结果庄周登门见他了，庄周说："你知道南方有一种名叫'鹓雏'的鸟吗？它从南海直飞到北海，在那样辽远的旅程中，它不见梧桐不下宿，不逢醴泉

不下饮，不遇楝实，俗称'金铃子'的，它就不再吃别的东西了。正在它飞过的时候，下面有一只鸱，口里衔着一死鼠，早已腐烂得发臭了。那只鸱，生怕鹓鶵稀罕这死鼠，急得仰着头，对它张口大叫一声：'吓！'现在你也想把你梁国的相位，来对我'吓'的一声吗？"

或许他因惠施的关系，也见过梁惠王。他穿着一身大麻布缝的衣，还已带上补绽了。脚上一双履，照例该有一条青丝缚着做履饰，这在当时叫做"绚"，绚鼻则罩在履尖上。庄周没有这么般讲究，他把一条麻带捆着履，如是般去见梁惠王。惠王说："先生！你那样地潦倒呀！"庄周说："人有了道德不能行，那才是潦倒。衣破、履穿，这并不叫潦倒！而且这是我遭遇时代的不幸，叫我处昏君乱相间，又有什么办法呢？"这算当面抢白了梁惠王，惠王也就和他无话可说了。

后来楚王听到他大名，郑重地派两位大夫去礼聘。庄周正在濮水边钓鱼，那两大夫鞠躬说："我们大王，有意把国家事情麻烦你先生。"庄周一手持着钓鱼竿，半瞅不睬地说："我听说楚国有一只神龟，死了已三千年，你们国王把它用锦巾包着，绣箅盛着，藏在太庙里。遇着国家有疑难事，便向它问吉凶。我试问：这一只神龟，宁愿死了留这一套骨壳给人贵重呢？还是宁愿活着，在烂泥路上，拖着尾爬着呢？"那两大夫说："为神龟想，是宁愿活着，拖着尾在泥路上爬着的。"庄周说："好！你们请回吧！我也正还想拖着尾在泥路上爬着呀！"

有一次，宋国有一个曹商，奉宋王命使秦，大得秦王之欢心，获得一百辆的车乘回到宋国来，他去见庄子。他说："要叫我住穷巷矮檐下，黄着脸，瘪着颈，织着草鞋过生活，我没有这本领。要我一句话说开了万乘之主的心，立刻百辆车乘跟随我，这我却有此能耐。"庄周说："我听说：秦王病了，下诏求医生。替他破痈溃痤的，赏一乘车。替他舐痔的，赏五乘车。做的愈臭愈下的，得车愈多。你也替秦王舐了痔的吧？怎么得这许多车！好了，请你快走开吧！"

但庄周的生活，有时也实在窘得紧。有一次，他到一位监河侯那里去借米。监河侯对他说："好！待我收到田租和房税，借你两百斤黄金吧！"庄周听了，怂然生气说："我昨天来，路上听得有叫我的。回头一看，在车轮压凹的沟里有一条小鲫鱼，我知道是它在叫。我问道：'鲫鱼呀！你什么事叫我呀？'那鲫鱼说：'我是东海之波臣，失陷在这里，你能不能给我一斗一升水活我呢？'我说：'好吧！让我替你去游说南方的吴王与越王，请他们兴起全国民众，打动着长江的水来迎接你，好不好？'那鲫鱼生气了，它说：'我只要你一斗一升水，我便活着了。你这么说，也不烦你再去吴国与越国，你趁早到干鱼摊上去找我吧！'"

庄周大概这样地过着一辈子，他的妻先死了。他老友惠施闻讯来吊丧，庄周正两脚直伸，屁股着地，敲着瓦盆在唱歌。惠施说："她和你过了一辈子，生下儿子也长大了。她死了，你不哭一声，也够了。还敲着瓦盆唱着歌，不觉得过分吗？"庄周说："不是呀！她初死，我心上那里是没有什么似的呢？但我仔细再一想，她本来没有生，而且也没有形，没有丝毫的影踪的。忽然有了这么一个形，又有了生命，此刻她又死去了，这不像天地的春夏秋冬，随时在变吗？她此刻正像酣睡在一间大屋里，我却号啕地哭，我想我太想不通了，所以也不哭了。"

后来庄周也死了。在他临死前，他的几个学生在商量，如何好好地安葬我们的先生。庄周说："我把天地当棺椁，日月如连璧，星辰如珠玑，装饰得很富丽。世界万物，尽做我赉送品。我葬具齐备了，你们再不要操心吧！"他学生说："没有棺椁，我们怕乌鸦老鹰吃了你。"庄周说："弃在露天，送给乌鸦老鹰吃。埋在地下，送给蝼蛄蚂蚁吃。还不是一样吗？为什么定要夺了这一边的食粮送给那一边？这是你们的偏心呀！"

庄周真是一位旷代的大哲人，同时也是一位绝世的大文豪。你只要读过他的书，他自会说动你的心。他的名字，两千年来常在人心中。他笑尽骂尽了上下古今举世的人，但人们越给他笑骂，越会喜欢他。但也只有他的思想和文章，只有他的笑和骂，真是千古如一日，常留在天壤间。他自己一生的生活，却偷偷地隐藏过去了，再不为后人所详细地知道。只知道有这样一个人，就是了。他的生平，虽非神话化，但已故事化。上面所举，也只可说是他的故事吧！若我们还要仔细来考订，那亦是多余了。

但庄周的思想和文章，却实在值得我们去注意。据说在他以前的书，他都读遍了。在他以前各家各派的学术和思想，他都窥破了他们的底细了。但他从不肯板着面孔说一句正经话。他认为世人是无法和他们讲正经话的。所以他的话，总像是荒唐的，放浪的，没头没脑的，不着边际的。他对世事，瞧不起，从不肯斜着瞥一眼，他也不来和世俗争辨是和非。他时时遇到惠施，却会痛快地谈一顿。

有一次，他送人葬，经过惠施的墓，他蓦地感慨了。他对他的随从，讲着一段有趣的故事。他说："昔有郢人，是一个泥水匠，一滴白粉脏了他鼻尖，像苍蝇翼般一薄层。他叫一名石的木匠，用斧头替他削去这一薄层白粉。那石木匠一双眼，似乎看也没有一看似的，只使劲运转他手里的斧，像风一般地快，尽它掠过那泥水匠的鼻尖尖。那泥水匠兀立着不动，像无其事样，尽让对面的斧头削过来。那一薄层白粉是削去了，泥水匠的鼻尖皮，却丝毫没有伤。宋国的国王听到了，召去那石木匠，说：'你也替我试一试你的手法吧！'石木匠说：'我确有过这一手的，但我的对手不在了，我的这一手，无法再试了。'"庄周接着说："自从这位先生死去了，我也失了对手方，我没人讲话了。"

其实惠施和庄周，虽是谈得来，却是谈不拢。有一次，两人在濠水的石梁上闲游。庄周说："你看水面的儵鱼，从容地游着，多么快乐呀!"惠施说:"你不是鱼,怎知鱼的快乐呢?"庄周说:"你也不是我,你怎知我不知鱼的快乐呢?"惠施说:"我不是你,诚然我不会知道你。但你也诚然不是鱼,那么你也无法知道鱼的乐,这是完全地无疑了。"庄周说:"不要这样转折地尽说下去吧!我请再循着你开始那句话来讲。你不是问我吗?'你怎知道鱼的快乐的?'照你这样问,你是早知道我知道鱼的快乐了,你却再要问我怎么知道的,我是在石梁上知道了的呀!"

这里可见庄周的胸襟。惠施把自己和外面分割开,好像筑一道墙壁般,把自己围困住。墙壁以外,便全不是他了。因此他不相信,外面也可知,并可乐。庄周的心,则像是四通八达的,他并没有把自己和外面清楚地划分开。他的心敞朗着,他看外面是光明的,因此常见天地万物一片快活。

又一次,他们两人又发生辩论。惠施问庄周:"人真个是无情吗?"庄周说:"是。"惠施说:"没有情,怎算得人呢?"庄周说:"有了人之貌,人之形,怎不算是人?"惠施说:"既叫是人了,哪得无情呢?"庄周说:"这不是我所说的'情'!我是要你不要把好恶内伤其身呀!"

这两番辩论该合来看。惠施既自认不知道外面的一切,却偏要向外面事物分"好""恶",那又何苦呢?庄周心上,则是内外浑然的,没有清楚地划分出"我"和外面"非我"的壁垒。他在濠上看到儵鱼出游,觉得牠们多快乐呀!其实儵鱼的快乐,还即是庄周心上的快乐。那是自然一片的。不是庄周另存有一番喜好那儵鱼之情羼杂在里面。照他想,似乎人生既不该有冲突,也不该有悲哀。

庄周抱着这一番他自己所直觉的人生情味要告诉人,但别人哪肯见信呢?说也无法说明白。所以他觉得鹍、鹏、雉、鱼,一切非人类的生物,反而比较地像没有心上的壁垒,像快乐些,像更近"道"些,像更合他的理想些。他只想把心中这一番见解告诉人,但他又感得无法对世人讲正经话。因此,他只有鹍呀鹏呀,假着鸟兽草木说了许多的寓言。他又假托着黄帝呀老子呀，说了许多的重言。"重言"只是借重别人来讲自己话。其实重言也如寓言般，全是虚无假托的。他自己也说是荒唐。

庄周的心情，初看像悲观，其实是乐天的。初看像淡漠，其实是恳切的。初看像荒唐，其实是平实的。初看像恣纵，其实是单纯的。他只有这些话，像一只卮子里流水般，汩汩地尽日流。只为这卮子里水盛得满，尽日汩汩地流也流不完。其实总还是那水。你喝一口是水，喝十口百口还是水。喝这一杯和喝那一杯，还是一样地差不多。他的话，说东说西说不完。他的文章，连连牵牵写不尽。真像一卮水，总是汩汩地在流。其实也总流的是这些水。所以他要自称他的话为"卮言"了。

但庄周毕竟似乎太聪明了些，他那一卮水，几千年来人喝着，太淡了，又像太冽了，总解不了渴。反而觉得这一卮水，千变万化地，好像有种种的怪味。尽喝着会愈爱喝，但仍解不了人的渴。究不知，这两千年来，几个是真解味的？

你若不信，何妨也拿他那卮子到口来一尝，看是怎样呢！

（一九五三年五月香港《民主评论》四卷十期）

中国古代传说中的博大真人——老聃

    "老子"究竟有没有这一个人呢？战国诸子，很喜欢称述到老子。最先可考的，是在庄子的书里。但庄子寓言无实，而且下面所引之各节，又未必是庄周亲笔。有些并出于西汉。但总在司马迁《史记》以前，并为《史记》所根据。我们不妨先简单地一说。

    《庄子》的《天运篇》说：

> 孔子行年五十有一而不闻道，乃南之沛，见老聃。

这是说老聃是南方沛县人，孔子向之问道。又《庚桑楚篇》：

> 老聃之役有庚桑楚者，偏得老聃之道，以北居畏垒之山。

他告诉南荣趎说：

> 今吾才小，不足以化子，子胡不南见老子。南荣趎赢粮七日七夜，至老子之所。

这也说老子居住在南方。又《寓言篇》:

> 阳子居南之沛,老聃西游于秦,邀于郊,至于梁而遇
> 老子。

这是说老子由沛西游于秦。但杨朱年代还在墨翟后,不能与孔子问道的老子同时。则杨朱所遇,应非孔子所见之老子。则老子究竟和孔子抑杨朱同时呢?这里却有问题了。

《天道篇》又说:

> 孔子西藏书于周室,子路谋曰:"由闻周之征藏史有老聃
> 者,免而归居。夫子欲藏书,则试往因焉。"孔子曰:"善。"
> 往见老聃。

这是说:老聃曾为周之征藏史,但孔子去见他,那时他已免而归居了。则孔子见老子,似乎应该仍在沛,不在周。

但这里又另有一问题:孔子生平言论行事,均详见于《论语》,为何孔子见老聃,《论语》独不记载呢?《庄子》的《外物篇》又说:

> 老莱子之弟子出薪,遇仲尼,反以告,曰: "有人于
> 彼……,不知其谁氏之子。"老莱子曰:"是丘也,召而来。"
> 仲尼至。

这又说孔子见了老莱子。这一说却在《论语》有佐证。

《论语·微子篇》:

> 子路从而后,遇丈人,以杖荷蓧。子路问曰:"子见夫子

乎?"丈人曰:"四体不勤,五谷不分,孰为夫子!"植其杖
而芸。

"芸"是"除草"义,"莱"亦是"除草"义。可见老莱子即是荷蓧
丈人,只说是一个在田除草的老人。那老人的名字,当时可并不曾
记下。所以司马迁《史记》的《老子列传》里也说:

> 或曰:老莱子,亦楚人也。著书十五篇,言道家之用,与
> 孔子同时云。

这即是告诉了我们,有人在怀疑:"孔子见老聃",其实即是老莱子
的讹传之一消息了。

司马迁又说:

> 自孔子死之后百二十九年,而史记周太史儋见秦献公,
> 曰:"始秦与周合而离,离五百岁而复合,合七十岁而霸王者
> 出焉。"或曰:"儋即老子。"或曰:"非也。"世莫知其然否。
> 老子,隐君子也。

这他又告诉了我们,有人在怀疑:"孔子见老聃",即是秦献公时由
周入秦的太史儋。但试问:老聃如何能活这么大的年龄呢?所以司
马迁又说:

> 盖老子百有六十余岁,或言二百余岁,以其修道而养
> 寿也。

若把太史儋认为即是孔子所见之老聃,便须有二百余岁的高寿。所
以司马迁也要说"世莫知其然否"了。

今试问：太史儋是否真有其人呢？这也难说了。司马迁在上引文中所说的史记，系指秦史言。当司马迁时，其余列国的史记都在秦始皇焚书案中被毁了。司马迁所见，只剩秦史了。故知他上文所说的史记，定指秦史言。在战国时，秦、赵两国最流行谶书，那全是些迹近神话的预言。秦、赵两族，本是同一本源的。只有这两国，独多那些神话性的预言之流传。太史儋预言，便是其中之一例。所以太史儋纵有其人，而这一番预言，则出于当时秦、赵两国一种通行的殊俗与异风，我们却不必信以为真了。

我们既知太史儋与孔子所见之老聃，在汉时已误混为一人，则上引《庄子·寓言篇》"杨朱见老聃"一节，也可解释了。这一节，正也把太史儋和孔子所见之老聃，误混为一了。

因于太史儋与老聃误混为一了，于是遂有如下的故事。司马迁《老子列传》说：

> 老子修道德，其学以自隐无名为务。居周久之，见周之衰，乃遂去至关。关令尹喜曰："子将隐矣，强为我著书！"于是老子乃著书上下篇，言道德之意五千余言而去。莫知其所终。

这里提到老子著的《道德经》五千言。其实今传的《老子》五千言，决非孔子以前或同时人所著。即如上引老莱子著书十五篇，也同样出于后人之伪托。大抵孔子同时的老聃，是并无著书的。而且这五千言，也并非太史儋所著。司马迁也并没有说太史儋有著作呀！此五千言的成书年代，应该在《庄子》书之后。这一层，这里暂置不论。让我们先把此故事再来作一番分析。

所谓"过关"，究竟过的是什么关？有人说是函谷关，但在孔子时，并没有"函谷关"之名。这里只称"二崤"，又称"桃林之塞"，乃晋地。秦取殽函，在秦孝公后惠王时，那已是孟子庄子的时代了。秦人在此因险设关，始有所谓"函谷关"。则函谷关之出现，至早不能在秦惠王以前。因此说太史儋去周适秦过函谷关，是不合史实的。

所以前人不说这是函谷关，而说是散关。但散关位置在秦之西，并不是由周适秦之所经。于是后人又说关令尹既强老子著书，又同老子同去流沙之西，这就成为"老子化胡"的故事了。这一故事，便由"老子过散关"而联想引生的。这一说，显然更荒诞，而且与太史儋由周适秦的传说也不合。

经上分析，可见太史儋由周适秦，纵使有其人，有其事，而过关著书的一段，则为战国晚年以下人添造。只因当时人都知道由东去秦先要过函谷关，却忘了函谷关是秦惠王以后才有。

其次让我们说到"关令尹"。在《庄子》的《天下篇》，有关尹与老聃。《天下篇》里说：

关尹老聃闻其风而说之。

又说："关尹曰"云云，"老聃曰"云云。接着说：

关尹老聃乎！古之博大真人哉！

《天下篇》并非庄子之亲笔，大概已是战国晚年时期的书了。《天下篇》里把关尹叙在老聃前，不像说关尹是老聃的弟子。而且关尹自有书，《天下篇》也已引述了。《汉书·艺文志》，道家有《关尹子》九篇。既是关尹自己也著书，又当时人推崇他的地位并不在老聃下，便不像有"子强为我著书"那些说法了。

可见司马迁这一条故事，还在《天下篇》之后，而且与《天下篇》所说违背了。而且"关尹"像是一人名，司马迁那段故事中，却把"关尹"转变成"关令尹"，这是一官名了。依照从来记载的常例，也没有仅载一官名，而不载那当官者的姓名的。除非那人的姓名失传了，无法再详考。但"关尹"显然是战国晚年一显学，先秦百家有许多处称述他，都只称为关尹，他的书也称《关尹子》。可见"关尹"本是人名，不该混作"关令尹"的官名呀！

而且司马迁也只说："关令尹喜曰"，这"喜"是喜欢义。关令尹遇见老子过关而满心地喜欢，因而强他著书了。但后人又误会了，竟说这关令尹名喜，又称他尹喜。那真是以误传误，不可穿诘了。

现在我们再试问：那关尹究竟是怎样的一人呢？有没有其他事迹可考呢？这一问题，却更复杂了。但不妨把我的意见，在此简单地一说。在我推想，关尹实即是环渊。环渊也是楚人，他和孟子、庄子略同时。战国人公认他是一个道家。他亦著书上下篇，发明黄老道德之术。只因环渊和关尹，由于双声叠韵之字音相近，而把一名两写，后来遂误传为两人了。

但如何又把关尹即环渊，牵搭上太史儋，而生出这一故事来的呢？这因环渊在当时，和詹何齐名。他们同是楚人，又同是讲道术。战国人因此时时把詹何、环渊并称了。相传詹何能前知，他坐堂上能知门外牛黑而角白。于是又有人把他误混上以前能前知的周太史儋了。因于詹何、环渊，时时相连称，于是太史儋连上关尹，而捏造出"出关强著书"的一番故事来。

或许有人会怀疑，如何当时这一辈著书成名的学者们，会弄得如此模糊而纠缠不清了的呢？这也有一个理由。因当时的道家们，和儒、墨、名、法各家的大师有不同。他们多数是隐沦自晦的，不浮现到政治舞台的上层去。因此他们的生平行实，不易为人所知晓。庄周是例外了，但庄周也实在并无生平行实可说的。可说的还只是些故事。我们只能从他书中故事来推说他生平。其他人的著书体例不同于庄周，便叫后人更难推寻了。而且一辈隐沦自晦的人，又假托着另一辈隐沦自晦的人而著书，这更使他们中间弄得模糊而纠缠不清了。我们只一读《汉书·艺文志》所载道家的书目，便可明白得这中的理由。

根据上面推论，姑把老子的故事传说，简单分成如下之三说：

一、孔子见老聃，此老聃实是老莱子，即是《论语》中的"荷蓧丈人"，乃南方一隐者。孔子南游时，子路曾向他问路，并曾在他家宿过夜。孔子又叫子路再去见他，但没有见到。

孔子见老聃的故事，即由此而衍生。

二、太史儋去周适秦，此人见于秦史之记载。但后人也认他为孔子所见之老聃，于是老聃遂成为周史官，又成为去周适秦而隐了。

三、老聃出关遇关令尹，此故事流传最迟，出处无考，殆已在汉初。关尹乃战国道家环渊之误传。环渊与詹何同时齐名，遂把詹何误混为太史儋，而引生出"过关遇关尹"之传说。

然则今《小戴记》中的《曾子问》，何以也载"孔子适周问礼于老聃"呢？这因"孔子问道于老聃"之说，流传得太广了，所以后代的儒家，也把来编造出"孔子问礼老聃"的记载。儒家称述孔子故事，不可信的也太多了。即如司马迁《孔子世家》所载，经后人驳正的，岂不甚多吗？孔子适周为《论语》《孟子》所未载，经过两千年考订，到底考订不出哪一年是他适周可能的年代。因此这一说虽见于《小戴记》，我们也尽可置之不信了。

然则司马迁《史记》何以又说老子名耳字聃，姓李氏，好像确凿有据呢？其实"老聃"只是寿者的通称。《说文》：

聃，耳曼也。

《诗·鲁颂》毛传：

曼，长也。

长耳朵是寿者相，所以说"老聃"，犹之乎说"一位长耳朵的老者"。亦犹后人说"一位白眉毛的老人"般。古书又有称"续耳""离耳"的。《初学记》引《韩诗》：

> 离，长也。

可见"续耳""离耳"同还是"长耳朵"，在庄子也只说孔子曾去见了一位"长耳朵的老者"就是了。但后人穿凿，便把"离耳"又转成"李耳"，于是变成老子名耳字聃姓李氏，确凿有名有姓了。

但司马迁《史记》又何以说他是楚苦县厉乡曲仁里人呢？这更简单。老子已成了汉代的大名人，自该替他安排一出生的乡里。厉乡又名赖乡，"赖"与"厉"的字声，近于老莱子之"莱"，以及李耳之"李"，而且苦县地点约略又近于沛，因此遂替那"长耳朵的老人"派定了他的出生的家乡了。

但司马迁《史记》何以又说：

> 老子之子名宗，宗为魏将，封于段干。宗子注，注子宫，宫玄孙假，假仕于汉孝文帝。而假之子解，为胶西王卬太傅，因家于齐焉。（《老子列传》）

这不是老子有清楚的姓氏名字，有确实的出生乡里，并有详细的子孙谱系吗？其实也不然。魏列为诸侯，已在战国了。若果老子年龄高过于孔子，试问他的儿子如何能为魏将呢？大概这封于段干的，最早也该和孔子孙子思同时。《战国策》有"段干崇为魏使秦割地求和"事，依字形看，段干宗必然便是段干崇。但已在魏安釐王时，连当太史儋的儿子也不配，如何说是孔子所见老聃的儿子呢？或许汉代李氏与战国段干氏，在其先世的血统上有关系，这却说不定。至于那位胶西太傅，他自称系老聃后人，则大可不必重视了。

如是则今传《道德经》五千言，究是谁人所造呢？这一问题，则更难详定了。当知古代好些伟大的名著，从来不知道作者之真实姓名的，并不止《老子》五千言。即如《易·系辞》《中庸》《大学》，后代儒家奉之为经典，又何尝能知道其著作人之真姓名。像此之类，直传到现在，脍炙人口的名著，而无真实作者的名氏可指的，至少也有一二十种吧！《老子》五千言，并不比《易系》《中庸》更特出。我们此刻并不知其书作者之主名，这是无足深怪的。若论此五千言之成书年代，则断当在庄周书之后，当与荀卿、韩非略同时而稍前，种种证据，可惜不能在这里列举了。后人把此五千言当作孔子所见老聃之手笔，正如把比此五千言更晚出的《易系辞》上下传，当作孔子的亲笔，一样地无稽。《易系辞》非孔子作，直要到宋儒欧阳修，才始提出疑问来。可见积非成是之说，是不乏其例的。若我们此刻把《老子》五千言的成书年代，移到战国之晚期，则孔子当时，是否真有一"老聃"，孔子是否和他见过面，是否向他问过礼，这些问题的历史价值，自然减轻了，也不值得我们过细推寻了。

（一九五三年六月香港《民主评论》四卷十一期）

关于老子成书年代之一种考察

《老子》书之晚出，大可于各方面证成，此篇特其一端，乃自古代学术思想之系统着眼，说明《老子》书当出《庄子》内篇七篇之后。

大凡一学说之兴起，必有此一学说之若干思想中心，而此若干思想中心，决非骤然突起。盖有对其最近较前有力之思想，或为承袭而阐发，或为反抗而排击，此则必有文字上之迹象可求。《老子》一书，开宗明义，所论曰"道"与"名"，此为《老子》书中二大观念。就先秦思想史之系统，而探求此二大观念之所由来，并及其承前启后递嬗转变之线索，亦未始不足以为考察其成书年代之一助。且一思想之表达与传布，又必有所藉以表达与传布之工具。如其书中所用之主要术语，与其著书之体裁与作风，皆是也。此等亦皆不能逃脱时代背景之影响与牢笼，则亦足为考定书籍出世年代之一助也。

道

今按《老子》书中"道"字，有一主要之涵义，即道乃"万有之始"，虽天与上帝，从来认为万物之所从出者，《老子》书亦谓其由"道"所生，此乃老子学说至堪注意之一特点。如云：

> 道冲，而用之或不盈，渊兮似万物之宗。……吾不知谁之子，象帝之先。（四章）
>
> 容乃公，公乃王，王乃天，天乃道，道乃久。（十六章）
>
> 孔德之容，惟道是从。道之为物，惟恍惟惚。惚兮恍兮，其中有象。恍兮惚兮，其中有物。（二十一章）
>
> 有物混成，先天地生。寂兮寥兮，独立不改。周行而不殆，可以为天下母。吾不知其名，字之曰道，强为之名曰大。（二十五章）
>
> 人法地，地法天，天法道，道法自然。（二十五章）
>
> 大道泛兮，其可左右；万物恃之而生而不辞。（三十四章）
>
> 道生一，一生二，二生三，三生万物。万物负阴而抱阳，冲气以为和。（四十二章）
>
> 道生之，德畜之，物形之，势成之。（五十一章）

上引七章，正可见"道"字为《老子》书中重要一观念，为其书中心思想之所寄。今寻孔子《论语》言"道"，范围仅指人事，与老子所言道殊不相类。《墨子》书言"义"不言道。故孔、墨所言，就其思想内容言，均若浅近，而老子独深远。孔、墨思想尚若质实，而老子独玄妙。以思想史之进程言，《老子》书已断当出孔、墨之后。至庄子论道，从来皆认为与老子相同，抑细考实亦不然。其真同于《老子》书者惟一节。其言曰：

> 道有情有信，无为无形。可传而不可受，可得而不可见。自本自根，未有天地，自古以固存。神鬼神帝，生天生地。（《大宗师》）

此亦谓"道"先天地生。然《庄子》内篇七篇言"道先天地",亦惟此一节,而此节乃颇有晚出伪羼之嫌。(证别详)其他言道,如"道不欲杂""惟道集虚""鱼相造乎水,人相造乎道",凡诸"道"字,皆与《论语》素朴之义为近,与老子深玄之旨为远。则庄周言道,实为孔、老中间之过渡。纵谓上引一节"道生天地"之说,亦出庄子亲笔;此亦仅可谓庄子虽有此意,而持之未坚,廓之未畅,在庄子思想中,犹未成为一确定之观念。必至《老子》书,乃始就此义,发挥光大,卓然成一系统。而《老子》首章"道可道,非常道;名可名,非常名",其语尤明承庄子而起。庄子之言曰:

> 道恶乎隐而有真伪,言恶乎隐而有是非。道恶乎往而不存,言恶乎存而不可。道隐于小成,言隐于荣华。故有儒墨之是非。……物无非彼,物无非是,……是亦彼也,彼亦是也。……彼是莫得其偶,谓之道枢。(《齐物论》)

又曰:

> 道行之而成,物谓之而然。……无物不然,无物不可。……恢恑憰怪,道通为一。
> 道未始有封,言未始有常。
> 大道不称,大辨不言。……道昭而不道,言辨而不及。……孰知不言之辨,不道之道?

此皆以"道"与"言"并称,即老子"道""名"并提之所本。在庄子之意,仅以此破儒、墨两家是非之辨。儒、墨在当时,群言淆乱,皆所以争道之是非,故庄子论之如此。是其在思想史上之先后脉络,层折条贯,皆甚明白,无可疑者。故谓老出庄后,其说顺;谓老居庄先,其义逆。即此以观,《老子》成书年代,其较庄尤晚出，已居然可见。

今更据上引《老子》论"道"各节，择其与"道"字相涉诸名词，如"帝""天""地""物""大""一""阴阳""气""德""自然""象""法"之类，一一推溯其思想上之来源与线索，以证成吾说如次：

一 帝

"帝"字见于《诗》《书》《左氏》内外传者，皆指上帝言。《论语》不言"帝"，而常言"天"，天即帝也。然"帝"字之确然涵有人格性，则似较"天"字为尤显。《论语》用"天"字，虽可指其亦具有人格性，而"苍苍"之义显已明白存在。故《论语》之转"帝"言"天"，显见为古代素朴的上帝观念之一种转变，亦可谓是一种进步。寻其转变之迹，则可远溯自春秋时代，其详证当求之于《左传》；此处不备论。墨子亦常言天，而《墨子》书中之"天"字，则与古人言"上帝"无殊异。仅其改用天字，可征其时代之后起。独《贵义篇》："子墨子北之齐，遇日者，日者曰：'帝以今日杀黑龙于北方，而先生之色黑，不可以北。'"一节，乃用"帝"字。此言墨子不信日者，非不信有帝。然纵谓《论语》《墨子》对于信重天帝之观念有轻重，要为皆有古代素朴的上帝观念之传统存在，故《论语》《墨子》绝不言"道先天地"，即孔、墨皆不知有《老子》"道为帝先"之说。（若知之而不信，亦应有所驳难。）惟《周易·说卦传》"帝出乎震"一语，亦言帝有所出，乃与《老子》相似；则以《说卦传》尤较《老子》为晚出。若问何以见其非老子之袭取《说卦传》，而必谓《说卦传》之晚出于《老子》，则因老子"道为帝先"之论，在其书中，有精密之层次，有一贯之系统，显为《老子》全书一中心思想，亦其创见所在，宜非可以外袭而得。至于《说卦传》"帝出于震"之语，若以为是孔子语，则与《论语》思想不符；若谓其非出孔子，则单文碎义，既未有以见其全体思想之规模与条理，组织与系统，则试问何以《说卦传》作者，突然创此前所未有之新论，而又不畅尽言之？此乃无说可通。故谓《说卦传》此语出《老子》后，袭取自《老子》。此为考论古书真伪，比定思想系统先后，所必守之准绳。否则古代思想之演进程序，必将揉杂碎乱，无可整理。故此《说卦传》单文，必当如此安排。

墨子而下，先秦诸子论及"帝"字者有庄子。（篇中引《庄》仅限内篇，外杂诸篇，多出庄后，不尽可据，兹不及。）其言曰："古者谓是帝之县解"（《养生主》），此犹是古传"帝"字之常义。至云：

> 南海之帝为儵，北海之帝为忽，中央之帝为混沌。儵与忽时相与遇于混沌之地，混沌待之甚善。儵与忽谋报混沌之德，曰："人皆有七窍，以视听食息，此独无有，尝试凿之。"日凿一窍，七日而混沌死。（《应帝王》）

则言帝有生死，远异在昔《诗》《书》之陈义。知庄子已不信有上帝，似较孔、墨思想更进一步。故彼乃借上帝为寓言。因古人言上帝，而彼特造"南海之帝""北海之帝""中央之帝"云云，此足以证庄子之不再确信古代传说之上帝观念也。因谓虽帝亦制乎道，故得道则生，违道则死。帝有生死，则"帝"亦降为一物。此所谓"天地尚不能久"也。其又一条见前引，曰："道神鬼神帝，生天生地"，此乃谓鬼神上帝皆得道而始神，则神不在"帝"而在"道"，道在帝先；此明与《老子》书相似。然此一节，余固已疑其为有晚出伪窜之嫌者。今即退一步言，认此节亦为《庄子》本文，则亦仅能谓老庄乃比较同时之产物，故其思想上之态度，及其发表之形式，与其所用之术语，皆有相近似处。以思想史发展之进程言，则孔、墨当在前，老庄当在后。否则老子已先发"道为帝先"之论于前，孔、墨不应重守"天命""天志"之说于后。何者？因此"道为帝先"之观念，何以突然创出于老子之心中，此必有其时代思想上之背景，有其思想线索之来历与层次，决非可谓是老子一人偶然忽创此说。而且此一思想，既有其前影，则亦必有其后果。决不能于孔、墨思想中，绝无痕迹，绝无影响。论思想史之演进线索，不当如是。否则亦将无思想史可言。

二 天

《论语》"天"字凡十余见，大体皆为一理想上有意志有人格有作为之上帝。故《论语》虽不言"上帝"，而大体论之，孔子仍为遵守古代传统素朴的上帝观念者。故孔学重"知天命"。墨子尤然，常以尊天事鬼为是，诟天侮鬼为非；其学说行事，自谓一本"天志"。孟子亦称"知天""事天"，虽曰"莫之为而为者天也，莫之致而至者命也"（《万章》上），莫之为，故归之于"天为之"；莫之致，故诿之于"天命之"。此所谓"天"，仍是旧谊。至庄子言"天"，而其义始大变。其论"天籁"，曰：

> 夫吹万不同，而使其自己也，咸其自取，怒者其谁邪？（《齐物论》）

曰"自己"，曰"自取"，乃始以后世自然义言"天"。"自然"者，谓非冥冥之中别有一天帝以使之然。老子言"天"，亦本"自然"为说，与庄同，与孔、墨、孟异。今使老子言"自然之天"在前，孔、墨、孟重言"神道之天"在后，直待庄子，而始再言此"自然之天"，则老子思想之于其后起之孔、墨、孟诸家，为落空无影响，而孔、墨、孟诸家之于先起之老子，为脱节无反应。就思想史上之演进线索言，若成为反覆混淆，而无条理可寻矣。故当谓庄老较同时，同出孔孟之后，始得成条贯也。

今试再将庄老两家论"天"之言，细为比较，则知《老子》书犹出庄子后。何则？庄子重言"天"，故曰：

> 是以圣人不由而照之于天。
>
> 是以圣人和之以是非，而休乎天钧。
>
> 和之以天倪，因之以曼衍。（《齐物论》）
>
> 依乎天理。
>
> 公父文轩见右师而惊曰："是何人也！恶乎介也？天与？其人与？"曰："天也，非人也。"
>
> 是遁天倍情，忘其所受，古者谓之遁天之刑。（《养生主》）

按："遁天"谓违反自然，"倍情"谓背道。"情"者，即道有情有信之情。

> 眇乎小哉，所以属于人也。謷乎大哉，独成其天。
>
> 道与之貌，天与之形，乌得不谓之人？（《德充符》）

按：此"道"与"天"互言之。

> 知天之所为者，天而生也。知人之所为者，以其知之所知，以养其知之所不知，终其天年而不中道夭者，是知之盛也。
>
> 是之谓不以心捐道，不以人助天，是之谓真人。

按：此亦"道"与"天"互言。

> 且夫物不胜天久矣。
>
> 子贡曰："敢问畸人。"曰："畸人者，畸于人而侔于天。"（《大宗师》）

尽其所受于天而无见得，亦虚而已。(《应帝王》)

其重言"天"如此，故荀子评之曰："庄子蔽于天而不知人。"(《解蔽》)盖庄子之意，犹若有"合乎天者始为道"之一观念，存其胸中。虽其对于"天"字之涵义，不复严守古昔相传之神道观，而其"尊天""崇天""天道不可知"之说，无形中尚受旧说之缠缚，而未尽摆脱者。故孔、墨乃积极地尊信天，知"天命""天志"之必如此，而还从人事上尽力。庄子则消极地尊信天，既谓"天道"不可不遵依，而天道又未必尽可知，于是遂使其于人事，有彷徨却顾，而失其直前勇往之毅气与壮志。然其指导人当知"天命"，实与孔子意态较相近。故《庄子》书乃时时称道孔子与颜渊，此亦其间思想递嬗一线索也。

至《老子》书乃舍"天"而言"道"，曰：

孔德之容，惟道是从。(二十一章)

道常无名；朴虽小，天下莫能臣也。

譬道之于天下，犹川谷之于江海。(三十二章)

不道早已。(五十五章)

道常无为而无不为，侯王若能守之，万物将自化。(三十七章)

上士闻道，勤而行之。

夫唯道，善贷且成。(四十一章)

天下有道，却走马以粪。天下无道，戎马生于郊。(四十六章)

为学日益，为道日损。(四十八章)

道生之，德畜之，物形之，势成之。是以万物莫不尊道而贵德。(五十一章)

以道莅天下，其鬼不神。(六十章)

按：此即"道神鬼神帝"之意。

> 道者万物之奥。（六十二章）
> 天下皆谓我道大，似不肖。（六十七章）

可见《老子》书中"道"字之地位，实较《庄子》七篇之言"道"者为远过。故曰"天乃道"，曰"天法道"，加"道"于"天"之上，乃不再见有古代素朴的天帝观念之缠缚，此与庄子之言"天"者远殊矣。即此可证《老子》书当较《庄子》七篇尤晚出也。不然，老子之于道与天，先已分言之，明明谓"道"尊于"天"，庄子思想既承袭自老子，而于此复混言之，又谓"合乎天乃道"，此非学术思想层累前进之象也。故在庄子时，古代"神秘的天"之意义虽已变，而至老子时，古代"神秘的天"之地位乃大降，即此可以推断庄老之先后。

三　地

《论语》《墨子》仅言"天"，不言"地"。何者？"天"即上帝，"地"乃大块之物，不得与"天"相配言也。庄子则并言"天""地"。何者？庄子书中之"天"字，已成为万物自然之总名，否则亦块然之一物，无复至高无上唯一独尊之意义也。故曰："乘天地之正，御六气之辨。"（《逍遥游》）曰："地籁天籁。"曰："天地一指，万物一马。"（《齐物论》）曰："官天地，府万物。"曰："吾以夫子为天地。"（《德充符》）曰："未有天地，自古以固存。"曰："生天生地。"曰："先天地而生而不为久。"曰："豨韦氏得之以絜天地。"曰："以天地为大垆，以造化为大冶。"曰："游乎天地之一气。"（《大宗师》）曰："吾示之以地文天壤。"（《应帝王》）此皆以"天""地"并言，于是"天"字之意义变而地位降。《老子》亦然，曰：

> 天地不仁，以万物为刍狗。（五章）
>
> 玄牝之门，是谓天地根。（六章）
>
> 天长地久。（七章）
>
> 有物混成，先天地生。（二十五章）
>
> 道大，天大，地大，王亦大。（二十五章）
>
> 天地相合以降甘露。（三十二章）
>
> 天得一以清，地得一以宁。（三十九章）

亦皆"天""地"并言。而曰：

> 人法地，地法天，天法道，道法自然。（二十五章）

则"天""地"犹若有等级，而皆屈居于"道"与"自然"之下。此盖既合言之，而复析言之，然后"天"字之地位，益不可复旧观。《中庸》亦每以"天""地"并言，而曰："惟天下至诚为能尽其性。能尽其性，则能尽人之性。能尽人之性，则能尽物之性。能尽物之性，则可以赞天地之化育。可以赞天地之化育，则可以与天地参矣。"仅此一节，已足证《中庸》之晚出。何者？此节"尽性"语袭自《孟子》，"参赞天地"语袭自《庄》《老》。故其书显不能前出于《孟子》也。何以谓其尽性语袭自《孟子》？因孟子道性善，故主"尽性"。然孟子言人之性善异于物性，故不言"尽物性"。《中庸》推尽人性而至尽物性，已非孟子本意，故不得谓孟子承子思之言，而知是后人层累孟子之言以为言也。何以谓天地并言袭自《庄》《老》？《中庸》曰："天命之谓性"，曰："鬼神之为德"，曰："郊社以事上帝"，曰："惟天之命於穆不已"，是《中庸》之言"天"与"帝"，时亦为昭赫之上帝，而言天地之化育万物，则近于《庄》《老》自然之"天""地"。此显见是糅杂儒道以为言也。惟庄子仅言一气之"化"，而《中庸》又增一"育"字；此犹《易大传》

"天地之大德曰生"之义，而其说亦自《老子》来，即所谓"道生之，德畜之"也。此乃《中庸》《易系》作者袭取《庄》《老》"天地自然"之新观念，而复会归于儒家之"仁道"观念以为说。又说"参天地"，则以"人"合于"天""地"，仍侧重于人道。此明为后人兼采儒、道两家之说而层累言之也。其曰"可离非道也"，与孔子"何莫由斯道也"异。其曰："道者自道也"，与孔子"道之将废""人能弘道非道弘人"异。盖《中庸》此等处，皆袭自道家观念也。岂有子思于其亲祖父之学，而已大相乖戾至此。凡此皆道家之精言，故知非道家之袭取于《中庸》，而乃《中庸》之袭取自道家。孟子阐"性善"，庄子发"道体"，而《中庸》综述之。则《中庸》思想之后出于《孟》《庄》，亦从可决矣。《易系辞》"天、地、人三才"之说，亦与《中庸》"参天地"同例。此皆杂糅儒、道两家之言，出于《庄》《老》以后也。

四 物

《论语》不言"物"。何者？孔子仅论人事，未及"心""物"对立之问题也。《墨经》始言"物"，曰：

> （《经》上）知，接也。（《说》）知：知也者，以其知遇物而能貌之，若见。
> （《经》上）恕，明也。（《说》）恕：恕也者，以其知论物，而其知之也著，若明。
> （《经》下）物之所以然，与所以知之，与所以使人知之，不必同；说在病。

此言"知"而遂及于"物"也。其所讨论之重心，在知识而不在物。又曰：

《经说》下）物尽异，大小也。

《经》下）物尽同名。

《经》下）数物，一体也。说在惟一俱是。

此论名实异同而遂及于"物"也。其讨论之重心，则在名实之异同，而亦不在物。大率《墨经》论"物"，大要不出此二途。然《墨经》已为晚出，决不出墨子手。盖由名家晚起，以名学立场而阐述墨家"兼爱"之旨者。至孟子倡"性善"，常言"反求之本心"，而以心之陷溺放失，归罪于物欲，于是"心""物"二字，遂渐成一对立之地位，而成为学术上思想上讨论之一新问题。故曰：

耳目之官不思而蔽于物，物交物，则引之而已矣。心之官则思，思则得之，不思则不得也。（《告子》上）

是孟子虽言外物，而其讨论之所侧重，仍是偏倾于内心一方面，初不以"物之本质"为注意讨论之一问题。至庄子出，乃始进而对于"外物"观察其本质与真相，于是又为先秦思想界辟出一新境界。大率庄子论"物"，有如下之四义：

（一）讨论物之来源者

自来言物，均归诸天帝创造，庄周独加非难，谓物皆"无待而自然"。其言曰：

罔两问景曰："曩子行，今子止。曩子坐，今子起。何其无特操与？"景曰："吾有待而然者耶？吾所待又有待而然者耶？吾待蛇蚹蜩翼耶？恶识所以然？恶识所以不然？"（《齐物论》）

善乎郭象之言曰："造物者无主，而物各自造。物各自造而无所待焉，此天地之正也。"造物无主，此乃庄子思想一大创见，前此所无有也。凡一学说之兴起，必有其背景，有其动机。当庄周时，举世方共信上帝造物，而何以庄周独创此可惊之伟论，则试问其背景何若，其动机又何在？盖庄生之时，正儒、墨两家争辩甚烈之时也。其时学者莫不欲得一是非之标准，则莫不追而求之于冥冥之上帝。盖欲争事物之是非，不得不推寻事物之根源，则必溯及于创世造物之上帝。如曰"天生下民，有物有则"，"惟皇上帝，降衷于下民"，非古人以"上帝"为事物最后根源，是非最后标准之所在乎？故墨子言天志，其言曰：

> 我有天志，譬若轮人之有规，匠人之有矩。轮匠执其规矩以度天下方圆，曰中者是也，不中者非也。今天下之士君子之书，不可胜载，言语不可尽计，上说诸侯，下说列士，其于仁义，则大相远也。何以知之？曰：我得天下之明法以度之。（《天志》上）

此为墨家以"天志"为自己学派辩护之确证。至于儒家亦莫不然，证之《孟子》。其言曰：

> 规矩，方圆之至也；圣人，人伦之至也。欲为君，尽君道，欲为臣，尽臣道，二者皆法尧舜而已矣。不以舜之所以事尧事君，不敬其君者也。不以尧之所以治民治民，贼其民者也。（《离娄》上）

此儒家之以"尧舜"为是非之标准也。推而究之，则亦以"天"为是非之标准。何者？"孟子道性善，言必称尧舜。"而曰："圣人先得我心之所同然耳。"人之性善，乃天所与，而尧舜圣人，不过为人性善之一实证。故墨者夷之见孟子，孟子告之以人之葬其亲，由于中心之不获已。又谓儒者一本，而墨二本。"一本"者，即一本之于天，谓标准之无二也。盖儒家"本人心"以言天，则天志与人心合，故曰一本。墨家"离人心"言天志，则天志与人心为二本矣。然墨家之自主所说，固亦谓一本之于"天志"也。庄子对于当时儒、墨之辨，极欲有所判定，而觉其双方各执一见，各有是非，定谳难成，于是激而为斩根塞源之论，以为万物本非天造，则是非亦无一定。故曰：

> 道，形之而成；物，谓之而然。恶乎然？然于然。恶乎不然？不然于不然。物固有所然，物固有所可。无物不然，无物不可。故为是举莛与楹，厉与西施，恢恑憰怪，道通为一。（《齐物论》）

盖墨、儒之争，其势均必推极于造物之"天"。庄子则曰：天亦一物耳，非别有一能造物者。非别有一造物之天，即更无超出物外而为万物最后是非之同一标准矣。故庄子言"道"，言"自然"，而昔人之据"天"以为一切是非之最后同一标准者自破。此乃庄子自然论之所由起也。

（二）讨论物之情状者

夫讨论是非，一方必求其有外界之标准，如儒、墨之言"天"是也。而一方又必对其内部有相当之认识，于是知识之评价尚焉。然知识之可恃，乃在"外物之有常"，而庄生则力破其说。曰：

> 昔者庄周梦为胡蝶：栩栩然胡蝶也，自喻适志与！不知周也。俄然觉，则蘧蘧然周也。不知周之梦为胡蝶与？胡蝶之梦为周与？周与胡蝶，则必有分矣，此之谓物化。（《齐物论》）

物既"随时而化"，不居常境，故人类当前之知识，亦复"随化而不足恃"。知识不足恃，则是非无可定。故曰：

> 齧缺问乎王倪曰："子知物之所同是乎？"曰："吾恶乎知
> 之？""子知子之所不知耶？"曰："吾恶乎知之？""然则物无知
> 耶？"曰："吾恶乎知之？"（《齐物论》）

（三）讨论物之法则者

物既自然，非天造，则无所谓"天秩""天序""天衷""天则"
之类。而又时化不居，则又无所用于物质物体之名。然则"物"固
有其法则可求乎？曰：有之。物之法则，亦即此"自然之时化"而
已。于此"物之时化"，庄生则名之曰"道"，亦曰"天"。故其
言曰：

> 死生，命也。其有夜旦之常，天也。人之有所不得与，皆
> 物之情也。（《大宗师》）

盖庄生既言知之不足恃，而此则又言"知"之无所用也。

（四）讨论对物之应付者

物象既随时变动，不居故常，我之知识又不可恃而无所用，庄
生乃谓应付物之方法，在乎"一顺其自然"而随时"与之俱化"，
而人之私智小慧无与焉。故曰：

> 若化为物，以待其所不知之化已乎！方将且化，恶知不化
> 哉？方将不化，恶知已化哉？（《大宗师》）

又曰：

> 藏小大有宜，犹有所遁。若夫藏天下于天下，而不得其所

遁，是恒物之大情也。特犯人之形而犹喜之。若人之形者，万化而未始有极也，其为乐可胜计耶？故圣人将游于物之所不得遁而皆存。（《大宗师》）

审乎无假，而不与物迁，命物之化，而守其宗也。（《德充符》）

游心于淡，合气于漠，顺物自然而无容私焉，而天下治矣。……至人之用心若镜，不将不迎，应而不藏，故能胜物而不伤。（《应帝王》）

孰肯以物为事。（《逍遥游》）

此庄生所主张应付外物之态度与方法也。故曰：

自我观之，仁义之端，是非之途，樊然殽乱，吾恶能知其辩？（《齐物论》）

以上详引庄子书中之对物观念。我所以不惮烦称详引，而又条分缕析以说之者，凡以见庄子之言，乃前此之所未有，而特由庄子所独创，而其所以获此创辟，则因彼乃针对当时儒、墨是非之辨而起。此乃思想史上对于某项问题之逐步转移与发展之一例。就其思想本身言，确有其背景，又确有其动机，脉络先后，皆可指证，固非漫无因缘来历，偶尔而云然也。继此请言《老子》。

老子言"物"，有与庄同，有与庄异。同者在论物之来源。老子之言曰：

无，名天地之始；有，名万物之母。（一章）
天下万物生于有，有生于无。（四十章）

万物生于"无"，明其非生于"天"也。然庄子仅言物之无待于天，固未尝确言万物之创生于"无",则庄老虽同,而仍不同。(此层详后"有无"一节。)若其与庄异者,则在论物之形状与其应物之态度。其言曰:

> 致虚极,守静笃,万物并作,吾以观复。夫物芸芸,各复归其根。归根曰静,是谓复命,复命曰常,知常曰明。不知常,妄作凶。(十六章)

此一节,老子论"物"之情状与其应物之态度者已至明且尽。庄生仅言"物化",而老子又进一层言之,彼以谓物之化,常循环而反复,故虽化而实静,虽变而实常。在庄子,虽有"不与物迁而守其宗","死生,命也。其有夜旦之常,天也"之语,要之,仅足为《老子》书之启示,而不如《老子》之明晰也。

老子又曰:

> 视之不见名曰夷,听之不闻名曰希,搏之不得名曰微。此三者不可致诘,故混而为一。其上不皦,其下不昧,绳绳不可名,复归于无物。(十四章)

又曰:

> 字之曰道,强为之名曰大。大曰逝,逝曰远,远曰反。(二十五章)
>
> 反者道之动。(四十章)
>
> 天下有始,以为天下母。既得其母,以知其子。既知其子,复守其母,没身不殆。(五十二章)

是老子于物之自然而时化之中,已籀得一至大之公例。万物虽变,而其变有公例可寻，则变亦有常矣。万物虽动，而其动有公例可守，则动而如静矣。此等公例，在老子则称之曰"道"。"道"之于万物，为其母，为其根，为其命。故曰：

> 侯王若能守之，万物将自宾。（三十二章）

又曰：

> 侯王若能守之，万物将自化。化而欲作，吾将镇之以无名之朴。（三十七章）

此又庄老一绝异之点也。庄子喜言"神人""真人"，其于物，则屡言"物不能伤""物无害者"。而老子则常言"侯王"，于物则言"御"，言"镇"，言"以为刍狗"。故庄子虽有《应帝王》之篇，然其意固常在退避，不若老子之超然燕处，而有"取天下"之志。故庄生之论，由其针对于墨、儒是非之辨而发，其意态常见为反抗，为怀疑，为消极，为破坏。而老子之论，则继庄子而深求之，故以承续肯定积极建设者为多。以此判之，亦可见《老子》书之晚出于庄也。

五　大

"大"字为一形容词，若无甚深涵义，然而不然。《论语》孔子曰："大哉尧之为君，唯天唯大，唯尧则之。"（《泰伯》）此以"天"为"大"也。至《老子》书乃名"道"为"大"，此亦有所本，其本在庄子。庄子鉴于儒、墨之争辨是非，各守一先生之言，颉颃焉自以为莫吾易，故慨乎其言之，曰："道隐于小成"，"故有儒墨之是非，以是其所是，而非其所非。"（《齐物论》）鸱鹏之与斥鷃学鸠，何以相笑？曰：以不相知。鰌、猨猴、麋鹿、蝍、且鸱鸦之于民，何以相非？曰：以不相知。故庄生喜言大，所以破己执。"己执"破，则儒、墨是非之辨可以息。故庄子言"大知"，所以通彼我，言"大道"，所以和是非。其意皆有激而然。至老子"道大"之言，则特承于周而为虚美之词矣！则岂不即就此一字而亦可以推寻诸书先后之痕迹乎？

六　一

孔子曰："吾道一以贯之。""一"非道也，老子则曰：

> 道生一，一生二，二生三，三生万物。（四十二章）

今试问此在"道"之后"万物"之前之所谓"一""二""三"三者果何物乎？欲求其解，则在《庄子》。庄子之言曰：

> 有始也者，有未始有始也者，有未始有夫未始有始也者。有有也者，有无也者，有未始有无也者，有未始有夫未始有无也者。俄而有无矣，而未知有无之果孰有孰无也。今我则已有谓矣，而未知吾所谓之果有谓乎，其果无谓乎？天下莫大于秋毫之末，而泰山为小。莫寿于殇子，而彭祖为夭。天地与我并生，而万物与我为一。既已为一矣，且得有言乎？既已谓之一矣，且得无言乎？一与言为二，二与一为三。自此以往，巧历不能得，而况其凡乎！故自无适有，以至于三，而况自有适有乎？无适焉，因是已。（《齐物论》）

郭象解之曰：

> 夫以言言一，而一非言也，则一与言为二矣。一既一矣，言又二之，有一有二，得不谓之三乎？夫以一言言一，犹乃成

三，况寻其支流，凡物殊称，虽有善数，莫之能纪也。故一之者与彼未殊，而忘一者无言而自一。

象之此解，可谓妙得庄旨。盖庄子之所谓"一""二""三"者，皆指名言言，非实有其物也。此在《墨经》亦有之，曰：

（《经》上）言，出举也。（《说》）言：言也者，口态之出名者也。

此谓"言以出名"，则"名""言"为二也。名言已为二，则孰为之一？在《墨经》作者之意，则一名即一实，是即一矣。此乃晚起墨家以名学立场阐述墨家"兼爱"之说者之所持。且所谓"万物为一"者，实非庄生之言，乃其友惠施之言也。惠施历物之意，而曰"万物一体"。惠施墨徒，欲阐陈"兼爱"之义，因言万物一体。"万物一体"之说，亦见于《墨经》：

（《经》下）数物，一体也。说在俱一惟是。（《说》）数俱一，若牛马四足。惟是，当牛马，数牛数马，则牛马二。数牛马，则牛马一。若数指，指五而五一。

此即名家之万物一体论也。究其立论根据，初不过在辨名实之异同。如言一足，则三足在外；言一牛，则牛之四足皆举，而马犹在外；曰一物，则牛马同体矣。惠施本此意引伸之而为"大一""小一""毕同""毕异"之论，遂曰"万物一体"，故当兼爱。不知由此而证万物之一体，则仅限于名言之数，而并未触及万物之本体。且名言之域，苟是即言以求，则一已成三，岂能一天下之言，而使之尽一于我乎？此庄生之所以主"忘言"而齐"物论"也。则庄生此条所言之"一、二、三"，求其陈义立论之所自，乃属确有根源，确有来历，确可指证，而有其特定之涵义者。至《老子》书乃漫曰："道生一，一生二，二生三，三生万物。"彼初不知"一、二、三"只指名言，而万物则是实体，实体岂能自名言中生？则何说以自圆乎？王弼注《老》，亦知"一、二、三"是名言，然亦不能发明"名言生实物"之理也。

《老子》书又曰：

> 昔之得一者：天得一以清，地得一以宁，神得一以灵，谷得一以盈，万物得一以生，侯王得一以为天下贞。（三十九章）

王弼之注曰：

> 一，数之始而物之极也。

彼又不知数是名言，物是实体，数不足以生物，数之始乌得即以为物之极？老子此处所言"一"，盖即以指"道"。老子又曰：

> 载营魄，抱一。（十章）

此"一"亦是"道"。盖老子既曰"道生一"，而又即以"一"称"道"也。今即以《老子》书中之"一"，推溯至于庄子书中之"一"，又推溯至于惠施与《墨经》所论之"一"，其间思想演变递进之迹，脉络分明，路径宛然，先后顺序皆可指证。若谓《老子》书先出于庄子，则请问其所谓"道生一，一生二，二生三"之说，果是何指？其真实之意义又何在？此必万辞而莫得其解矣。

七　阴阳一气

然庄生亦自持"万物一体"之论者，特其与惠施之持论有不同。盖惠施以名数证万物之一体，庄子取其结论而变其立说，遂转据万物之实体言。其言曰：

> 凡物无成与毁，复通为一。（《齐物论》）
> 自其异者视之，肝胆楚越也；自其同者视之，万物皆一也。物视其所一，不见其所丧。（《德充符》）

今问此万物之所"一"者何在乎？曰：在乎其皆为"一气"之所化，故以谓之一体也。故曰：

> 与造物者为人，而游乎天地之一气。（《大宗师》）

此谓天地万物，皆"一气"之自然而时化以成也。故曰：

> 夫若然者，又恶知死生先后之所在？假于异物，托于同体。（《大宗师》）

又曰：

> 夫造物者将以予为此拘拘也，……寝假而化予之左臂以为鸡，……寝假而化予之右臂以为弹，……寝假而化予之尻以为轮。（《大宗师》）

又将以为鼠肝，为虫臂，将万化而未始有极也。于是庄子书又言"六气"，（御六气之辨）言"阴阳"，（必有阴阳之患）至《老子》遂云：

> 万物负阴而抱阳，冲气以为和。（四十二章）

此其说，以前孔、墨、孟子皆未之言也。至其后《易系传》出，乃始汲庄老之"阴""阳"绪言而发挥之，成为一系统之学说。故论先秦阴阳学派成立之层次，首当溯源于庄周，次老子，次《易传》，而阴阳学说乃始成立。而邹衍特润色之以五行，凡论先秦阴阳学派之最先根源者，当从此起。此亦中国古代"万物一体论"成立之一番层折也。诚使《易系传》成于孔子，《老子》书又前出于孔子，则老子、孔子皆已言"阴""阳"于前，"万物一体"，早有此论，惠施之徒与《墨经》之作者，又何愚而再唱"名数的万物一体论"于后乎？墨子又何不自"万物一体"申述其"兼爱"之旨，而必上推"天志"以言兼爱乎？故自思想史之演进顺序言，必如余此之所定，庶为顺理成章，或较有当于古人之真相也。

八 德

《庄子》内篇仅言"德"，不及"性"；《老子》亦然。此庄老之所由与儒家异。然庄子以"道""言"对称，老子则以"道""名"对称，至于"道""德"连文，此在《庄子》内篇尚未见，至《老子》书始有：

> 失道而后德，失德而后仁。（三十八章）

与"道生德育，尊道贵德"之言，而后乃始"道""德"并举，此二字遂若有对等之位置。《庄子》外杂篇则时以"道德"并举成为一名词，则此诸篇显然又出《老子》后也。

九 有无

孔、墨、孟皆不言"有""无"；言有无者，自庄老提出"万物起源"之问题始。然庄子言有无亦与《老子》书微有不同。庄子之言曰：

> 古之人其知有所至矣。恶乎至？有以为未始有物者，至矣，尽矣，不可以加矣。其次以为有物矣，而未始有封也。其次以为有封焉，而未始有是非也。（《齐物论》）

此所谓"未始有物"者，并不指"无"而言。盖谓"天地一指"，"万物一马"，"道通为一"，"无彼与是"，故曰："未始有物"也。庄生之意，特就万类纷然之中，见其同源于一大化，而不认其原始本初即有"彼""是"之分别耳。非追论在万物之先，更有一未始有物，即所谓"无"之一境界也。庄生又言之曰：

> 有始也者，有未始有始也者，有未始有夫未始有始也者。有有也者，有无也者，有未始有无也者，有未始有夫未始有无也者。俄而有无矣，而未知有无之果孰有孰无也。今我则已有谓矣，而未知吾所谓之其果有谓乎？其果无谓乎？……天地与我并生，万物与我为一。既已谓之一矣，且得有言乎？……一与言为二，二与一为三，故自无适有……，以至于三，而况自有适有乎？（《齐物论》）

此始以"有""无"对言。然所谓有无者，仅言"有谓"之与"无谓"，非论"有物"之与"无物"也。故庄子并不远论物始，仅就物而致辨于其"彼""我"封界、名言"有""无"之间。故"有""无"二字，在庄书尚未成为确然对立之两名词。故庄子书中又屡言"无有"，曰：

> 未成乎心而有是非，是今日适越而昔至也。是以无有为有，无有为有，虽有神禹，且不能知。（《齐物论》）

又：

> 彼何人者耶？修行无有，而外其形骸。（《齐物论》）
>
> 立乎不测，而游于无有。（《应帝王》）

足证庄子书中，于"无"字尚未确定为一特殊之名，故又言"无有"。其所谓"无有"，即无也。至《老子》书则不然，乃始确然以"有""无"两字对立，成为有特殊意义之两名词。故曰：

> 无，名天地之始；有，名万物之母。（一章）
>
> 常无，欲以观其妙；常有，欲以观其徼。（一章）
>
> 有之以为利，无之以为用。（十一章）
>
> 天下万物生于有，有生于无。（四十章）

于是"无"之一名，乃若确然为天地之所自始，万物之所从生。此在庄子时，并无此义。以"无"之一观念之确立，亦可证《老子》成书决然在庄周之后矣。盖老子既主"道先天地"，而又名道为"一"，名道为"无"，故说"天地万物生于无"。至问"道"何以既为"一"，又为"无"？此则仍需求解于庄生《齐物》"有谓""无谓"之说，此皆老后于庄之显然而无复可疑者。

一〇　自然

庄子虽创"自然"之论，而"自然"一名词，犹未确定。故曰："咸其自取"（《齐物论》），曰："恶识所以然，恶识所以不然"（《齐物论》），曰："因其固然"，此皆"自然"也。又曰："常因自然而不益生"（《德充符》），曰："顺物自然而无容私焉"（《应帝王》）；内篇"自然"二字，仅此再见。可证庄子当时，"自然"二字尚未确立成为一名词也。至《老子》书始曰：

> 道法自然。（二十五章）

又曰：

> 辅万物之自然而不敢为。（六十四章）
> 百姓皆谓吾自然。（十七章）

又曰：

> 希言自然。（二十三章）

"自然"二字，乃始确然成为一名词，而占思想上重要之地位。此又可以证吾庄先老后之说。至《庄子》外篇又少言自然，直至汉初《淮南王书》，乃始盛言自然。可证老子言"自然"，不能远出孔子以前也。

一一 象

"象"字古书用者极少，庄子仅云"寓六骸，象耳目"（《德充符》），此乃"象"字之常谊。至《老子》书而"象"字乃始有其特别之涵义。如云：

> 道之为物，惟恍惟惚。惚兮恍兮，其中有象。恍兮惚兮，其中有物。（二十一章）

又云：

> 无状之状，无象之象。（十四章）
> 大象无形。（四十一章）
> 执大象，天下往。（三十五章）

此诸"象"字，乃始见在哲学上有特殊神秘之涵义焉。老子谓"道"生万物，其间先经"象"之一级；在此时，已有"成象"，而尚未"成形"。有形为"物"，无形为"象"。"象"之为状，恍惚无定形，故为未成物前之一先行境界。其后《易系辞》传言"象"，即本诸《老子》书。若谓《易传》是孔子作，老子、孔子言天地万物生成阶次，既已如此清楚明晰，何以庄、孟两家都漫不省？此决无说可通者。

以上论"有""无"，论"自然"，论"象"，凡此诸语，在《庄子》书，仅是义取达意，多属临文遣辞之恒旨；至《老子》书，则显见此等字语，均已成为特铸之专名，所以形容天地万物创始之妙理，而确然成为哲学上一固定之名词，一特有之观念。如此之类，尚不乏例。如庄言："必有真宰，而特不得其眹。可形已信，而不见其形，有情而无形"（《齐物论》），此亦形容"道体"之语。至《老子》则曰：

> 道之为物，惟恍惟惚。……窈兮冥兮，其中有精。其精甚真，其中有信。（二十一章）

"精"与"信"乃确然成为万物生成以前之两阶段。故《老子》书肯定其辞曰："其中有精，其中有信"也。此若谓道之生物，因其确涵有两要素，曰"精"与"信"，故得引生万物也。是"精"与"信"亦已成为一特定之专名，而庄子书固无有也。《庄子》内篇惟有一节，亦言"道先万物"，而曰："道有情有信，无为无形"（《大宗师》）。此"情"字即《老子》书中之"精"字。然此一节，余固疑其非《庄》书本真，乃后人袭取自《老子》书而伪撰羼入者。《老子》书又曰：

> 视之不见名曰夷，听之不闻名曰希，搏之不得名曰微；此

三者不可致诘，故混而为一。其上不曒，其下不昧，绳绳不可名，复归于无物，是谓无状之状，无物之象。（十四章）

又曰：

大象无形。（四十一章）

是"大象"乃一种无形之物，在"道"与"物"、"有"与"无"之间之一阶段，一历程，此犹所谓"精"与"信"，皆在未成物之先，而已有其存在，而特不可确认，故又谓之"恍惚"也。凡此论宇宙成物之历程者，在《庄》书皆模糊，在《老》书极明晰，在《庄》书皆未臻肯定，为辜略之辞，在《老》书则皆确切分析，昭白无疑。即此相比，《庄》《老》两书，果孰在先而孰在后，亦可以微辨而得矣。

至于"无为"二字，尤常见于《老子》书，曰：

道常无为，而无不为。（三十七章）

此言自"无形"而转成"有形"，自"大象"而转成"万物"，一切阶段，皆出自然，非有造作也。至《庄子》书中"道无为无形"之语，必以《老子》书解之，始获畅明其所指，故知《庄》书此语定出老子后也。凡《老子》书中语，必以《庄子》解之而始明者，亦可知其必出庄后耳。

一二　法

《论语》不言"法"，仅有"法语"一言而已。"法"字之重要，始见于《墨子》。所谓："子墨子置天志以为仪法"（《天志》下），又曰："莫若法天"（《法仪》），是也。《墨经》上云："法，所若而然也。"《经》下亦曰:"一法者之相与也尽类,若方之相合也。"庄子破是非之畛,故不喜言"法"。老继庄后,其思想态度,已自破坏而重趋于建立,故曰:

> 人法地,地法天,天法道,道法自然。(二十五章)

自"天"三累而上,始为"自然",而"自然"则有其一定之法则者。此后"法象"一观念,遂特别为阴阳家所重视。

名

《老子》书开首即以"道""名"并言,"道"字来历,及其凡所牵涉之内涵义旨,大略如前述。今请论"名"字。《老子》书中论"名"字约可分二组:

一

> 道可道,非常道;名可名,非常名。(一章)
> 道常无名,朴。(三十二章)
> 道隐无名。(四十一章)

此言"道"之不可以名状也,其意承袭自庄子。盖孔子首言"正名",然此"名"之所指,不过君臣父子人伦间之名分,非指凡名实之"名"而言。《墨辨》论名,乃始指凡名实之名言,其涵义较孔子远异。《小取篇》云:"夫辨者,将以察名实之理。"又云:"以名举实,以词抒意,以说出故。"《经说》上云:"所以谓,名也;所谓,实也。"又云:"举,告以之名,举彼实也。"《公孙龙子》云:"名,实谓也。"此皆以"名""实"对举,与孔子"正名"之名不同。孟子距杨墨,然殊不论"名""实";殆因墨家转入名学立场,其事尚在后,最早如惠施辈,亦与孟子同时,故孟子不及置辨也。然淳于髡则曰："先名实者，为人也；后名实者，自为也。"可见"名""实"二字，在当时则已成一流行之名词矣。故庄子亦云："名者，实之宾也。"然其意又较墨家提出"名""实"二字之本意不同。墨家谓"以名举实"，其意重在"名"；庄子谓"名是实宾"，其意重在"实"。盖墨家以"名"与"词"为辨论真理之利器，而庄子则谓名字言说均不足以定真理，二者意见相背，其间盖有一至巧妙之机括焉。缘墨家根据实事实物以为辨，则"名"之功效自大。何者？"名"，"实"之谓也。如或谓之牛，或谓之马，此实物之辨也。求"白马"，不可以骊色之马应，此实事之辨也。使无名字言说，则一切实事实物之理，固不可辨。然其末流所趋，往往过重于名字言说之使用与辨析，又或好为惊世骇俗之论，而转失实事实物之理者。如云"鸡三足"，是与实物相背也。如曰"犬可以为羊"，是与实事相乖也。庄子当名家诡辩之已盛，而儒、墨之是非相争不息，又亲与名家巨子惠施相友好过从，故其受名家尚言辨之刺激为最深。庄子思想所注重者，正为如何而可以打破缴绕之言辨，于是遂有其惊人可怪之论。庄子之意，遂若谓一切实事实物，固无是非之可辨。何者？大瓠可用而不可用，不龟手之药可贵而不可贵，学鸠可以笑大鹏，彭祖可以悲众人，昭文、师旷、惠子不足以明其好，麋鹿、蝍且、鸱鸦不足以正其嗜，庄生惝恍其言，凡以见宇宙一切事物之间，是非淆乱，无一定之标准可据。而籀其大故，则不出两端，曰：各拘于地域，各限于时分，则彼此不足以相喻而已。于是遂有"因是已""谓之两行"之说。此谓各因其所是而是之，则在此时此地者，有此时此地之"是"，在彼时彼地者，有彼时彼地之"是"，使若能各止于其时地之所是而不复相非，则"是""非"可以并行而不相悖，其实则仅有"是"而更无"非"。此即庄生意想中之大道。故墨之辨"是""非"，本于人而为辨，而庄生乃本于道而为辨。故曰："有真人焉"，明拘于地域、限于时分之见之人之非真人也；曰："至人无己"，明本于己以为辨者之非理想人之极至也。且墨家之辨，辨实事，辨实物，而庄生乃舍实事实物而辨道。故曰："何肯以物为事？"曰："以道观之。"若是而墨家所重一切"名""实"之辨，与夫儒、墨"是""非"之争，皆若剑首之一映，不足以复控搏矣。故"名""实"之辨，为墨家所慎重提出者，至庄子而轻轻转移，变为"言""道"之辨，此吾所谓一至巧妙之机括也。

　　然庄生之意，仅谓"是""非"各拘于地域，各限于时分，不足以推而广之，引而远之耳。故曰："圣人和之以是非，而休乎天钧，是之谓两行。"（《齐物论》）则庄生之意，亦不过主异时异地之各有其是，故亦当"各行其是"而止耳。故庄子之论虽吊诡，亦不过为儒、墨两家作调人。至老子则时过境迁，息争之事匪急，而认道之心方真。于是昔之以"名"举"实"者，乃求以"名"举"道"。而道终不可以名举也，故曰："道隐于无名。"（四十一章）然而无名者又终不可以不名也，故曰"吾不知其名，字之曰道，强为之名曰大。"（二十五章）然则此大道者，将为实有者乎？抑仅虚名之而已乎？使道为实有，则避实言道，道终为超实之名。若使道为虚名，则道又不可以虚也。于是乃曰："道冲而用之或不盈。"（四章）"冲"非虚，（按《说文》："冲，摇也。"此以形容道体之流动不居。流动不居则虚矣。自来只以"虚"训"冲"，失之。）"不盈"非实也。又曰："道常无名，朴。"（三十二章）"朴"者，非实非虚，而为实之本质。实可名，实之本质不可名，故曰"无名之朴。"又曰："道可道，非常道；名可名，非常名。"然则"道"者非无实，而又不可名，故曰："无状之状，无物之象，是谓惚恍。"（十四章）道朴可以生物实，其中间之过渡则曰"象"，曰"大象无形"（四十一章）。"象"之与"形"，一犹"朴"之与"实"，其间有微辨。凡《老子》书所以言道者如此。故庄子之言道，激于当时"名""实"之缴绕，求"离实"而言之也。老子之言道，病于名之不可以离实，而求重返于实以言之也。求离实，故曰"道将自道"；

而求重返之实，故曰"有大象"。于是后之辨实事实物之是非者，乃不求之于"名"，而转求之于"象"，此又中国古代学术思想史中一转变之大关捩也。

老子又曰：

> 大辩若讷。（四十五章）
> 善者不辩，辩者不善。（八十一章）
> 多言数穷，不如守中。（五章）

"守中"者，庄生所谓"得其环中以应无穷"，此皆明承庄子书而言之也。使老子生孔子前，当时儒、墨之争未起，则老子决不遽言及此。

二

> 道常无名，朴。虽小，天下莫敢臣也。侯王若能守之，万物将自宾。天地相合以降甘露，民莫之令而自均。始制有名，名亦既有，夫亦将知止，知止可以不殆。（三十二章）
> 道常无为而无不为，侯王若能守之，万物将自化。化而欲作，吾将镇之以无名之朴。无名之朴，夫亦将无欲。不欲以静，天下将自定。（三十七章）

前举以"无名"言道，此则以"无名"言治也。以无名治，即是以道治。老子之意，谓天下之乱，由于民之多欲；多欲则外逐物而内丧真，违于自然之道。而欲之兴，则由于名。故曰：

> 天下皆知美之为美，斯恶矣；皆知善之为善，斯不善矣。（二章）

溯其论旨，亦始庄子。庄子曰：

> 天根游于殷阳，至蓼水之上，适遭无名人而问焉，曰："请问为天下。"无名人曰："去！汝鄙人也！何问之不豫也？……"（《应帝王》）

庄子又以壶子之"无得而相"者以谓应帝王，此皆老子以"无名"为治之说也。惟庄子特粗抽其端绪，而未及畅发其意旨者。其后至于《庄子》之外篇，阐发此义者乃特多，以君天下者本己好恶出名字以扰天下人心者为乱之本，则其论又多出《老子》后矣。故老子斥"仁""义"而重"道""德"，其意亦本诸庄。不过庄子以之言学术，而《老子》书则转移其重心而言政治，此为异耳。故在庄子，特谓是非无一定之标准，不当以吾之所是强同诸人，而老子则言君人者不应以一己之"好""恶"号召天下之人心也。不立一定之标准，而任各己之自然者，此道体也；镇之以无名之"朴"，即是镇之以"道"。庄子用"道"以止息儒、墨之争者，老子乃进一步而建此"道"字以为理想政治之准则。此又庄老学说不同之一点也。

以上历举《老子》书中所用重要各名词，一一指陈分析其涵义，与其问题产生之背景，又推论其在思想史上展衍递进之层次与线索，而《老子》书之晚出，显然可见矣。苟其不然，如谓《老子》书成于孔子之前，则自孔子以下两百年，战国百家思想，正如《西游记》中之孙行者，翻了十万八千里一大筋斗，而终翻不出如来佛之掌心。读者亦必熟读孔墨以下，战国两百年各家思想，乃知《老子》一书包罗之广，彻见之深，则其为古之博大真人，卓绝无俦，夫复何疑？若谓从来思想界，无可有此奇迹，则何如摆脱旧说之缠缚，只将《老子》成书年代移后，置之于庄子、公孙龙与荀卿、韩非之间，则自孔、墨以下，战国两百年思想展衍，有一条贯，可以董整，而亦并无损于《老子》一书在古代思想史上所应有之地位。而且如《中庸》，如《易传》，尤当晚出于《老子》，亦均不得其书作者之主名，而此亦并无损于《中庸》《易传》思想之价值。而此各书之在当时思想史上之地位，则无宁将以获得其真实的成书年代而益显。则此篇之所欲辨，亦意在求真，固非好标新异。虽推翻两千年之积案，其论必历久而后能定，然有好学深思之士，固不难目击而首肯而心许之尔。

（此稿作于一九二三年，题名《老子辨伪》，未发表。一九三〇年改今篇名刊载于《燕京学报》第八期及《古史辨》第四册。）

再论老子成书年代

老子事可论者，一其人事迹之真伪，一其书著作之先后。余疑《史记》所传老子姓氏邑里事业及其子孙后裔，颇不可信，已别详于《先秦诸子系年》，此篇则专就《老子》成书年代特加讨究。余已先有《关于老子成书年代之一种考察》一文，又余著《国学概论》第二章《先秦诸子》，亦以老子思想归入荀况、韩非晚周一期共同论列。此篇一仍夙见，亦有为上举所已详者，重加论次，以请教于并世研考《老子》书年代之诸贤。

一

今先就《老子》书中对于当时政治社会所发种种理论而推测其历史背景，则其书应属战国晚年作品，实无疑义。老子言："不尚贤，使民不争"（三章），"尚贤"乃墨家最先主张。此缘当墨子时，贵族世袭之制，以次崩坏，弊害昭显，墨子遂针对时病，发挥尚贤新义。在其先孔子时，虽亦有意矫正当时贵族政治之弊害，而仅及正名，惟求君君臣臣父父子子，重返于往昔贵族统制安宁期之状态。在孔子当时，似尚未能彻底破除以前"血统亲亲"之旧观念，而明白提出尚贤之新主张。墨子承其后而意益激进，因倡尚贤。然就墨子时政治实况大体言之，固亦仍是贵族血统世袭之旧局面，未能骤臻理想尚贤之境。下及战国中期，于是学者尚贤理论，乃始一变而为政治上之真实情况。更后而尚贤制亦见弊害，乃复有箴对时病，而发为"不尚贤"之教者；此则必在战国中期以后。若当春秋中叶，列国行政，本不以"尚贤"为体，老子著书，何乃遽倡"不尚贤"之论乎？此就当时政制之演进言，而可确知其不然者。

然《老子》书虽明倡"不尚贤"之论，而在其无意中，实仍不脱尚贤之旧观念。此证《老子》成书年代，必是正值尚贤思想浓厚之际。故其书中每以"圣人"为理想中之最高统治者，此即战国中晚期尚贤思想无形之透露。考其先称"圣人"，特为"多知通达"之称。《左传》襄公二十二年："臧武仲如晋，雨，过御叔。御叔曰：'焉用圣人？吾将饮酒而已。雨行，何以圣为？'"是当时人称臧武仲为圣，御叔特以武仲行遇雨，不先知，疑之。《论语》以臧武仲为智，是当时"圣""智"相通之证也。故子贡问："夫子圣矣乎？"孔子以"学不厌教不倦"对。此即谓"予非生而知之，好古敏以求之"也。又曰："若圣与仁，则吾岂敢！抑为之不厌，诲人不倦，则可谓云尔已矣。"《老子》书亦云："绝圣弃智。"此皆当时以"圣人"为"智者"之称之明证也。然智愚与贵贱有别，智者不必居上位，若曰："内圣外王"，此等语，则必至战国中晚以后乃有之。今检《老子》书，言及"圣人"者几三十处，而十之七八，皆指政治上之最高统治者而言。就封建世袭时代人观念论之，天子之子为天子，诸侯之子为诸侯，贵贱定于血统，初未尝以"圣人"与"天子"作联想。纵谓禹、汤、文、武，凡开国之君，后世子孙，必尊奉之为圣，然继体传统之君，则未必仍是圣人。即如幽、厉之谥，在西周人观念中，此项意见，岂不已甚显著？故"圣"之与"王"，在春秋以前人，绝未视为一体。此必自孟、庄以后，尚贤理论愈唱愈高，《老子》书受其影响而不自觉，故虽主不尚贤，而其意想中之最高统治者，则必归之于圣人。此正"尚贤"之极致，乌得云"不尚贤"？故《老子》书中之政治理想，实由一理想中最贤明之统治者而发为"不尚贤"之治。此即其书晚出之显证也。

尚贤理想之推展至极，则政治上之最高统治者必当为一圣人。而圣人之子，则不必仍是圣人也，因此而有禅让论之兴起。此等"禅让"思想，亦应在墨家提倡尚贤主义之后而始盛。证之当时史实，如梁惠王欲让位于惠施，燕王哙竟传国于子之，知其时让贤思想已极盛行。故万章问孟子："人言至于禹而德衰"，亦因禹不传贤而传子，故疑其为德衰。"传贤""传子"之争，正是"尚贤"与"亲亲"之争。亦即春秋战国思想上一大分界也。今观《老子》书，不仅以"圣人"为其理想中之最高统治者，并亦常有"让贤""传天下"之说。故曰："贵以身于为天下，若可寄天下，爱以身于为天下，若可托天下。"（十三章）此在《庄子》外篇《在宥》亦有之，曰："贵以身于为天下，则可以托天下。爱以身于为天下，则可以寄天下。"此所谓"托天下""寄天下"者，实即"让贤""禅位"之意。故王弼谓："然后乃可以天下付之也。"中国古代，果有尧舜禅让之史实与否，此处暂可勿深论。而当春秋世，则殊无"传贤""让国"之说。纵有如宋襄公之欲让位于目夷，吴诸樊兄弟之欲传国于季札，然此仍是贵族血统世袭，所让在兄弟之间；固与《老子》书之所谓不同也。《论语》曾子曰："可以托六尺之孤，可以寄百里之命，临大节而不可夺也，君子人与？君子人也！"（《泰伯》）何以谓之"托六尺之孤"？此因古者贵族世袭，父死子继，先君临崩，孤子方幼，则择大臣而托之，不闻有举君位而让之此家传统之外也。何以谓之"寄百里之命"？因古者封建，公侯百里为大国，寄百里之命，乃极言其任重而付大，又不闻举天下而传也。观于《论语》曾子之所言，知其当时之政治背景，确为属于封建时代，贵族世袭之制度未破坏，"让贤""禅国"之理论未兴起，故言之云云。若以推比之于《老子》书之所言，则《老子》书之为晚周时人见解，固自无疑矣。

余谓《老子》书言政治，不脱尚贤观念，其例证尚不尽于上举，专以圣人为政治上之最高统治者一节为然也。即《老子》书中言及从政者，其意想，亦均不似贵族世袭时代人所能有。故曰："持而盈之，不如其已。揣而锐之，不可长保。金玉满堂，莫之能守。富贵而骄，自遗其咎。功遂身退，天之道。"此处"功遂身退"一语，后世传诵已熟，遂视若寻常，无可诧怪矣。然此语实非春秋时代贵族世袭制度未破坏时人之所能道。请再以史实证。《左传》文公十六年载：宋昭公无道，司城荡卒，公孙寿辞司城，请使意诸为之。既而告人曰："君无道，吾官近，惧及焉。弃官则族无所庇。子，身之贰也，姑纾死焉。虽亡子，犹不亡族。"此缘春秋贵族世袭，司城之职，不由贤进，亦不由不肖退。既世袭于彼之一族，彼之一族，亦托庇于此职。故公孙寿虽知祸之将及而不能退，不敢退，乃使其子为之也。又成公十七年载：晋范文子反自鄢陵，使其祝宗祈死，曰："君骄侈而克敌，是天益其疾也，难将作矣。爱我者，惟祝我使我速死，无及于难，范氏之福也。"遂以自杀。（此据杜注）若其时从政者功成而可以身退，则范文子之智，宁不及此？良亦以封建之制，贵族世袭，不比后世尚贤之局，游士得势，朝可进而暮可退。范文子外忧国难，内虑保家，欲退无从，则惟有出于祈死与自杀之一途。盖因身死则政不在范氏，国纵有乱，子孙可保。此与公孙寿之所为，可谓迹异而情同也。又如宣公十七年载：晋郤献子聘齐，归而怒，欲伐齐。范武子退自朝，告其子燮曰："郤子其或者欲已辞于齐乎！不然，余惧其益之也。余将老，使郤子逞其志，庶有豸乎！尔从二三子，惟敬。"乃请老，郤献子为政。此又证贵族世袭，父老子继，惟因班序尚新，职位容可微变。故范氏父子之所以谨慎自全者，则亦仅于至此而止，非可如后世游士之洁身引去也。此因春秋时，贵族世袭，既不由功立而始进，亦不以功成而许退。事理昭白，无烦详论。及于春秋之末，游士渐兴，吴有伍胥，越有种蠡，皆以羁旅建功业，而不获善其终。自此以往，如楚之吴起，秦之商鞅，亦以羁士得志，而富贵身首莫能长保。一旦骤失故主，大祸随之。孤危之士，乃始有"功遂身退"之想。其议畅发于蔡泽之说范雎，其言曰："四时之序，成功者去。"又曰："功成不去，祸逐于身。"又引书曰："成功之下，不可久处。"《老子》书亦本此等当时之实际情况与社会之共同意想而为说耳。老子又言之，曰："功成而弗居。夫惟弗居。是以不去。"（二章）又曰："功成而不处，其不欲见贤。"（七十七章）此皆《老子》书作者自就其时代情况立说，谓贤士建功而能不自见其贤，乃能久处不去。故又曰："不自伐，故有功；不自矜，故长。"（二十二章）又曰："自伐者无功，自矜者不长。其在道也，曰余食赘行，物或恶之，故有道者不处。"（二十四章）此等语，显皆出战国中晚游士升沉之际，非往昔贵族世袭时代之所可有也。

当春秋时，周王室封建之制犹未全坏。一天子在上，众诸侯在下，故天子称"天王"，其位号与诸侯迥绝。及战国梁惠王、齐威王以下，列国相王，而后"侯王""王侯"之称，代"公侯""侯伯"之名而起。《老子》书屡言"王侯""侯王"，此亦非春秋时人语也。或以《周易》"蛊"之上九"不事王侯，高尚其事"为说，此亦不然。当知《周易》上下篇成书，尚远在春秋以前，即以传世金文证之，当西周初叶，侯国称王，亦常事，然此非所语于春秋之时也。然则《易》"蛊"上九之爻，其语当更在春秋之前，否则亦春秋后人羼入；二者必居其一。当春秋时，则封建体制已臻成熟，其时诸侯称"王"者惟楚，最后始有吴。而孔子《春秋》于吴、楚必称"子"。可见"王""侯"并称，事不寻常。而《老子》书乃屡言之。今若考论《老子》成书年代，与其以之上拟《周易》，远推之春秋以前，固不如以之下侪战国诸子，移之梁惠王、齐威王之后之为更近情实矣。

且当春秋时，诸侯卿大夫各自治其封邑，周天子之政令，不能直接及于天下之众民。故孔子曰："天下有道，则礼乐征伐自天子出。天下无道，则礼乐征伐自诸侯出。自诸侯出，盖十世希不失矣。自大夫出，五世希不失矣。陪臣执国命，三世希不失矣。天下有道，则政不在大夫。天下有道，则庶人不议。"（《论语·季氏》）此处孔子之所谓"礼乐征伐"，其语意实偏重在天子诸侯卿大夫贵族阶级之本身内部相互间事，而并不指政治阶层之下对小民庶人者而言。此义亦极显然。故齐景公问治国，孔子对曰："君君，臣臣，父父，子子。"此所谓"君""臣""父""子"，其语意亦偏重在天子诸侯卿大夫贵族阶级之本身内部相互间事，亦不指贵族阶层之下对小民庶人而言也。故时人云："国之大事，在祀与戎。""祭祀"所以整齐国内贵族嫡庶承袭之位，"兵戎"所以捍卫四封疆圉彼此之固。此亦指天子诸侯卿大夫贵族阶级之本身内部相互间事，仍不指政事之下及于小民庶人者而言。一部《春秋》二百四十年，亡国乱家，其事尽于君不君，臣不臣，父不父，子不子。无论其为内乱，或外患，亦大率由贵族阶级自身内部相互间事之失其体统而引起。小民庶人，则尚非当时治乱之主体。试披读《左传》列国间祸乱相因，固绝少以民乱难治为患者。此因当时封建形势犹未全破，贵族世袭统制之权犹未全坏，民之为民，平居则耕田纳税，有事则陈力就役，初不成为政治上重要之对象。在当时人意想中之所谓政治事业，则大率以贵族阶级之自身内部相互间事为主。既曰"礼不下庶人"，则礼乐征伐之对象，亦决非小民庶人可知。至于小民庶人之崛起而成为政治事业之对象，其先见于《左传》者则曰"盗贼"。盗贼在春秋中晚期已屡见，然当时政治对象之重要中心，则仍为贵族阶级之自身内部相互间事，仍与小民庶人无预也。（此层详余著《周官著作年代考》。）[1] 春秋时贤论政，固颇有知以民事为重者。然此皆言其影响所及，政治失轨，可以影响及于民事；民事失调，亦可以影响及于政治。当时人论政，其大体意态，如此而

----

[1] 编者按：《周官著作年代考》一文，今收入《两汉经学今古文平议》一书中。

已。《论语》言为政，更已颇重于民事，然亦仅言"道千乘之国"。
鲁昭公八年：大蒐于红，革车千乘。千乘之国，当孔子世，似已不
见为大国，然《论语》固犹未尝言及"治天下"而又以民事为要归
也。苟言治天下而又以民事为要归，则试问置此辈诸侯卿大夫贵族
阶级于何地？故知在春秋时，封建制度尚未崩溃，其时人则决不能
有治天下而又以民事为要归之想象。此等想象则必出春秋之后。至
《孟子》书，已屡言"王天下""一天下"；然其言政治，则若仍限
于一国之内，固犹未及言"治天下"也。今《老子》书，则多言
"治天下"，少言"治国"。其言治天下，又必以民事为要归。是
《老子》作者所意想中之政治，乃始是一圣人在上，百姓众民在下，
而若更不知有所谓列国诸侯卿大夫陪臣种种封建贵族阶层之隔阂于
其间。故曰：

> 不尚贤，使民不争；不贵难得之货，使民不为盗；不见可
> 欲，使民心不乱。是以圣人之治，虚其心，实其腹，弱其志，
> 强其骨，常使民无知无欲。（三章）
> 圣人不仁，以百姓为刍狗。（五章）
> 圣人无常心，以百姓心为心。……圣人在天下，（按：此
> 即《庄子》"在宥天下"之"在"。）歙歙焉为天下浑其心。（四
> 十九章）
> 故圣人云："我无为而民自化，我好静而民自正，我无事
> 而民自富，我无欲而民自朴。"（五十七章）
> 其政闷闷，其民淳淳；其政察察，其民缺缺。……是以圣
> 人方而不割，廉而不刿，直而不肆，光而不耀。（五十八章）
> 是以欲上民，必以言下之；欲先民，必以身后之。是以圣
> 人处上而民不重，处前而民不害，是以天下乐推而不厌。（六
> 十六章）

如老子言，以一圣人居天下之上，而百姓众民居一圣人之下，而此在上之一"圣人"者，又必有待于天下众民之乐推而"不重""不害"焉，而后可以安其位。则试问此等观念，岂果天子诸侯卿大夫封建制度未破，贵族世袭制度未坏，国之大事，专在"礼乐征伐""惟祀与戎"之际之所能与知乎？

《老子》书不言"圣人"，则言"侯王"。故曰：

> 侯王若能守之，万物将自宾。（三十二章）
> 侯王若能守之，万物将自化。（三十七章）
> 侯王得一以为天下贞。（三十九章）

此孟子所谓"保民而王，莫之能御"（《梁惠王》）也。侯王能如此施政，而天下百姓众民便如彼响应。试问当齐桓、晋文时，"鸠合诸侯，尊王攘夷"，"礼乐征伐，自诸侯出"，此乃霸业时代，孔子所谓"十世希不失"者；在当时，何来有如《老子》书中之观念？而当时之实际情况，又何尝有如《老子》书中所陈之可能乎？

《老子》书，称在上者曰"圣人"，曰"侯王"，又曰"人主"，曰"万乘之主"。考"主"者，在春秋时，乃卿大夫之称。及三家分晋，田氏篡齐，"主"称乃移及于大国之君，而始有所谓"万乘之主"。今曰："万乘之主而以身轻天下"，又曰："以道佐人主者，不以兵强天下"（三十章），则以"主"与"天下"对称，又不止于万乘之主矣。此亦证《老子》成书时，在其观念中，仅有"王天下""一天下"，而更无"合诸侯""霸诸侯"。而此王天下一天下之主，则是梁惠王、齐威王之流也。可知著书者偶下一语，而其当身之时代背景，历史意象，即显露无可掩，诚所谓昭然若揭。如此之例，以定《老子》书之晚出，而更何可疑乎？

《老子》书自称圣人、侯王、人主之下，则有曰"官长"。其书曰：

朴散则为器，圣人用之则为官长。（二十八章）

此"器"字在《论语》亦有之，曰："君子不器。""器"者指百官之专主一职，专供一用言；曾子所谓："笾豆之事，则有司存也。"郑注《士冠礼》："有司，群吏有事者，谓主人之吏，所自辟除，府史以下。"贾疏："按《周礼》，三百六十官之下，皆有府史胥徒，不待君命，主人自辟除，去赋役，补置之，是也。"胡氏《仪礼·释官》谓："凡事有专主之者，谓之有司。"今按：仲弓为季氏宰，问政，子曰："先有司"，则知为家臣邑宰者，已得总成，不复是有司仅供器使之类矣。家臣邑宰尚然，更何论于诸侯卿大夫？各有封邑，即各有臣属，故仅在于"动容貌，正颜色，出辞气"，贵乎道而不器也。今《老子》书则曰："朴散则为器，圣人用之则为官长"，则试问此诸卿大夫各得封邑，与天子诸侯同守宗庙，同传百世者，又何在？又曰：

不敢为天下先，故能成器长。（六十七章）

"器长"者，即百官之长，即指政治上之最高统治者，是即"圣人"也。在《老子》书中之政治，在上惟圣人，在下惟百姓，而与圣人分治天下者则为官长；官长则等如有司，如器。大朴散，始有分司别用之器。此等观念，细论之，仍是封建贵族世袭制度已坏，游士得势，尚贤之说方盛，乃始有之。故老子所谓："朴散则为器"，"为官长"，正与《论语》"君子不器"之意相违异。此犹如前举《老子》书云"寄天下""托天下"，而《论语》则谓"寄百里之命""托六尺之孤"也。只就此等处两两对比，深细互观，便知《论语》乃春秋时代人观念，而《老子》书则为战国晚年人观念，时代背景、历史意象，显露襮著，更无可疑。当知古今大哲人著书立言，彼其书中所蕴蓄之义理，固可超越时代，历久常新；而其书中义理所由寄托而表现之若干具体意象、特殊观点，及其所供驱使以表达其义理之若干特有辞语，则终无可以超脱其成书之时代背景，而谓其可以预据后代人之实际事状以立说，此乃断无之事也。

《老子》书言在上治人者，曰"圣人"，曰"官长"，而在下被治者则曰"百姓"，其非春秋时人语，已如上举。今再进而一究其言及在下百姓之有待于在上治人者之所以治之者之又属何事乎？在《老子》书，则首先言及百姓之"好智"。故曰：

> 爱民治国，能无智乎？（十章）

又曰：

> 古之善为道者，非以明民，将以愚之。（六十五章）
> 民之难治，以其智之多。（六十五章）
> 故以智治国，国之贼；不以智治国，国之福。（六十五章）

"好智"之次，则曰"多欲"。故曰：

> 圣人之治……常使民无智无欲。（三章）

又其次则曰"好动"。盖尚智多欲则好动，其事相引而起。故曰：

> 使民重死而不远徙。（八十章）

又曰：

> 我好静而民自正。（五十七章）

又其次则曰"不畏死"。故曰:

> 民不畏死，奈何以死惧之?（七十四章）

又曰:

> 民之轻死，以其求生之厚，是以轻死。（七十五章）

凡此种种，所谓"尚智""多欲""好动""轻死"，凡《老子》书中所认为民之难治者尽在此，故尤为圣人为治之所先也。则试再问，当春秋时，亦有此等现象否？试熟玩《左传》一书，所记春秋二百四十年间事，大抵皆贵族阶级自身内部相互间之动乱争夺为主耳！而何有乎如《老子》书之所谓百姓之好智、多欲、好动而轻死乎？此乃王官之学，流散人民间，诸子兴起，百家竞鸣，乃始有此现象。战国百家中最先出者为儒，然孔子弟子七十人，多数惟在鲁、卫诸邦，尚未见当时民间之尚智而好动之成为一种普遍现象也。孔子曰:"士而怀居，不足以为士矣。"孔子之于"士"之"尚智"而好动，盖犹重奖之，而非深抑之。非有此等提倡，则亦不能有将来战国游士尚智好动之风气。而至《庄子》外篇《胠箧》则曰:

> 至德之世……民结绳而用之，甘其食，美其服，乐其俗，安其居，邻国相望，鸡狗之音相闻，民至老死而不相往来。若此之时，则至治已。今遂至使民延颈举踵，曰:"某所有贤者"，赢粮而趣之。则内弃其亲，而外去其主之事，足迹接乎诸侯之境，车轨结乎千里之外，则是上好知之过也。

此其说，与《老子》书至相似。然此等现象，必至战国中晚期以下乃有之。在战国初期，儒、墨新兴，尚不至此。《老子》书中所深斥民间之尚智而好动，若舍《庄子·胠箧》之言，与夫并时诸书之记载，而返求之于《左传》与《论语》，则渺不可得其迹象，故于此又知《老子》书之决然为晚出也。

《老子》书言民间之"多欲"，则曰：

> 大道甚夷，而民好径。朝甚除，田甚芜，仓甚虚，服文彩，带利剑，厌饮食，财货有余，是谓盗夸，非道也哉！（五十三章）

夫其曰"朝甚除而田甚芜"，则是在朝者尚贤好智，故在野者弃耕耘而竞仕宦，故致甚除于朝而芜于野。此种景象，又岂春秋时所有乎？亦岂战国初期之所能有乎？又曰："服文彩，带利剑，厌饮食，而财货有余"，当知此辈皆来自田间，故致于野甚芜而仓甚虚，此亦显是战国晚期游士食客之风既盛，乃始有之也。当孔子时，至于陪臣执国命而极矣。故子张学干禄，子夏亦曰："学而优则仕。"（《子张》）孔子曰："三年学，不志于谷，不易得也。"然"子华使于齐，冉子为其母请粟，子曰：'与之釜。'请益，曰：'与之庾。'冉子与之粟五秉。子曰：'赤之适齐也，乘肥马，衣轻裘。吾闻之也，君子周急不继富。'原思为之宰，与之粟九百，辞，子曰：'毋！以与尔邻里乡党乎！'"（《雍也》）当时孔子门弟子，得附圣人之骥尾，其在当时，可谓甚煊赫矣。然其生活情况不过如此。若再溯之孔子之前，游宦之士尤极少见。晋有灵辄者，饿于桑下，曰："宦三年，未知母之存否。"赵盾与之箪食与肉焉。当春秋之世，求如灵辄之例者，亦仅见耳。又乌有所谓"服文彩，带利剑，厌饮食，财货有余"，若老子之所讥乎？若其有之，则在孟尝、春申、信陵、平原四公子之门。且武器之有剑，亦始春秋末年，然尚不为当时社会士流普遍之佩带品。《论语》仅言"射""御"，何尝有所谓"带利剑"？此即仅就一器物之微，而已足征其书之晚出矣。故无论就大体言，或就小节言，《老子》书之为晚出，乃无往而不流露其成书时代之背景。苟为拈出，则尽人可见，固不待明眼特识也。

《老子》书言民间之尚智而好动，其所得则曰"财货有余"。其富贵而得志，则曰"金玉满堂"。老子之所以教之，则曰："不贵难得之货，使民不为盗。"（三章）又曰："人多伎巧，奇物滋起；法令滋彰，盗贼多有。"（五十七章）当春秋时，列国君卿大夫相赠赂，大率曰束锦加璧、兵车文马、歌钟宝鼎，以至于献女纳妾，而止矣，无以复加矣。在当时所谓难得之货，即此等锦璧、车马、钟鼎、伎妾之类，然决不遍及于民间。至黄金之用，则亦始见于战国。货币流通，亦自战国而始盛。孟子称大王居邠，事狄以皮币、犬马、珠玉而不得免。又曰："宝珠玉者，殃必及身。"（《尽心》下）当孟子时，黄金之使用已广，然《孟子》书尚言"珠玉"，不言"金玉"也。今如《老子》书所言，"财货""金玉"，民间胥可以尚智好动而得之。故曰："民之轻死，以其求生之厚，是以轻死。"（七十五章）此又决非春秋时代民间经济状况之所有也。

《老子》书又言之曰："民不畏死，奈何以死惧之？若使民常畏死，而为奇者吾得执而杀之，孰敢？"（七十四章）此即所谓"人多伎巧，奇物滋起，法令滋彰，盗贼多有"也。春秋"郑子臧聚鹬冠，郑伯闻而恶之，使盗诱杀子臧。君子曰：'服之不衷，身之灾也。'"（《左传》：僖公三十四年），此乃"好奇"之一例。然当战国时，"鹬冠"遂成为儒服。是春秋时贵族卿大夫服之而见为不衷而遭杀身之祸者，至战国时，则成为民间知识分子尚智好动者之常服矣。又春秋邓析为《竹刑》，郑驷歂用之而杀邓析。然邓析固是郑之大夫，至战国时人而造为邓析之种种怪说者蜂起。则凡所谓民间之为"奇"者，其固在春秋之世乎？抑将谓起于战国乎？当春秋时，贵族世袭之制犹未破坏，故曰："刑不上大夫，礼不下庶人。"当时治国者知有"礼"有"制"，而不知有所谓"法"。法令之起，

亦当在战国也。（此层详余《周官著作时代考》）

凡此皆据《老子》书推测其所论政治社会各项背景，而知其书之晚出而无可辩护者。其次则请再以学术思想之系统言之。

二

先秦显学，实惟"儒""墨"两家，此韩非已言之。其后起诸家，则"法"源于儒；"农""名""道"家源于墨；"阴阳"家兼融儒、道，最为晚出。（此处论证，略见余《国学概论》第二章《先秦诸子》，详论散见《先秦诸子系年》。）在儒、墨之初期，其议论大体，归于反抗当时贵族阶级之骄僭，而思加以改革。儒义缓和，可称右派。墨义激进，当为左派。墨主"兼爱"，论其思想底里，亦为反对当时贵族阶级之特权。而墨家之所以证成其"兼爱"之说者，曰"天志"，此为墨家思想之初期；今当暂称之为"天志的兼爱论"，或"宗教的兼爱论"。继此以往，墨说又大变，虽亦同主兼爱，而所以需兼爱之理据，则不复远推于"天志"，而别创为"万物一体"之论。万物既属一体，则兼爱自所当然。其所以证成万物之为一体者，主要则在于对物名之种种综合与分析；今当暂称此为"名辨的兼爱论"。为此主张者，后世目之为"名家"，而惠施其魁杰也。（余有《墨辨探源》一篇，论此较详。）①

惠施一派之主张，其说亦可征于《墨经》：

（《经》下）数物一体也。说在俱一惟是。

（《说》）数俱一，若牛马四足。惟是，当牛马，数牛数马，则牛马二。数牛马，则牛马一。若数指，指五而五一。

盖自名数之为用论之，愈分析，则愈见其异；愈综合，则愈见其

① 编者按：《墨辨探源》一文，今收入《中国学术思想史论丛》第二册。

同。故分之则为"万",为"毕异";合之则为"一",为"毕同"。惠施历物,称"万物毕同毕异",又称"大一""小一",此皆本名数之综合与分析立论,此其说亦可暂称之为"名数的万物一体论"。(惠施学说详见余著《惠施公孙龙》一书。)此亦墨家思想之流变也。

庄子与惠施相反,彼乃承认惠施万物一体论之新见解,而反对其论证之方法者。故曰:"天地与我并存,万物与我为一。既已为一矣,且得有言乎?既已谓之一矣,且得无言乎?一与言为二,二与一为三,……故自无适有,以至于三,而况自有适有乎!"(《齐物论》)庄子谓:"天地与我并存,万物与我为一",此即惠施"万物一体"之见解也。此下云云,则反驳惠施以名数综析而证成此"万物一体"之理论者。而庄子于此,则自创新义,主于从实际事物作观察,而认出万物实体之随时迁化,变动不居,故曰:"凡物无成与毁,复通为一。"(《齐物论》)又曰:"自其异者视之,肝胆楚越也;自其同者视之,万物皆一也。……物视其所一,而不见其所丧。"(《德充符》)又曰:"假于异物,托于同体。"(《大宗师》)此"假于异物托于同体"之变,在庄子谓之为"物化"。物化之分析,至于最后一阶段,则有其大通合一,至细而不可察者,庄子名之曰"气"。故曰:"与造物者为人,而游乎天地之一气。"(《大宗师》)凡所谓"物"之成毁,则皆假于异物,托于同体之一气之变化。精而论之,则皆一气之运行也。若是言之,亦足证成万物之一体,而似较惠施之仅止于名言之辨者,为切实而进步矣。庄子又称此天地万物之一气之运行者曰"道"。故曰:"道乌乎往而不存。"(《齐物论》)盖儒、墨初期立论,其实皆上于天志,而归极于人事。此不仅墨子然,即孔子亦然;即其后之孟子,亦无不然。而惠施之所以创立"万物一体"之新说者,其意在别求一说以证成墨家之兼爱论。庄子则取惠施"万物一体"之意,而深观乎物化,于是乃有所谓"乌乎往而不存"之"道"。"道"字之新观念,可谓由庄子而确立。故庄子言道，乃远与孔孟儒家之言道不同。而自有此道字之新观念，于是往者"天帝创造万物"之素朴的旧观念遂破弃，不再为思想界所重视；此则庄子思想在当时一种最有价值之贡献也。今论墨子思想之最大贡献，在能提出平民阶级与贵族阶级之一体而平等；惠施思想之贡献，在能超出人类范围，而论点扩及乎宇宙万物，以寻求其平等之一体；庄子思想之贡献，在能继承惠施，进而打破古代相传"天神创世"之说，而别自建立其"万物一体"之新论证。故自墨子以下，其所谓"爱"者，已绝非昔人之所谓爱。自惠施以下，其所谓"物"者，更绝非昔人之所谓物。而自庄子以下，其所谓"道"者，又绝非昔人之所谓道矣。此乃先秦思想进展一线索之可确指以说者。

今《老子》书中言"道"，则显近于庄子，而复有其不同。其一曰：道先天地而存在。故曰：

> 有物混成，先天地生。……吾不知其名，字之曰道。（二十五章）

又曰：

> 道，……渊兮似万物之宗，……吾不知谁之子，象帝之先。（四章）

此在《庄子》书中若已先有其说，故曰：

> 道，……神鬼神帝，生天生地。（《大宗师》）

又曰：

> 自本自根，未有天地，自古以固存。(《大宗师》)

然此节似为晚出伪羼，非《庄子》内篇之本真。其次老子言道，始
分"阴""阳"。其书曰：

> 万物负阴而抱阳，冲气以为和。(四十二章)

至是乃确指此天地万物之一气者，又分"阴""阳"两性。在《庄
子》内篇，言"六气"，又言有"阴阳之患"，似其时尚未确立"气
分阴阳"之新观念。至《庄子》外杂篇，乃始与《老子》书相合；
然外杂篇更出《老子》后。今当暂称此派为"阴阳的万物一体论"，
其义乃畅发于《易传》。《易传》成书，则亦出《老子》之后也。
　　惠施之后复有公孙龙，其学亦承袭惠施。然龙之为学，复与施
异。彼乃不谈万物一体，而专意于辨"名""实"。盖惠施之论万物
一体，其所以证成之者有两途：一则分析万物名数而达于毕异之
"小一"，一则综合万物名数，而达于毕同之"大一"。公孙龙则转
而益进，并不认有"物"与"名数"之辨；故曰："物莫非指，而
指非指。""指"即名数也。若据常识，名数所以别物，而物则确有
实体，故物之有实体，与所以指此物之名数不同。公孙龙似不认有
此别，故曰："坚白石可二不可三。"又曰："白马非马。"其结论则
曰："彼彼止于彼，此此止于此。"公孙龙之主张，一名止于一实，
一实亦止一名。其立论思想，尤偏重在名数之分析，而更不再及
于综合之一面。故曰："离也者，天下故独而正。"(公孙龙学说，
详余著《惠施公孙龙》，此处限于篇幅，叙述颇未明畅，读者当取
《惠施公孙龙》一书细参。)盖庄子取惠施之结论，而变换其证法。
公孙龙则推衍惠施之证法，而又别出其结论。公孙龙后于惠施，而
犹及见庄周。自公孙龙之说出，而后"名"字含义，遂有哲学上之
最高地位。故公孙龙之所谓"名"，与以前之所谓"名"者又绝不

同，犹之庄子之所谓"道"，与以前之所谓"道"者绝不同也。

今考《庄子》内篇，言"名""实"者凡数见，曰："我将为名乎？名者，实之宾也。"又曰："名实未亏，而喜怒为用。"（《齐物论》）又曰："是皆求名实也。名实者，圣人之所不能胜也。"（《人间世》）又曰："德荡乎名，知出乎争。"（《人间世》）又曰："名实不入，而机发乎踵。"又曰："无为名尸，无为谋府。"（《应帝王》）是《庄子》内篇言"名""实"，犹守旧谊，非有新解。至《老子》书，所用"名"字，其含义乃与庄子突异。盖老子又兼采公孙龙思想也。故《老子》书开首即曰："道可道，非常道；名可名，非常名。"谓天地万物尽于"道"，此庄周之说也；谓天地万物尽于"名"，则公孙龙之说也。两说绝不同，《老子》书乃混归于一。此《老子》书犹较《公孙龙》为晚出也。老子继是而曰："无名，万物之始；有名，万物之母。"（一章）今本或作"无名，天地之始；有名，万物之母。"或云：当于"有""无"字逗。然考《史记·日者列传》："无名者，万物之始也。"王弼注："凡有皆始于无，故未形无名之时，则为万物之始。及其有形有名之时，则长之，育之，亭之，毒之，为其母也。"是王本两句皆作"万物"，与《史记》合。至于断句，则或于"有""无"字逗，或于"名"字逗，义实两通，亦据王弼注而可知。然以"无名"为万物之始，以"有名"为万物之母，此种理论，明出名家，即前所谓"名数的万物一体论"也。而其意尤近于公孙龙。此与庄子所倡"气化的万物一体论"，实相违异，而《老子》书乃牵合为说，故曰："道常无名，朴。"（三十二章）推《老子》书作者之意，盖当万物"无名"之际，乃所谓"道"；及其"有名"，则已非道而是"器"矣。故道乃在器之先。若据庄周旧说，则万物迁化，莫非天地之一气，而此一气之运行，即所谓"道"。则万物迁化之本身即是道，非在万物迁化以前别有道。故庄子曰："道行之而成，物谓之而然。"（《齐物论》）"道"见于运行，非在运行之前先有道也。物施以称谓，非在称谓之外别无物也。在庄周之意，天地万物，只是一气之运行；其运行本身即是"道"。道则惟一，故物乃同体，人则从而以名谓识加别，遂若世间诚有此一物彼一物之存在。其实则万物一体，而又迁化无常，不居其故。故"道"者，乃综合此迁化之大体，而名言则就此迁化之大体而加之以分别。故谓除去此迁化之大体以外别无"道"，可也；谓除去对于此迁化之大体之种种名相分别以外别无"物"，则殊不可。纵谓庄子未尝认可于此种种分别之物相，然在庄子意中，明明有超乎此种种名相分别之外之合一大通之迁化之大体曰"道"者之存在。此乃庄子思想之要点。故《齐物论》有云："道乌乎往而不存，言恶乎存而不可。道隐于小成，言隐于荣华。"此皆"道""言"对举；"道"指其真实，"言"指其辨认。故曰："是非之彰也，道之所以亏也。"又曰："道未始有封，言未始有常。"又曰："大道不称，大辨不言。"凡《齐物论》一篇"道""言"并举，其"言"字所指，小之则彼我之识别，大之则是非之争论，并不谓此"万物一体"从名言而起，亦不谓舍却名言，即无此万物大全合一相通之"体"之存在也。惠施"历物"之意，说万物毕同毕异，以为有"大一""小一"之别，而曰"天地一体"。此亦认有此一体也。而庄子深不喜其说，以为万物一体，应从观化中见，不当从言辨上证。当知从名字言辨之综析而证天地万物之一体，则言辨本相即已非一。若果是一，更无言辨，更乌从于言辨中而得万物一体之真相乎？故庄子曰："忘言而齐物矣。"故论万物一体，苟能以道观之，则不必更论于名言。若以名言综析求之，则更无当于道真。惠施、庄周毕生议论不合，正在此处，而公孙龙之于惠施，则又变本而加厉。如由公孙龙之说，凡属一名，即是一实；名之所在，即是实之所在。如称"马"，马是一名，亦即是一实；如称"白"，白又是一名，亦即又是一实；如此则"白马"自当与"马"不同。名不同，而实亦异。如坚、白、石，非"石"之一实而有"坚""白"之二名，乃"石"是一名，同时即是一实，"坚"与"白"又同是一名，同时又即同是一实也。故曰："物莫非指，而指非指。"此亦可谓物莫非名，而名非名也。故主于"道"以为论者是庄周，主于"名"以为论者是惠施、公孙龙。今《老子》书，开宗名义，即以"道""名"二者兼举，此非庄周与惠施、公孙龙各得《老子》精义之一偏，乃老子自汇此两家而合说之耳。然两家各有特诣，合说乃成两损。老子曰："道生一，一生二，二生三，三生万物"，此语极含糊。所谓"道生一"者，此"一"究何指？所谓"一生二，二生三"者，此"二"与"三"又何指？试问在道与万物之间，别有此所谓"一、二、三"三者，究属何等？所谓"三生万物"者，此"三"究是何物？故老子此条，实费分解。王弼说之曰：

> 万物无形，其归一也。何由致一？由于无也。由无乃一，一可谓无。已谓之一，岂得无言乎？有言有一，非二而何？有一有二，遂生乎三。从无之有，数尽乎斯。过此以往，非道之流。

然弼之此解，其义实据《庄子·齐物论》；而后世治《老》者，亦莫之能易也。今试会合《庄》《老》两书而比观之，其果为庄周后起而发挥《老子》之义乎？抑是《老子》书后起而承袭庄周之说乎？善读书者，已不难微辨而得之矣。且在庄周，本属一种反驳之说，而在《老子》书，则转成为肯认之词。今试问："道生万物"，何以于中间定要横梗此"生一""生二""生三"三节？此所生之"一""二""三"者，如王弼解，既是指名言，则岂得谓道生名言，名言再生万物乎？此其不通。尽人可知。且《老子》书明明亦云："万物负阴而抱阳，冲气以为和。"则万物只是一气，"一气"运行，即所谓"道"；万物之迁化不居即是"道"，"道"即是万物之迁化不居。如此为说，岂不直捷？岂不切近？何必再作迂回，乃谓："道生一，一生二，二生三，三生万物"，而必为此不明不实之说乎？王弼勉强作解，宜无是处，乃曰："从无之有，数尽于斯；过此以往，非道之流"，则庄生所谓"道恶乎往而不存"者复非矣。

故依庄周之说，即万物之迁化者便是"道"，而不论于物体之成毁与生死。从公孙龙之说，即万物之异同者尽是"名"，而不论于物质之虚实与有无。依常识言，"马"为实有，"白"则虚名，故"白马"亦是"马"。依公孙龙说，则不问世间果有物质与否，果有此马与否，而仅主一名止于一实，一实止于一名。故"马"为一名，即是一实；"白"亦一名，亦是一实。故曰："白马者，马与白也"，"白"与"马"为二名，亦即二实。故"白马"为非"马"。因马止一名，止一实也，故庄周从一物之成毁生死言，公孙龙从物之异同虚实言，两说判然各别。至《老子》书乃混为一谈，既称道为万物之宗，又称"无名万物之始，有名万物之母"。故《老子》书中言"道"，其含义与庄周不得不违异。举其大者有二：

一曰老子以"一"言"道"，如曰："昔之得一者，天得一以清，地得一以宁，神得一以灵"（三十九章）云云。王弼云："一，数之始而物之极也。"《庄子》内篇《大宗师》亦云："豨韦氏得之以挈天地，伏羲氏得之以袭气母"，惟此一节，与《老子》书相似。然《庄子》此节，实系晚出伪羼。此皆主"道先于万物"之说也。《老子》书中，"一"字即指道。王弼谓："一者，数之始而物之极"，此解甚确。盖《老子》书作者，本自以"名数的万物一体论"，与"气化的万物一体论"相混，故遂以"一"为道，又谓乃物之最先发源。至于庄子，则即以万物之迁化，所谓万不同处者为"道"，故曰："举莛与楹，厉与西施，恢诡憰怪，道通为一。"（《齐物论》）并非谓先从"一"处生出此莛与楹，厉与西施之万不同也。

二曰老子以"无"言"道"，曰："天地万物生于有，有生于无。"盖既谓道生天地万物，而道则无可指，故"道"即是"无"。而《庄子》内篇则又绝无此论也。（参看余《关于老子成书年代之一种考察》篇中论"有无"一条。）盖庄子曰"因是"，"因是"者，当境如如而皆是。故曰："道无乎不存。"又曰："道行之而成。"
(《齐物论》)宇宙间并非先有一道,由是再生万物。若曰先有一道,
由道生万物,则此道惟一无对,故得以"一"训。既是惟一无对,
则亦无可别识,无可名言,故得以"无"训。然既曰无可别识,无
可名言,则即已是别识名言之矣。故曰"既以为一矣,且得有言
乎,既以谓之一矣,且得无言乎"(《齐物论》)也。然当知此等辩
论,乃庄子所以反驳惠施之名数的万物一体论而设,不谓后人,如
《老子》书作者,乃即取此以言万物之生成也。

故老庄思想,其显然不同处,有可得而略说者。在庄子则即万
物之迁化而认其是道,在老子则推寻万物生成之本原而名之曰
"道";其异一也。故在庄子则当境即是,"因是"而已,即物化,
即道真;而在老子则道生万物,且其间尚有层次。其言之凿凿者,
如曰:"道之为物,惟恍惟惚。惚兮恍兮,其中有象。恍兮惚兮,
其中有物。"在道与物之间,别有"象"之一级。此义在后乃大畅
于《易传》,于是遂有"圣人制器尚象"之说。"象"字在哲学思想
上有地位,盖自《老子》与《易传》始。老子之所以必于"道"
"物"之间,增出此"惚兮恍兮其中有象"之一级者,因欲牵合于
"无名万物之始"而为说也。此又老庄之相异二也。

以上论《老子》书中论万物原始,混并庄周、公孙龙两派为
说,故既言"阴""阳",又辨名言,含义往往相冲突。次及《老
子》书中之人生论,则其说似又别有据,而且与其宇宙论部分不相
条贯。请继此再加申说。

墨子主"兼爱",一变而为惠施之万物一体论,又转化而为庄
周之物化论,以及公孙龙之惟名论。庄周、公孙龙之说,又合并而
成老子之虚无论。其说已略如上举。然墨学贵实行,非礼非乐、节
用节葬、苦行自刻,为墨学之基点,而特副之以"兼爱"之妙辨。
兼爱论之发展,而有惠施、公孙龙为名家,至其苦行自刻之精神,
则传而为农家,如许行是也。(许行为墨徒,详余《先秦诸子系

年》。又余有《墨子》一小书，详论此义。）然墨子之道："其生也勤，其死也薄，其道大觳。使人忧，使人悲，其行难为，……反天下之心，天下不堪"（《庄子·天下》），于是有起而别为之说者。盖持墨家"兼爱"之说，视人之父若其父，其论为人所难信，于是有惠施起，而造为"万物一体"之新说；而苦行自刻，生勤死薄，其事又为人所难守，于是有宋钘起，而造为"人心欲寡不欲多"之新说。荀子以墨、宋兼称，盖宋钘亦墨学晚起一大师，在晚周思想界如荀卿之徒，犹知之也。余观《老子》书，其言人生涉世之道，大体从宋钘来。宋钘所著书虽已佚，而其所创说，则犹有可征者。

《汉书·艺文志》"小说家"：《宋子》十八篇，班固云："孙卿道宋子，其言黄老意。"则《老子》书与宋钘相通，汉人已言之。今考荀子称："子宋子曰：人之情欲寡，而皆以己之情为欲多，是过也。"（《正论》）又曰："宋子蔽于欲而不知得。"（《解蔽》）"宋子有见于少，无见于多。"（《天论》）《庄子·天下篇》亦言之，曰："宋钘情欲寡，（今本误作'情欲置之'）以为主。"又曰："以禁攻寝兵为外，以情欲寡浅为内。"是宋钘始倡"情欲寡浅"之义也。然今《老子》书，固亦力持"情欲寡浅"之说者。故曰：

> 五色令人目盲，五音令人耳聋，五味令人口爽，驰骋畋猎令人心发狂，难得之货令人行妨。（十二章）

又曰：

> 少私寡欲。（十九章）绝学无忧。（二十章）

又曰：

> 少则得，多则惑。（二十二章）余食赘行，有道不处。（二

十四章）

祸莫大于不知足，咎莫大于欲得。（四十六章）

为道日损。（四十八章）欲不欲。（六十四章）

此皆发明"人情欲寡不欲多"之义也。荀子又称："子宋子曰：明见侮之不辱，使人不斗。"（《正论》）韩非亦言之曰："宋荣子之议，设不斗争，取不随仇，不羞囹圄，见侮不辱。"（《显学》）庄子亦称之，曰："宋荣子举世而誉之而不加劝，举世而非之而不加沮，定乎内外之分，辨乎荣辱之竟。"（《逍遥游》）此宋牼提倡墨家"非斗"，而别创为"荣辱"之新界说。在常人认以为辱者，宋荣子不以为辱；常人所不以为荣者，宋荣子转以为荣。（关于墨家"非斗"一义，余别有详论，此不能尽。）《老子》书中类此说者亦极多。

故曰：

强大处下，柔弱处上。（七十六章）弱之胜强，柔之胜刚，天下莫不知，莫能行。（七十八章）

圣人之道，为而不争。（八十一章）夫唯不争，故天下莫能与之争。（二十二章）

又曰：

报怨以德。（六十三章）勇于敢则杀，勇于不敢则活。（七十三章）

强梁者不得其死，吾将以为教父。（四十二章）

此皆以"不斗争"为教也。又曰：

大直若屈，（四十五章）大白若黩。（四十一章）知其雄，守其雌，……知其荣，守其辱。（二十八章）处众人之所恶。
（八章）受国之垢。（七十八章）

《韩非子·显学篇》称宋子又曰："是漆雕之廉，将非宋荣之恕；是
宋子之宽，将非漆雕之暴。"宽与恕，皆心之能容也。宋鈃以心能
宽恕，能容受，为心之自然功能，故曰："语心之容，名之曰心之
行。"盖宋鈃一方既提倡"情欲寡浅"之说，使人无多欲，无多求，
一方又另定"荣辱"之界，使人无出于斗争，而归其说于人心之
"能容"。能容则自可无争，无争则欲求自减。人能明乎此，则苦行
自刻，安之若性，而墨家"兼爱"之精神，推行不难矣。是"人心
能容"之说，亦宋鈃所特创也。然今《老子》书亦言"容"，故曰：

　　　　知常容，容乃公，公乃王，王乃天，天乃道，道乃久。
（十六章）

特提"容"字，即宋子语"心之容"也。自孔、墨、孟、庄，言人
心之德性者详矣，然皆不及此"容"字。惟《尚书·洪范》亦云：
"思曰容。（今本作'睿'）《洪范》言五行，其书当亦起战国晚世，
殆亦受宋鈃思想之影响。故宋鈃立论凡三大纲：一曰"情欲少，不
欲多"，一曰"见侮不辱"，一曰"容为心行"。此皆当时认为宋鈃
所创之新说，而今《老子》书皆有之。庄周号为能传老子之学，而
今内篇七篇，论人生涉世之道，又并不类《老子》，则何也？夫求
学术思想之系统，而论其流变，此事本难明定确指。今若谓《老
子》书在前，而孔、墨、孟、庄以下皆后起，则是庄周见《老子》
书而取其论"道"之一端，惠施、公孙龙承袭其论"名"之一部
分，宋鈃则窃取其论"心之情欲"者，而孔子传《易》，则又得其
论"阴阳"论"象"之说。此数子者，各得《老子》书之一偏，不
能相通贯，而老子最深远，为后来九流百家所自出。纵横家得其

"欲歙固张，欲弱固强"之意，兵家得其"不得已而用之，恬淡为上"之旨。墨子"兼爱"取其"慈俭"之教。孟子"不嗜杀人者得天下"，乃窃其"乐杀人者不可得志于天下"之句。《老子》五千言如大海，诸子百家如鼹鼠饮河，各饱其腹而去，此亦复何不可！若谓《史记》称老聃，其人其事，未尽可信，《老子》书五千言，不必定出孔子前，则今《老子》书中之思想，明与庄周、公孙龙、宋𫖮诸家相涉，其书宜可出诸家后，乃有兼采各家以成书之嫌疑也。

以上自学术思想之流变言之，疑《老子》书出宋𫖮、公孙龙同时稍后之说也。

三

昔清儒辨《伪古文尚书》，一一为之搜剔其出处，明指其剽窃之所自，而《伪古文尚书》一案遂定。然《老子》书实非《伪古文尚书》比，其书五千言，洁净精微，语无枝叶，本不求剽窃见信，亦何从以剽窃证伪？故自文字文句求之，而证《老子》书之为伪出，其事不如证《伪古文尚书》者之易。然《老子》书果诚晚出，则在文字文句之间，其为晚出之迹，亦终有其不可掩者。即如前举"道生一，一生二，二生三，三生万物"，语本《庄子》。"爱以身于为天下，可以寄天下；贵以身为天下，可以托天下"，语似《论语》"可以托六尺之孤，可以寄百里之命"（《泰伯》），而时代显属晚出。"乐杀人者不可以得志于天下矣"，其语与《孟子》"不嗜杀人者能一之"（《梁惠王》）极相似，亦可断为战国时人语，非春秋前所有。此等处，皆已不可掩其后出之迹。而余观《老子》书，专就其文字文句求之，仍有确然可以断其为晚出，而不尽于上举者。老子云：

天地不仁，以万物为刍狗；圣人不仁，以百姓为刍狗。天地之间，其犹橐籥乎！虚而不屈，动而愈出。（五章）

此处"刍狗"两字极可疑。王弼注云：

> 天地任自然，无为无造，万物自相治理，故不仁也。仁者
> 必造立施化，有恩有为。造立施化，则物失其真；有恩有为，
> 则物不具存。物不具存，则不足以备载矣。地不为兽生刍，而
> 兽食刍；不为人生狗，而人食狗。无为于万物，而万物各适其
> 所用，则莫不赡矣。若慧由己树，未足任也。圣人与天地合其
> 德，以百姓比刍狗也。

王氏此注极牵强，谓："地不为兽生刍，而兽食刍；不为人生狗，
而人食狗。"此不免陷于增字诂经之嫌，殊未足信。其谓："圣人以
百姓比刍狗"，语更含糊，未为的解。疑《老子》书之本意，并不
如是。河上公注云：

> 天地生万物，人最为贵。天地视之如刍草狗畜，不责望其
> 报也。圣人爱养万民，不以仁恩。法天地，行自然。圣人视百
> 姓如刍草狗畜，不责望其礼意。

"刍草狗畜"，其语无本，所解更不如王弼远甚。其实"刍狗"
一语，明见《庄子·天运篇》。谓"刍狗之未陈也，盛以箧衍，巾
以文绣，尸祝斋戒以将之。及其已陈也，行者践其首脊，苏者取而
爨之而已。"天地之间，虚而不屈，动而愈出，有弟而兄啼，时一
过往，全成陈迹，神奇义化为腐臭，故曰天地不仁，以万物为刍
狗；圣人与化为人，则以百姓为刍狗也。如是以《庄子》书为说，
文义极明显，更无可疑，不必如王弼注语之迂回。即宋儒自苏辙以
下解《老子》，亦无弗用《庄》书"刍狗"义。然王弼决非未见
《庄子》之书，何以近舍"结刍为狗"之说，而必别自生训乎？此
由王弼认《老子》书在前，《庄子》书在后，则万不能在《老子》

书中转运用《庄子》文句，故虽知《庄》书有"刍狗"之说，而王弼不敢用以解《老子》，此正见王弼之明细谨慎，而自有其不得已。此古人注书用心精密之一例也。今若谓《老子》书属晚出，其刍狗之语，当与《庄子·天运篇》所谓刍狗者同义，则文义明白而易解。惟《天运》列《庄子》外篇，并明见有汉人语。或刍狗一章较早，然亦不能必谓《老子》书中"刍狗"一语，定晚出于《天运》之此章。盖在战国晚世，必有此"刍狗"之譬，先已流行，《老子》书特浑用之，而《天运篇》此章乃详述之。今特据有《天运》此章，而证《老子》"刍狗"一语之同为晚出，则必可定也。

老子又云：

天下之至柔，驰骋天下之至坚，无有入无间。（四十三章）

《庄子·养生主》则云："彼节者有间，而刀刃者无厚，以无厚入有间，恢恢乎其于游刃，必有余地矣。"是谓以"无厚"入"有间"也。今《老子》书乃谓以"无有"入"无间"，此亦袭《庄子》，而加深一层为说者。

《庄子·人间世》有云："绝迹易，无行地难。"老子曰：

善行无辙迹。（二十七章）

亦袭庄意而语加洁。抑且当惠施、庄周时，辨者有言曰："轮不辗地"，此即车行无辙也。又曰："指不至"，此即徒行无迹也。庄子之所谓"绝迹"，亦自是当时学者间共同讨论之一题，而何以远在春秋时老子著书已能先及于此乎？此又无说以解也。

老子曰：

多言数穷，不如守中。（五章）

王弼注语，似有脱误，极难明了。今按：其说似亦出《庄子·齐物论》："彼是莫得其偶，谓之道枢，枢始得其环中，以应无穷。"老子倒言之，故曰："多言数穷，不如守中。"然庄子"道枢"之"枢"字，又见《墨经》：

> （《经》上）彼不可两，不可也。（梁氏《校释》谓"两"下"不可"二字衍，亦通。）
>
> （《说》）彼凡牛，枢非牛也，两也，无以非也。

此条在"辨争彼也"一条以前，先界说"彼"字。"彼"是一物（实），只当一名，故曰："彼不可两。"今有一物，或谓之"牛"，或谓之"马"，本无不可。然既已约定成俗，群谓之"牛"矣，则不当又别谓之"马"；故谓之"马"者不可。所以不可者，乃在彼之"不可两"。故曰："彼不可两，不可也。"此乃先说所以有不可之故。辨者即辨其可与不可，故有当否胜负也。"凡牛，枢非牛"者，"枢"乃"户枢"义，《管子》有《枢言篇》，注："枢者居中。"《淮南·原道训》："经营四隅，还反于枢。"枢常居中而转动。今谓此物名"牛"，即有"非牛"一名，与为对偶。牛名只一，非牛之名无穷，如"羊"如"马"，皆可谓之非牛，而非牛之名自牛名生，故牛名为主。今以牛名为中枢，非牛之名为外环，如下图：

故曰："凡牛，枢非牛，两也。"以牛为枢，则凡其四环皆非牛。以马为枢，则其四环皆非马。故自牛言之，牛为枢，而马为环；马则非矣，牛则是矣。自马言之，则马为枢而牛为环；牛则非矣，马则是矣。故曰："是亦一无穷，非亦一无穷。""道枢"者，知马之可以为枢，而牛亦可以为枢，是之谓"两行"。是之谓"因是"。是之谓"彼是莫得其偶"。是之谓"可以应无穷"。今老子谓"多言数穷，不如守中"，所守系何等之"中"乎？王弼云："若橐籥有意于为声，则不足以供吹者之求"，是据上文"天地之间其犹橐籥乎"为说，则老子"守中"乃成"守虚"之义。然此两句是否连续上文，从来说者多有争辨。且即如弼说，以"中"训"虚"，固亦可谓老子之"虚中"，乃由庄周之"环中"来。要之治《老子》书，必本庄周为说，其义乃可得通。否则将漫不得其语义之所指，亦将漫不得其语源之所自，此即老后于庄之确证也。

又老子曰：

益生曰祥，心使气曰强。（五十五章）

"益生"见《庄子·德充符》，曰："不以好恶内伤其身，常因自然而不益生。""心使气"见《庄子·人间世》，曰："一若心，无听之以耳，而听之以心。无听之以心，而听之以气。气者，虚而待物者也。"故老子因之，曰："益生曰祥。""祥"者，不祥。又曰："心使气曰强"矣。"强"当作"疆"，即"僵"之借字也。（此说据马叙伦《老子核诂》）然则不引庄子之说，则老子此语之义即不显。此亦可证老出于庄后，胥与上引诸条一例也。

又老子曰：

专气致柔，能婴儿乎？（十章）

焦竑曰："心有是非，气无分别，故心使气则强，专于气而不以心间之则柔。"焦氏此解，于《老》书"专气"义，最为恰适。夫心气问题，亦在庄周、孟子书中始有之，《论语》《墨子》犹绝不见"心""气"兼言成为一论题者，何以远在孔子以前，遽已有此等语？故若抹去《孟》《庄》书而专治《老子》，则终将无说以通。则《老子》书之晚出于庄周，又复何疑耶？

又老子曰：

> 服文彩，带利剑，厌饮食，财货有余，是谓盗夸。（五十三章）

说者不得"盗夸"二字之解。《韩非·解老》作"盗竽"，疑是本字。然《解老》云："竽也者，五声之长也，故竽先则钟瑟皆随，竽唱则诸乐皆和。今大奸则作，俗之民唱。俗之民唱，则小盗必和。故服文彩，带利剑，厌饮食，而财货有余者，是之谓盗竽矣。"其说亦迂回。疑《解老篇》所云，乃得其本字而失其本义耳。"盗竽"之解，亦见《韩非》书，《内储说》上："齐宣王使吹竽，必三百人。南郭处士请为王吹竽，宣王悦之，廪食以数百人。宣王死，湣王立，好一一听之，处士逃。"此乃当时齐人调侃游士食客之所造，其说虽见《韩非》书，而其事传述当在韩非前。余疑《老子》书或当出于齐，（别有论，详《先秦诸子系年》。）此殆据当时人口述故事，而曰"谓之盗竽"。犹今人之云"滥竽"也。"吹竽"又事属韩昭侯，亦见《韩非》书，此足证其传说在当时之流行。故以"盗竽"与"刍狗"之用语，而证《老子》书之晚出，此两书亦可归纳为一例也。

又老子曰：

> 同谓之玄；玄之又玄，众妙之门。（一章）

《老子》书屡言"玄"字，河上公注："玄，天也。"王弼注："玄，冥也。"此与《庄子·大宗师》"于讴闻之玄冥"之"玄"同义。而"玄"何以指天，后人于此皆无说。惟宋苏子由说之，曰："凡远而无所至极者，其色必玄，故老子常以玄寄极也。"吕吉甫曰："玄之为色，黑与赤同乎一也。天之色玄，阴与阳同乎一也。名之出玄，有欲与无欲同乎一也。”两家之说允矣，而苏氏之语，尤为深得《老子》书用此"玄"字之真源。《庄子·逍遥游》："野马也，尘埃也，生物之以息相吹也。天之苍苍，其正色也？其远而无所至极邪？其视下也，亦若是则已矣。"盖老子言"玄"，犹庄子言"天之苍苍"，故古经籍亦言"苍天"，《诗·王风·黍离》"悠悠苍天"是也。而后世道家特喜言"玄天"，《庄子》杂篇有"玄古"，此尤"玄"为"远而无所至极"之义之确证。故《老子》书用此"玄"字，必如苏氏之解，决与庄周"天之苍苍"语有渊源也。而《老子》书之晚出于庄周，亦即于此而可微辨以得矣。至《易·坤·文言》"天玄而地黄"，其语显出《老子》后。《尚书·舜典》"玄德升闻"，"玄德"字亦本《老子》，必为晚周儒家之妄羼。而《庄子》外篇《天道》有"玄圣""素王"之名，则更见为汉人语。此又即就一字之使用，而可以推论群书真伪先后之一例也。

上之所举，皆据文字文句间求之，虽其事若近琐碎，然亦足证《老子》书确有晚出于庄周之嫌疑也。再次，请本古人著书之大体言，则亦可证成《老子》书之确为晚出者。

春秋之际，王官之学未尽坠，学术不及于民间，私家以著书自传者殆无见。老子果为王官与否，清儒汪中所辨，义据坚明，殆成定论。至于孔门儒家，始播王官六艺为家学。然孔子《春秋》本之鲁史，订正礼乐，亦不出王官六艺之范围。《论语》之书成于孔门，记言记事，仍是往者史官载笔之旧式也。下逮《孟子》七篇，议论纵横，其文体若已远异于《论语》，然亦不脱记事记言之陈式。此皆当时著书体例之最早的法式也。下至《庄子》，号为"荒唐"矣，然其书寓言十九，虽固妙论迭出，而若仍困于往昔记言记事之陈格；文体因循，犹未全变。然已能裁篇命题，如内篇《逍遥游》《齐物论》之类，较之以《梁惠王》《公孙丑》名篇者，自为远胜矣。《惠施》之书五车，惜后世不传，不审其体例。《墨子》书最先当仅是《贵义》《公孟》诸篇，体类《论》《孟》者先传。今其书如

《天志》《尚同》《兼爱》《尚贤》，一义一题，虽亦有"子墨子曰"云云，然固不拘于对话；此其文体，殆决不出《孟》《庄》之前矣。至《公孙龙》《荀子》书，乃始为严正之论体，超脱对话痕迹，不复遵袭记事记言之陈套，空所依傍，自抒理见。然《荀》书如《议兵》诸篇，亦复仍遵旧规也。至《老子》书，洁净精微，语经凝练，既非对话，亦异论辨；此乃运思既熟，融铸而出，有类格言，可备诵记，颇异乎以前诸家之例矣。若老子著书早在前，则何其后起诸家之拙，而文运之久滞而不进乎？

今读《老子》书，开首即曰："道可道，非常道；名可名，非常名"，此决非"子曰学而时习之"，以及"孟子见梁惠王"之例，可相比拟。必求与《老子》书粗可比类者，如《公孙龙》"物莫非指，而指非指"，及《中庸》"天命之谓性，率性之谓道，修道之为教"，以及《大学》"大学之道，在明明德，在亲民，在止于至善"之类，此皆于一篇一书之开端，总挈纲领，开宗明义，要言不烦；此其为文体之进展，必皆出于战国之晚年，而不能早出于《论》《孟》《庄子》之前。此又据于当时文体之演变，而可定其成书年代之先后也。

又《老子》书用韵语，或以为韵文例先散文之证。然韵文例先散文，以言诗歌之先官史，则洵然尔。其先播之于乐，则为诗歌；其次载之于册，乃为官史；又其次而流散于私家，则有师弟子之"论语"。官史之与论语，则属散文，本此而谓散文之晚出于韵文则可也。散文之先为史，史必晚于诗；继史而有论，论又晚出于史。"诗"与"史"与"论"之三者，可谓是古代文学自然演进之三级。若至《老子》书，其文体乃"论"之尤进，而结句成章，又间之以韵，此可谓之论文之诗化，其体颇亦杂见于《庄子》，至《荀子》书而益多有。《老子》书则竟体以韵化之论文成书也。如此言之，则《老子》书之文体，其决不能先于《论语》一类之对话，为记事记言之史体者，又断可决矣。故《论语》已为官史之解放，官史则为《雅》《颂》之解放。而孟、庄著书，则又为《论语》之解放。《公孙龙》《荀况》，又为《孟》《庄》之解放。《老子》书之文体，侪之《荀》《公孙》之俦则类，推之《论语》之前，则未见其为妥惬也。后有《易大传》，文体似《老子》，均系散体论文之韵化，不得援诗歌先于论文为例，而谓其书用韵，即证为古作也。

余观《汉书·艺文志》，著录诸子，大率尽出战国以下，而往往托之春秋之前，此在刘向、歆父子已多辨析。后人为诸子证伪，亦颇有片言折狱者。惟《老子》书之为晚出，则虽辨者已多，而论争犹烈，若至今而不能定。此缘其书诵习既熟，爱玩者多，故虽有确证，未易启信。近人辨《老子》书晚出，始梁任公，所举诸证，皆属坚强，优足以资论定矣。继而为辨者，又复新义络绎，时有可取。余兹所陈，若几于买菜之求益焉。而仓猝成文，所欲言者，犹憾有未尽。要自别辟蹊径，足补梁氏诸人未尽之绪。抑近人虽疑《老子》书晚出，而犹多谓其当在庄子之前者；然即以《老子》书屡称"侯王""王侯"一端言之，齐、魏会徐州相王，为六国称王开端，其时已当惠施、庄周之世（六国称王事，余《先秦诸子系年》有详考。），则《老子》书至早不能在庄周前，抑又明矣。又《庄子》内篇与外杂诸篇时代有先后，亦为辨《老子》成书年代者连带必及之问题，此篇未能详论，更端为篇，姑俟之异日焉。

（一九三三年五月北京大学《哲学论丛》）

三论老子成书年代

《老子》书之晚出，今日已成定论。顾或主在庄子前，或主在庄子后。余夙主后说，昔曾造论两篇：一曰《关于老子成书年代之一种考察》，成于民国十二年夏，刊载于《燕京学报》之第八期；一曰《再论老子成书年代》，成于民国二十一年春，刊载于北京大学之《哲学论丛》。翌年，由沪上某书肆合印单册，名《老子辨》。今忽忽又十五年，意有未尽，爰草三论。距首论初稿，则已二十四年矣。

此论之成，先有一大前提，即谓《易系》《中庸》，皆出庄老之后。余在三十三年春，曾著《易传与礼记中之宇宙论》一篇，刊于《思想与时代》第三十四期。[①] 大体谓《易》《庸》所论宇宙人生，皆承袭庄老，而改易其说以就儒统；老子思想，则适为庄周书与《易》《庸》之过渡。当时在篇中虽偶及此义，未遑详论。此篇续阐前说，读者必参阅彼文，乃可备得本篇之作意。

庄子论宇宙，其最要义，厥为万物皆本一气，其死生成毁，皆一气之化，故内篇屡言"造化"，又称"物化"。万物既尽属一气之

---

① 编者按：现收入《中国学术思想史论丛》第二册。

化，故曰："假于异物，托于同体。""孰知死生存亡之一体。"(《大宗师》)又曰："恶知死生先后之所在?"(同上)又曰："凡物无成与毁，复通为一。"(《齐物论》)苟有悦生而恶死，必为庄生之所笑。抑庄生时言之，曰："大块载我以形，劳我以生，佚我以老，息我以死。"(同上)又以"生"为附赘县疣，"死"为决疽溃痈。则推极庄生之意，无宁讴歌"死"尤甚于讴歌"生"。儒家建本人事，故《荀子·解蔽篇》讥庄周："蔽于天而不知人。"死生一体，固属天然；而好生畏死，则人之常情。今庄子齐而等视，故曰"蔽于天不知人"也。《易系》则曰："天地之大德曰生。"《中庸》亦曰："赞天地之化育。"又曰："天地位，万物育。"夫有生必有死，而必曰"天地之大德曰生"者，此本人以立言之所宜有也。夫固知天地万物，胥出一气之化，而必曰"化育"焉，则认生育为造化之主。一阴一阳之谓道，而《易》《庸》立言，必主于阳不主于阴，此见儒家陈义本诸人，与庄子之超夫人而本乎天者异趣。顾《老子》书，则已渐露此倾向。故老子常言"生"，常言"育"，乃转近《易》《庸》，而与庄周之"齐死生""一成毁"者远焉。今举其说如次：

> 万物作焉而不辞，生而不有。(二章)
>
> 生之，畜之。生而不有，为而不恃，长而不宰，是谓玄德。(十章)
>
> 孰能安以久动之徐生? 保此道者不欲盈。(十五章)
>
> 大道泛兮，其可左右；万物恃之而生而不辞，功成不名有；衣养万物而不为主。(三十四章)
>
> 万物得一以生……万物无以生，将恐灭。(三十九章)
>
> 道生一，一生二，二生三，三生万物。(四十二章)
>
> 道生之，德畜之；物形之，势成之。(五十一章)
>
> 道生之，德畜之；长之育之，亭之毒之，养之覆之。生而

不有，为而不恃，长而不宰，是谓玄德。（同上）

此见老子言道生万物，偏言生，不言死，与庄周齐"死""生"而一言者不同。盖庄子本"天"言，老子本"人"言，人情好生恶死，故必曰："道生万物"，又曰："道生德畜，长育养覆"，此证老子之转近儒义。故曰其书乃庄周与《易》《庸》之过渡。又《荀子·天论篇》："老子有见于诎，无见于信。"此亦显涉人事，非关自然。

庄子本天而言，故常见大化之日新，曰："方将化，恶知不化哉？方将不化，恶知已化哉？"（《大宗师》）又曰："有骇形，无损心。有旦宅，无情死。"（同上）"骇形"者，变化为形，骇动不留；"旦宅"者，旦暮改易，生如蘧庐。故曰："造适不及笑，献笑不及排，安排而去化，乃入于寥天一。"（同上）人生不可控搏，"方生方死，方死方生，行尽如驰，莫之能止，日夜相代"（《齐物论》），若"藏舟于壑，藏山于泽，而夜半有力者负之而走"也（《大宗师》）。虽此说非谓其不信，要非生人之情所乐闻。《易系》《中庸》则转言之曰，大化虽日新，而此日新之化，则固不息不已，可久而可常。乌见所谓"行尽如驰而莫之能止"乎？故庄子曰："化则无常。"而《易》《庸》即以化为常，此又其相互异趣之一端。老子言道，既偏重人事，故其书亦时言"常"，不言"无常"。曰："道可道，非常道；名可名，非常名。"则知老子心中自可有一常道，有一常名矣。而庄子则曰："言未始有常。"（《齐物论》）又曰："仁常而不成。"（同上）此又庄老之异趣。故老子曰：

复命曰常，知常曰明。不知常，妄作凶。（十六章）

常德不离，复归于婴儿。……常德不忒，复归于无极。……常德乃足，复归于朴。（二十八章）

道常无名。（三十二章）

道常无为而无不为。（三十七章）

用其光，复归其明，无遗身殃，是为习常。（五十二章）

知和曰常，知常曰明。（五十五章）

其他《老子》书中"常"字尚屡见，此老子主有常，不主无常之证。老子既主有常，故亦主"可久"。其言曰：

天长地久，天地所以能长且久者，以其不自生，故能长生。（七章）

孰能安以久动之徐生？（十五章）

天乃道，道乃久。（十六章）

不失其所者久。（三十三章）

知足不辱，知止不殆，可以长久。（四十四章）

有国之母，可以长久，是谓深根固柢，长生久视之道。（五十九章）

"有常""可久"，此《易》《庸》义，非庄周义也。老子主有常，主可久，故亦重"积"。曰："早服，谓之重积德；重积德，则无不克。"（五十九章）"积"之为义，荀卿极言之，而《易》《庸》承袭焉。此又《老子》书近于荀卿、《易》《庸》，而远于庄周之一证也。

庄子曰："人谓之不死奚益？其形化，其心与之然，可不谓大哀乎？"（《齐物论》）凡庄子之主无常者，每由其形之迁化不居征之。然则老子主有常可久，亦可证形之不迁不化乎？曰：不可。虽然，形虽化而自有其不化者，曰"象"。象者，像也。凡人之形，必与人之形相像，古今人形皆相像也。凡马之形，必与马之形相像，古今马形皆相像也。故指形则化，执象则留。老子曰：

　　无状之状，无物之象，是谓惚恍。迎之不见其首，随之不见其
后。执古之道，以御今之有。能知古始，是谓道纪。（十四章）

　　道之为物，惟恍惟惚。惚兮恍兮，其中有象。恍兮惚兮，
其中有物。（二十一章）

　　执大象，天下往。（三十五章）

　　大象无形，道隐无名。（四十一章）

盖以"象"言"道"始于老。庄子论道，仅指其迁化日新，变动不
居者言。老子乃始于此迁化日新变动不居之中，籀得几许常然不变
之大例。故知道虽无停形而有成象，智者玩索其象，即可以逆推其
变。故曰："执古之道，可以御今之有"矣。此又老子就天道而挽
合之于人事之一大转变。《老子》书中言此者最多，兹举一例言之，
如曰："大曰逝，逝曰远，远曰反。"（二十五章）"反者道之动。"
（四十章）"与物反，然后乃至大顺。"（六十五章）又曰："曲则全，
枉则直，洼则盈，敝则新，少则得，多则惑，是以圣人抱一为天下
式。"（二十二章）此即"道有成象"之一端。老子又常言"式"，
曰："知其白，守其黑，为天下式。"（二十八章）又曰："知此两者
亦稽式。常知稽式，是谓玄德。"（六十五章）惟"道"有"象"，
故有"式"；惟其有式，故知有常；惟道有常，故可"执古道以御
今有"。《老子》五千言，其最大发挥，在此一义。此则显与庄周
异，而与《易》《庸》近。以其通天道于人事，以人事为主而运用
天道，与庄周之"知有天而不知有人"者大异。

　　"象"字古书极少用，《易传》乃曰："易者，象也；太极生两
仪，两仪生四象，四象生八卦。"八卦重为六十四，可以象天地古
今一切之事变。又曰："书不尽言，言不尽意，然则圣人之意其不
可见乎？子曰：圣人立象以尽意。""书不尽言，言不尽意"，语本
《庄子》。庄子曰：

> 世之所贵道者，书也。书不过语，语有贵也。语之所贵
> 者，意也。意有所随，意之所随者，不可以言传也。(《天道》)

(按：本文引《庄子》语皆据内篇，独此条出外篇《天道》，未必真
庄子语，然大体则与庄子意近，与老子意远，故援以为证。)庄子
所谓"意之所随"，乃指天地之实相。实相迁流不停，新新无故，
故曰"不可以言传"。既不可以言传，故曰"知者不言，言者不知"
也。(同上)但大化虽日新，万形虽日变，而实有其不新不变者存。
此不新不变者，即所谓"无物之象""无形之象"也。"一阴一阳之
谓道"，寒往暑来，日往月来，方生方死，方死方生；前日之日，
非今日之日矣，今年之暑，非去年之暑矣；此指其日新无故，迁流
不停者言。抑此日往月来，寒往暑来，死生相续，阴阳相继，则终
古常然，更无变。故曰："执大象，天下往。"(三十五章)一阴一
阳之相寻无已，更迭不息，即"大象"也。大象在握，万物不能
违，其将何往乎？故曰："《易》与天地准，弥纶天地之道。"天地
之道，岂有出此一阴一阳之外哉！"阴""阳"即两仪也，一阴一阳
即太极也，太极即天地之大象，可以尽天地万物一切之变矣。所谓
"圣人之立象以尽意"者如此。故道有迁流日新，意之随此者不可
以言传；道亦有一常不变，得其象而存之，则乌见意之不可尽哉！
《易传》之盛言夫"象"，其义即承《老子》，故曰《老》近《易》
《庸》，与庄则远。此就其偏重人事之一端言之。

　《老子》书既重人事，故其言天道，亦常偏就近人事者言之。
曰："天网恢恢，疏而不失。"(七十三章)又曰："天之道，其犹张
弓与！高者抑之，下者举之；有余者损之，不足者补之。天之道损
有余而补不足。"(七十七章)又曰："天道无亲，常与善人。"(七
十九章)天之道利而不害，此非其明证耶？故尝论之，庄周之与
《老子》书，譬之佛经，犹《般若》之与《涅槃》也。《般若》扫
相，《涅槃》显性；庄主于"扫"，老主于"显"；此则其分别之较

然者。太史公以老、庄、申、韩同传，然谓韩非原于老。《韩非》书有《解老》《喻老》篇，老、韩两家陈义相通处，此不详论。但若谓韩非原于庄，则大见不伦。岂不以《老子》晚出，其书自与《韩非》《易》《庸》时代为近而然乎？或曰：昔有讥"援儒入释"者，今子之言，岂不将攀老以入之儒耶？曰：不然，此非余之言，昔荀卿已言之。曰："庄子知有天而不知有人。"又曰："老子有见于诎，无见于信。"夫"诎""信"非人事乎？故庄子重天而忽人，老子本人以言天；庄老之别，固甚显矣。抑有大同而小异者，亦有大异而小同者。庄之与老，大同而小异之类也。老子之与《易》《庸》，大异而小同之类也。夫庄老同为道家，同言天道，大义相通，十之七八，尽人所知，何待再论！凡我所辨庄、老、《易》、《庸》之异同，乃据其义尚隐而不为人知者言之，非所谓"援老入儒"也。

或曰：庄老异同之辨，诚如子言，抑"异同"与"先后"尚有别，安知非《老子》书在前，孔子系《易》，子思作《中庸》，就其偏重人事者而推阐之，庄子尽翻弃曰，乃专崇天道，何必老子在庄子之后，《易》《庸》又在老子之后乎？曰：言不可以一端尽。《易传》非孔子作，《中庸》非子思作，二书皆当出秦汉间，此前代早有论者。庄子论道，乃承儒、墨是非而为破，非承老聃而为变，亦不能尽于兹篇之所论。

或曰：近人有言，辨《老子》晚出，分而观之，皆若不足以定谳，合而论之，辞乃可成；子所谓言不可以一端尽者，是亦类此之谓欤？曰：否否，不然。庄生有言："立百体而谓之马。"一体之无当于全马，固也；然诚见马者，见马之一体，固知其为马之一体矣。故见马蹄，决不以为羊蹄也。见马尾，决不以为狗尾也。见马耳，决不以为牛耳也。读余前两论者，虽不见此文，固已可信《老子》之晚出矣。读此文者，虽不见余前之两论，亦可断《老子》之为晚出而无疑，乌见必合其全而始能定谳也。

（一九四七年二月于昆明五华学院《五华月刊》第二期）

中卷之上

道家政治思想

一

中国思想，常见为浑沦一体，极少割裂斩截，专向某一方面作钻研。因此，其所长常在整体之融通，其所短常在部门之分析。故就中国思想史言，亦甚少有所谓政治思想之专家。今欲讨论道家政治思想，则亦惟有从道家思想之全体系中探究而阐述之。

又所谓儒、墨、道、法诸家之分派，严格言之，此亦惟在先秦，略可有之耳。至于秦汉以下，此诸家思想，亦复相互融通，又成为浑沦之一新体，不再有严格之家派可分。因此，研治中国思想史，分期论述，较之分家分派，当更为适合。故此篇所论道家政治思想，亦仅以先秦为限断。

先秦道家，主要惟庄老两家。此两人，可谓是中国道家思想之鼻祖，亦为中国道家思想所宗主。后起道家著述，其思想体系，再不能越出《庄》《老》两书之范围，亦不能超过《庄》《老》两书之境界。然此两书，其著作年代先后，实有问题。据笔者意见，《庄子》内篇成书，实应在《老子》五千言之前。至《庄子》外杂篇，则大体较《老子》为晚出。庄子生卒年世，当与孟子略同时，而《老子》成书，则仅当稍前于荀子与韩非。惟此等考订，则并不涉本篇范围。而本篇此下之所论述，实亦可为余所主张庄先老后作一旁证也。

二

先秦思想，当以儒、墨两家较为早起，故此两家思想，大体有一共同相似之点，即其思想范围，均尚偏注于人生界，而殊少探讨涉及宇宙界是也。故孔子言"天命"，墨子言"天志"，亦皆就人生界推演说之。此两人之立论要旨，可谓是重"人"而不重"天"。庄子晚出，承接此两人之后，其思想范围，乃始转移重点，以宇宙界为主。庄子书中论人生，乃全从其宇宙论引演。故儒、墨两家，皆本于人事以言"天"，而庄周则本于天道而言"人"，此乃其思想态度上一大分别。

然若更深一层言之，在庄周意中，实亦并无高出于人生界以上之所谓"天"之一境。庄周特推扩人生而漫及于宇宙万物，再统括此宇宙万物，认为是浑通一体，而合言之曰"天"。故就庄子思想言之，"人"亦在"天"之中，而同时"天"亦在"人"之中。以之较儒、墨两家，若庄周始是把"人"的地位降低了，因其开始把人的地位与其他万物拉平在一线上，作同等之观察与衡量也。然若从另一角度言，亦可谓至庄周而始把"人"的地位更提高了，因照庄周意，"天"即在人生界之中，更不在人生界之上也。故就庄周思想体系言，固不见有"人"与"物"之高下判别，乃亦无"天"与"人"之高下画分。此因在庄周思想中，天不仅即在人生界中见，抑且普遍在宇宙一切物上见。在宇宙一切物上，平铺散漫地皆见天，而更无越出于此宇宙一切物上之"天"之存在。此庄周思想之主要贡献也。

就于上所分别，乃知庄周与儒、墨两家，在"道"字的观念上，亦显见有不同。儒、墨两家，似乎都于人道之上又别认有天道。而庄周之于"道"，则更扩大言之，认为宇宙一切物皆有道，人生界则仅是宇宙一切物中之一界，故人生界同亦有道；而必综合此人生界之道，与夫其他宇宙一切物之道，乃始见庄周思想中之所谓"天道"焉。故儒、墨两家之所谓天道，若较庄周为高出，而庄周之所谓天道，虽若较儒、墨两家为降低，实亦较儒、墨两家为扩大。

今若谓"道"者乃一切之标准，则庄周思想之于儒、墨两家，实乃以一种解放的姿态而出现。因庄周把"道"的标准从人生立场中解放，而普遍归之于宇宙一切物，如是则人生界不能脱离宇宙一切物而单独建立一标准。换言之，即所谓"道"者，乃并不专属于人生界。骤视之，若庄周把儒、墨两家所悬人生标准推翻蔑弃，而变成为无标准；深求之，实是庄周把儒、墨两家所悬人生标准推广扩大，而使其遍及于宇宙之一切物。循此推演，宇宙一切物，皆可各自有其一标准，而人生亦在宇宙一切物之内，则人生界仍可有其人生应有之标准。故庄周论人生，决不谓人生不能有标准，彼乃把人生标准下侪于宇宙一切物之各项标准而平等同视之。治庄周思想者，必明乎此，乃始可以把握庄周之所谓"天"，与其所谓"道"之真际也。

三

政治则仅是人生界中之一业，一现象，故论庄周之政治思想，亦当如我上举，就其言"天"言"道"之改从低标准与大标准处着眼，乃始可以了解庄周论政治之精义。此下试举较浅显者数例作证明。庄周云：

> 民湿寝则腰疾偏死，鳅然乎哉？木处则惴栗恂惧，猨猴然乎哉？三者孰知正处？民食刍豢，麋鹿食荐，蝍且甘带，鸱鸦

嗜鼠，四者孰知正味？（《齐物论》）

此所举寝处与饮食，如就人生标准言，自当为宫室与豢刍。但庄周则偏不认此等标准为寝处饮食惟一的标准。庄周则偏把人与泥鳅、猨猴、麋鹿、鸱鸦、蝍且，拉平在一条线上，同等类视，合一比论，遂乃有"三者孰知正处""四者孰知正味"之疑问。然庄周之意，亦仅谓人生标准并非宇宙一切物之惟一标准而已。在庄周固非蓄意要推翻宇宙一切物之寝处与饮食之各有其标准。宇宙一切物，既可各自有其寝处与饮食之标准，则人生界之自可有其人生之独特的寝处饮食之标准，亦断可知。故在庄周意，只求把此寝处饮食之标准放大普遍，平等散及于一切物，使之各得一标准。至于宫室之居，固为人生界之正处，而阴湿的泥洼，乃及树巅木杪，也同成为另一种正处。刍豢稻粱，固可为人生界之正味，而青草小蛇与腐鼠，亦同样可成为又一种正味。在庄周，只是把寝处与饮食的标准放宽了，而并非取消了。此一层，则每易为治庄周思想者所误解。其实庄周言"道"，只是放宽一切标准而平等扩大之，固非轻视一切标准而通体抹杀之也。

> 东郭子问于庄子曰："所谓道，恶乎在？"庄子曰："无所不在。"东郭子曰："期而后可。"庄子曰："在蝼蚁。"曰："何其下邪？"曰："在稊稗。"曰："何其愈下邪？"曰："在瓦甓。"曰："何其愈甚邪？"曰："在屎溺。"（《知北游》）

若依儒、墨两家所揭举之标准言，则所谓"道"者，不上属"天"，即下属"人"。而庄周思想则不然。庄周谓宇宙一切物处皆有道，故宇宙一切物，皆可各有其自身之标准。因此生物之微如蝼蚁，如稊稗，甚至无生之物如瓦甓，乃至如屎溺，皆有道，即皆有其本身所自有之标准。因此，宇宙一切物，莫非天之所于见，即莫非道之所于在。庄周乃如此般把"道"字的观念放宽了，同时亦即把"道"的标准放低了。但又当知者，既是蝼蚁、稊稗、瓦甓、屎溺皆有道，岂有高至于人生界而转反没有道？故庄周之论"道"，骤视之，若见为无标准；深察之，则并非无标准。骤视之，若庄周乃一切以"天"为标准；深察之，则在庄周理论中，宇宙一切物，皆各有标准，而转惟所谓"天"者，则独成为无标准。若使天而自有一标准，则宇宙一切物，不该再各自有标准。若使宇宙一切物而各自没有一标准，则试问所谓"天之标准"者，又是何物乎？如此推寻，则仍必落入儒墨两家窠臼，即就此人生标准而推测尊奉之，使其为宇宙一切物之标准焉。而庄周思想则实不然。在庄周思想体系中，实惟"天"独为无标准，而即以宇宙一切物之种种标准而混通合一，即视之为"天"之标准也。换言之，在庄周思想体系中，乃平等地肯定了宇宙一切物，却独独没有于此宇宙一切物之外之上，另还肯定了一个"天"。庄周书中之所谓"天"，其实乃通指此宇宙一切物而言。于是此宇宙，在庄周思想中，乃有"群龙无首"之象。此即谓在于此一切物之外，更无一个高高在上之"天"，以主宰统领此一切物。于是宇宙一切物，遂各得解放，各有自由，各自平等。故此宇宙一切物，乃各有其本身自有之标准，即各自有一"道"。人生则下侪于宇宙一切物，人生亦自有人生所应有之标准，人生亦有道。但此人生界之标准与"道"，亦仅是宇宙一切物之各自具有其标准与"道"之中之一种。固不能如儒墨般，单独由人生上通于天，认为惟此人生界中之道与标准，独成其为"天道"与"天则"也。

四

此一思想体系，骤视之若放荡纵肆，汗漫无崖岸，其实亦自有其平实处。由于此种想法而落实到政治问题，则其见解亦自然会与儒、墨有不同。此下再就此阐述。

在庄周思想中，既不承认有一首出庶物之"天"，因亦不承认有一首出群伦之"皇帝"。既不承认有一本于此而可推之彼之"标准"与"道"，在一切物皆然，则人生界自亦不能例外。如是，则在庄周思想中，乃不见人生界有兴教化与立法度之必要。因所谓"教化"与"法度"者，此皆悬举一标准，奉之以推概一切，求能领导一切以群向此标准，又求能限制一切使勿远离此标准。政治之大作用，主要亦不越此两项。于是在庄周思想中，政治事业遂若成为多余之一事。

> 肩吾见狂接舆，狂接舆曰："日中始何以语女？"肩吾曰："告我君人者，以己出经式义度，人孰敢不听而化诸？"狂接舆曰："是欺德也。……鸟高飞以避矰弋之害，鼷鼠深穴乎神丘之下，以避熏凿之患，而曾二虫之无知！"（《应帝王》）

夫鸟能高飞，鼠能深穴，彼既各有其"天"，斯即各有其"道"。鸟鼠尚然，何况人类！今不闻于鸟鼠群中，必须有一首出侪偶者君临之，以自出其经式仪度来教导管制其他之鸟鼠，则人类群中，又何必定需一政府，一君人者之教导与管制？

循此推论，庄周应是一无政府主义者，但庄周书中，则并未明白严格说到此一层。庄周只谓，一个理想的君，必能：

> 游心于淡，合气于漠，顺物自然，而无容私焉，而天下治。（《应帝王》）

庄周并未明白主张无君论，庄周亦未明白主张不要一切政治与政府。彼只谓一个理想之君，须能存心淡漠，顺物之自然，而不容私。庄周之所谓"私"，即指君人者私人之意见和主张。由于此等私人之意见和主张，而遂有所谓"经式义度"。如是则有君即等于无君，有政府亦将等如无政府。远自儒墨兴起之前，皇帝称为“天子”，即以上拟于天，庄周似乎并未完全摆脱此种思想传统之束缚。然就庄子思想言，“天”既是一虚无体，则皇帝亦该成为一虚无体，在此“虚无”体上却可发生理想政治许多的作用。

阳子居问老聃以“明王之治”，老聃曰：

> 明王之治，功盖天下，而似不自己；化贷万物，而民弗恃。有莫举名，使物自喜，立乎不测，而游乎无有者也。（《应帝王》）

此乃庄周所想象，以一虚无之君体，而可发生绝大的政治作用。此一说，殆为此下《老子》五千言所本。故老子曰：

> 大道泛兮，其可左右；万物恃之而生而不辞，功成不名有；衣养万物而不为主。（三十四章）

此章所言为“大道”。老子又曰：

> 生而不有，为而不恃，长而不宰，是谓玄德。（十章）

此章所言是“玄德”。其实此两章所言者皆是“天”。庄子理想中之理想政治，所谓“明王之治”者，即为其能与天同道，与天合德。一切物皆各原于天，但天不自居功，故万物皆曰“我自然”。惟其皆曰“我自然”，故各自恃而勿恃天。虽有天之道，而莫举“天”之名，故使万物皆自喜。明王之治，亦正要使民自恃，使民自喜，而皆曰“我自然”。如此，则在其心中，更不知有一君临我者之存在。此君临人群之明王，则俨然如天之临，虽有若无，成为一虚体。虚体不为一切物所测，亦不为一切物所知。此乃庄周理想人群之大自在与大自由，亦可谓是庄周政治思想中一番主要之大理论，亦竟可谓之是一番无君无政府之理论也。

故庄周又云：

> 南海之帝为儵，北海之帝为忽，中央之帝为浑沌。儵与忽时相与遇于浑沌之地，浑沌待之甚善。儵与忽谋报浑沌之德，曰："人皆有七窍，以视听食息，此独无有，尝试凿之。"日凿一窍，七日而浑沌死。（《应帝王》）

一切"物"皆有知，皆有为，皆自恃，皆自喜，"天"独无知，又无为，因此天独不见有所恃，有所喜。一切有知有为之"物"，则莫不各有其自有之标准与道，因此一切物皆平等、皆自由。惟"天"高出一切物之上，故天转不能私有一标准与私有一道。若天亦自有一标准与道，则一切物既尽在天之下，一切物岂不将尽丧其各自之标准与道，而陷入于不自由？并其与天之标准与道将有合有不合，而陷于不平等。今使人生界中有一首出群伦之"皇帝"，此皇帝之地位既俨如自然界中之有"天"，故此皇帝，就理想言，亦必无知与无为，无所恃又无所喜，等于如没有。故一切人皆可各自有其一己所宜之标准与道，而君临其上之皇帝，则不能私有一标准，私有一道，甚至不该有七窍。因有了七窍，便自然会有知有为，因此遂自恃自喜，因此将自具标准，自有道，而如是便不应为帝王。

此乃庄周论政之大义。

<h1 style="text-align:center">五</h1>

然人群中又何来一皇帝，能如庄周之所想象乎？故庄周理论虽高，到底不出于玄想。至于《老子》书，其所想象之圣人与明王，不免较庄周所言要走了样。但《老子》书中论政，始终并未忽略了

民众应有之地位，始终视民众为不可轻；此一层，可谓直从庄周来，犹未失庄周论政之大轨也。前此为帝王者，常不免依仗"天"而轻忽"人"，老子不然，《老子》书中之圣人与明王，则决不肯轻犯民众，乃至于违逆民众以为政，因亦不敢自出其所谓"经式义度"者以君临人。此一层，则可谓老子尚不失庄周论政传统也。

老子曰：

> 富贵而骄，自遗其咎。（九章）

又曰：

> 人之所畏，不可不畏。（二十章）

又曰：

> 强梁者不得其死，吾将以为教父。（四十二章）

又曰：

> 大制不割。（二十八章）
> 以辅万物之自然而不敢为。（六十四章）

又曰：

> 我有三宝，持而保之：一曰慈，二曰俭，三曰不敢为天下先。（六十七章）

又曰：

> 民不畏死，奈何以死惧之。（七十四章）

凡此云云，细籀之，皆可谓由庄子思想引伸而来。然老庄思想毕竟有不同。庄周是一玄想家，纯从理论上出发，彼谓宇宙间一切物，乃至一切人，莫不各自有其各自之立场，因亦各自有其各自之地位。谁也不该支配谁，谁也不能领导谁。各有标准，各有道，即各自自由自在，而相互间成为一绝对大平等。老子不然。老子乃一实际家，彼乃一切从人事形势利害得失上作实际的打算。然他深知，谁想支配人，指导人，到头谁就该吃亏。但他心下似乎仍不忘要支配人，指导人。老子实于人类社会抱有大野心，彼似未能游心于淡漠。故就庄周言之，谓不当如此做，而老子却说不敢如此做。此证两人心情之不同。而彼此理论，亦复随之而不同。此一层，乃成为老子与庄周一绝大的区别。

故庄周书中之圣人与明王，常是淡漠、浑沌，无所容其私，而老子则不然。老子曰：

> 圣人后其身而身先，外其身而身存。非以其无私邪？故能成其私。（七章）

是老子心中之圣人，乃颇有其私者；彼乃以"无私"为手段，以"成其私"为目的。故老子又云：

> 圣人为腹不为目，故去彼取此。（十二章）

"目"属虚见，"腹"属实得。圣人而如此，则此圣人显然欲有所为，亦欲有所得。抑且专为实利，不为虚名；其所欲得，又必实属己有。如此之圣人，实一巧于去取之圣人也。

六

惟其《庄》《老》两书所想象之"圣人"有不同，于是由于此不同之圣人所窥测而得之"天道"亦不同。老子曰：

> 天地不仁，以万物为刍狗；圣人不仁，以百姓为刍狗。（五章）

由庄周言之，天一任万物之自由，在天为无所用心也。在庄子心中之"天"，固无所谓"仁"，然亦更无所谓"不仁"。刍狗之自由，乃天地之大自在。天地只是放任全不管，何尝是存心不仁，而始放任不管乎？庄子书中之圣人，亦是淡其心，漠其气，以观察天道者；由于圣人之心之淡漠，而遂见天道之淡漠。然淡漠可称为无心，却不是不仁，更非存心有所去取欲有得。《老子》书中之"圣人"便不然，彼乃心下有私，静观天道以有所去取而善有所得者。故《老子》书中之"圣人"，则更非淡漠，而是"不仁"。以不仁之圣人来观察天道，则将自见天道之"不仁"。此实庄周、老聃两人本身一绝大相异点也。

老子又曰：

> 天之道，不争而善胜，不言而善应，不召而自来，繟然而善谋。天网恢恢，疏而不失。（七十三章）

老子心中所想象之天道，则不仅是不仁，抑且甚可怕。老子之所谓"天道"者，乃善胜善谋。你不叫它，它自会来。它像似不在防你，你却逃不掉。此其可怕为何如乎？老子又曰：

> 天之道，其犹张弓与！高者抑之，下者举之；有余者损

之，不足者补之。（七十七章）

则此高高在上之天，大小事都爱管，都不肯放松。在天所临之下，将感到高不得，低不得，多不得，少不得。高了些，天将把你压下；多了些，天将把你削去。宇宙一切物，实非自由自在。在《庄子》书中，则宇宙一切物，自然平等。但在《老子》书中，却像有一个"天道"隐隐管制着，不许不平等。但这些天道，却给一位怀着私心的圣人窥破了。于是此怀私之圣人，却转过身来，利用这些"天道"以完成其一己之计谋，而"天道"终亦莫奈何得他。因此，老子曰：

　　将欲歙之，必固张之；将欲弱之，必固强之；将欲废之，必固兴之；将欲夺之，必固与之。（三十六章）

此乃圣人之权谋，亦即是圣人之不仁与可怕也。《老子》书中圣人之可怕，首在其存心之不仁，又在其窥破了天道，于是有圣人之权术。圣人者，凭其所窥破之天道，而善为运用以默成其不仁之私，而即此以为政于天下也。

　　抑且《老子》书中之圣人，其不仁与可怕，犹不止于此。彼既窥破了天道，善为运用，以成为圣人之权术，而又恐有人焉，同样能窥破此天道，同样能运用，同样有此一套权术，以与圣人相争利。故《老子》书中之圣人，乃独擅其智，默运其智，而不使人知者。故老子曰：

　　古之善为道者，非以明民，将以愚之。民之难治，以其智之多。（六十五章）

又曰：

鱼不可以脱于渊。国之利器，不可以示人。（三十六章）

此一种独擅其智，默运其智的做法，至于炉火纯青，十分成熟之阶段，则有如下之描写。老子曰：

圣人无常心，以百姓心为心。善者吾善之，不善者吾亦善之；德善。信者吾信之，不信者吾亦信之；德信。圣人在天下，歙歙焉为天下浑其心……圣人皆孩之。（四十九章）

"天"无心，以万物之心为心，故圣人亦无心，以百姓之心为心。此其为说，若与庄周持论甚相似。然在老子心中，则实与庄周有甚不同之处。盖彼所意想之圣人，实欲玩弄天下人皆如小孩，使天下人心皆浑沌，而彼圣者自己，则微妙玄通，深不可识，一些也不浑沌。此实一"愚民"之圣也。

七

故庄周在政治上，实际是绝无办法者。而庄周之意，亦不必要办法。老子不然，彼之论政，必得有办法。而且在彼之意，亦尽多办法可使。今试略举老子论政之有关各项实际办法者如次：

首及于经济。老子曰：

小国寡民，使有什佰之器而不用，使民重死而不远徙。虽有舟舆，无所乘之。虽有甲兵，无所陈之。使人复结绳而用之。甘其食，美其服，安其居，乐其俗。邻国相望，鸡犬之声相闻，民至老死不相往来。（八十章）

此乃由于老子之政治思想而实际运用到经济问题上之一套办法也。

老子又曰：

> 是以圣人之治：虚其心，实其腹，弱其志，强其骨，常使民无知无欲。使夫智者不敢为也。（三章）

王弼曰：

> 骨无知以干，志生事以乱；心虚则志弱也。

观此注，知老子正文四"其"字，皆指下文"民"言。何以使民皆得"实其腹"？则必使民皆能"强其骨"。此《大学》所谓"生财有大道：生之者众，食之者寡，为之者疾，用之者舒，则财恒足"（十章）也。何以使民皆能"强其骨"？则必使民"虚其心"而"弱其志"。虚其心则无知，弱其志则无欲。而尚复有智者出其间，又必使之有所不敢为，夫而后乃得成其圣人之治。老子之政治理想，夫亦曰如何以善尽吾"使民无知无欲"之法术而已。然老子亦知必先以"实民之腹"为为政之首务，此则老子之智也。厥后《韩非》书论"五蠹""六反"，凡所深切愤慨而道者，夫亦曰求使民虚心实腹，弱志强骨，无知无欲，一切不敢为，以听上之所使命，如是而已。余尝以老子、荀卿、韩非，三家同出晚周，而此三家论政，则莫不侧重经济。惟老子归本于道术，荀卿归本于礼乐，而韩非归本于刑法，此则其异也。

再言及军事。老子曰：

> 吾不敢为主而为客，不敢进寸而退尺。是谓行无行，攘无臂，扔无敌，执无兵。祸莫大于轻敌，轻敌几丧吾宝。故抗兵相加，哀者胜矣。（六十九章）

盖老子在经济问题上，则主运用人之知足心，并使民无知无欲，以求社会之安定。若在军事问题上，则主运用人之哀心，以求对敌之胜利也。故老子又曰：

> 兵者，不祥之器……不得已而用之，恬淡为上。……乐杀
> 人者，则不可得志于天下。……杀人之众，以哀悲泣之。战
> 胜，以丧礼处之。（三十一章）

此乃老子善为运用人类心理，期于杀人场合中求胜之高明处也。王
弼之注，却把老子原意曲解了。王注云：

> 言吾哀慈谦退，非欲以取强，无敌于天下也。不得已而卒
> 至于无敌，斯乃吾之所以为大祸也。

此乃以儒义解《老子》书。其实老子心中则何尝如王弼之所想。老
子之所最戒，端在于"轻敌"。老子之所期求，则正在能"无敌于
天下"。彼盖以不轻敌之手段，求能达成其无敌于天下之想望者。
此通观于《老子》五千言之全文而可见，而乌有如王弼之所注释
乎？抑且《老子》书中之圣人，既为一不仁之圣人，则未必怕多杀
人。然老子又曰：

> 常有司杀者杀。（七十四章）

则杀人可以不经其手，即凭不仁之天道来司杀也。此乃由于老子之
政治思想而实际运用到军事问题上之一套办法也。则请再言及
外交。

老子曰：

> 大国者下流，天下之交，天下之牝。牝常以静胜牡，以静
> 为下。故大国以下小国，则取小国；小国以下大国，则取大

国。故或下以取，或下而取。大国不过欲兼畜人，小国不过欲
入事人。夫两者各得其所欲，大者宜为下。（六十一章）

经济求"知足"，兵争求"用哀"，外交则"取下"，此皆《老子》
书中圣人政治手腕之高明处。但小国下大国，依然还是一小国，
《老子》书中之圣人，似乎并不即此为满足，故又必申言之，曰：
"大者宜为下。"是老子心中所重，毕竟在大国也。大国之君若能懂
得此诀巧，则可以"取天下"。故老子又曰：

以正治国，以奇用兵，以无事取天下。（五十七章）

上述之经济安足，此"以正治国"之一例也；上述之用兵无敌，此
"以奇用兵"之一例也；外交运用，则贵能以下取小国，此则"以
无事取天下"之一例也。此乃《老子》书中之圣人，运用政治之三
部曲。惟"以正治国"，并不尽在经济问题；其他如法制，如教育，
在《老子》书，各有其微妙玄通，深不可测之一套。好在《老子》
书仅五千言，读者循此求之自可见，不烦一一详引也。

八

如上所述，庄周与《老子》书，显然甚不同。庄周乃一玄想
家，彼乃凭彼所见之纯真理立论，一切功利权术漫不经心，而老子
则务实际，多期求，其内心实充满了功利与权术。故庄周之所重在
"天道"，而老子之所用则尽属"人谋"也。庄子思想实颇有与儒术
相近处。《论语》已言之："为政以德，譬如北辰，居其所，而众星
拱之。"（《为政》）又曰："大哉尧之为君也！巍巍乎唯天为大，唯
尧则之。荡荡乎民无能名焉。"又曰："巍巍乎！舜禹之有天下也而
不与焉。"（《泰伯》）儒家政治思想主德化，所理想之政治领袖，乃
居敬行简以临其民，恭己南面而已矣。此皆颇近于庄周。庄周著

书，似极欣赏孔门之颜渊，彼殆即以彼所想象颜渊之私人生活，配合上儒家理想中政治领袖之无为而凭德化者，而认为惟有此一类人物，才始有应为帝王之资格也。儒家承继古经籍之传统，复有"大畏民志，天视自我民视，天听自我民听"之说。庄周论政治，亦时有此等意向。惟在庄周之宇宙论中，则与儒家有大相违异处。盖至庄周而始对古人相传之"天"的观念大经改变，于是彼所想象中之帝王，遂成为如接舆口中藐姑射山"神人"一样的人物，不复肯"弊弊焉以天下为事"矣。今若仅就其粗迹观之，则庄周所持之政治理想，若与孔门儒家相距绝远；但若观之于深微，则庄周思想之于孔门儒家，实有其一番蜕化之痕迹，犹可推寻而得也。

至于《老子》书中之"圣人"，乃始与庄周书中之"圣人"截然为异相。在老子，亦不承认有如古代观念，有一高高在上之"天"；惟此与庄周为同调。老子亦知社会民众之不可轻视，不当轻犯，此亦可谓是老子之高明。然老子心中之圣人，却决不肯退隐无为，又不能淡漠无私，如庄周之所称道。故曰：

> 无为而无不为。（四十八章）
> 后其身而身先。（七章）

又曰：

> 夫惟弗居，是以不去。（二章）

此乃完全在人事利害得失上着眼，完全在应付权谋上打算也。故老子教人"知其雄"而"守其雌"，"知其白"而"守其黑"，"知其荣"而"守其辱"。彼所想象之圣人，在其心中，对于世俗间一切雌雄、黑白、荣辱，不仅照样分辨得极清楚，抑且计较得极认真。彼乃常求为一世俗中之雄者、白者、荣者，而只以雌、以黑、以辱作姿态，当作一种手段之运使而已。

再另换一方面言之，庄周书中论政，固尚以下面民众为主体，故可谓其意态犹近于儒家也。而老子论政，则完全以在上之圣人为主体，彼乃专为在上之圣人着想，而非为在下之民众着想者，于是遂开启了此下之法家。故庄子论政，乃承接儒家思想而特将之玄理化；老子论政，则承接着庄周思想而又将之实际化。故谓庄周上近"儒"，老子下启"法"，此亦先秦思想史上一承递转变之大关捩也。

然不论庄周与老子，两人间毕竟自成为一思想系统，毕竟不免与儒家孔孟持义，即专就政治思想言，亦发生了不可弥缝之大裂缝；此层当再约略拈出，而阐述之如次。

九

在于孔孟，"天"固高高在人之上；然圣人亦人也，故圣人亦在"天"之下、人之中，圣人固不高出于一切人。孔子曰："十室之邑，必有忠信如丘者焉，不如丘之好学也。"（《公冶长》）孟子则曰："人皆可以为尧舜。"（《告子》）故儒家言圣人，必为与人同类者。而至庄子则不然。盖儒家重视人性，人性既禀赋自天，故人性善恶，不能有甚大之不同。庄周书则不言"性"而转言"知"；智慧则显见有高下，不能人人同等一类。而庄子之言"知"，又无阶梯层累，若不由学问修为而得；遂使具"大知"高出于人人者，使人有无可追踪之慨。故《庄子》书中之圣人，乃常与"真人""神人""至人"并称，而若显然与众人有不同。盖就庄子思想言，"天"与"人"之界隔，固近泯灭，而人与人之距离，则反而加远矣。

所幸者，庄周书中所想象之"真人""神人""至人""圣人"者，皆无意于人世，皆不愿在人间世之一切俗务上沾手。即或不得已沾了手，仍是心神不属，仅见为一种不得已。故论人与人之本质，就庄子思想言，实已有不同。"圣人"显见为高出于人人之上。

而此尚不至有大病。何者？此高出乎人人之上之圣人，彼固无意于人世，不大高兴干预人间事；则圣人可以忘世，而世亦可以忘圣人，乃至不知有圣人之在人间也。

此一意态，至《老子》书而又有变。就《老子》书言之，彼其高出于人世之圣人，在其内心，则并无意于超世脱俗。抑且圣人者，实乃一十分世俗之人。只是在同一世情中，而圣人乃有其甚不同之法术，以独出于世人而已。试观《老子》书，彼岂不时时以"圣人"与"百姓"作对列，圣人既无意于远离尘俗，而又复高高绝出于尘俗之上，圣人之于人，就其本质论，亦既有绝大之鸿沟矣。而同在此一世间，营同一之世务，同争此利害得失，此其为病，盖有必至，自可想见也。明白言之，则《老子》书中之圣人，实太过聪明，而《老子》书中之众人，又太过愚蠢。于是此辈太过聪明之圣人，乃能运用手段，行使法术，以玩弄此同世愚蠢之平民。故《老子》书中之政治理想，换辞言之，乃是聪明人玩弄愚人之一套把戏而已；外此更无有也。故在庄周之政治理想中，主要者，实为对一般平民之解放，其意态虽近消极，而大体实落在光明之阳面。而《老子》书中之政治，则成为权谋术数，为一套高明手法之玩弄，政治成为统御，其意态已转积极，而实际意味，则落在黑暗之阴面。此一分别，尤不可不深加辨析也。

由于此一分别，乃可以继续论及"内圣外王"之一语。"内圣外王"，此语始见于《庄子》之《天下篇》。《天下篇》决非出于庄子之手笔，而且此篇更尤晚出于老子。然"内圣外王"一观念，则实自道家创始，为庄老两家所同有。而后之儒家，亦复喜沿用之。在庄周，仅谓此辈内怀"圣人"之德之智者，才始应帝王。然圣人内心，则并不想当帝王之位，而帝王高位，亦每不及于此辈。则在庄周书中之"内圣外王"，乃徒成为一种慨然之想望而止。至《老子》书则不然。似乎能为帝王者，必属于圣人。苟非其人内抱圣人之德之智，将不足以成帝王之业。此其间，乃有一绝大之区分。盖庄子乃从理论之立场，谓非"内圣"不足以"外王"也。而《老子》书则转从实际人事之功利观点着眼，变成真为帝王者必然是圣人。是乃即以其"外王"之业而即证其为负有"内圣"之德也。故老子曰：

> 道大，天大，地大，王亦大。域中有四大，而王居一焉。（二十五章）

此处之所谓"王"，乃与"天""地"与"道"，同为域中之四大，则宜其必为圣人而更无可疑矣。老子又曰：

> 人法地，地法天，天法道，道法自然。（二十五章）

当知此处之所谓"人"，亦指圣人言；亦即是指王者言。苟非圣人，亦不能法天法道也。于此遂使《老子》书论"内圣外王"，与庄周原义生出绝大之分歧，而其后起之影响则更大。

荀子乃一大儒，其著书成学，当较老子略晚；而《荀子》书中，亦复有"内圣外王"之想。故荀子乃常以"圣""王"混为一谈。孟子尝言："天下有达尊三：德一，齿一，爵一。"（《公孙丑》下）又曰："彼以其爵，我以我义。"（同上）是孟子固举"圣"与"王"而分别言之也。盖王者不必是圣，圣者亦不必为王，孟子与庄周，在此观点上，则实尚相似。此说骤视诚若平常，然观《荀子》书，则于此区别乃颇漫然。荀子常言"法后王"，其实无异于"法后圣"；王者地位，遂于"内圣外王"之观念下，骤见提高。"德""位"之分，遂于老子、荀卿"圣""王"混言之观念下，骤被抹杀。老子视社会大众，莫非愚昧，而荀子则谓人性皆恶。盖儒家重言"性"，道家重言"智"，故老子、荀卿，其立说虽不同，而其蔑视下层群众之内心傲态则一。又荀子亦不认有高高在上之

116

"天"，于是以王者之位而具圣人之德，遂成为世间独一无二之至尊，其崇高乃无可比伦。故惟"圣王"乃能制礼乐，定法度，人世间一切管制教导胥赖焉。今若专就此点言，则庄周犹较近孟子，而荀卿则转反似老聃。此由时代不同，而学者意态亦随之而变，此又可微辨而知，固不当专从儒、道分疆之一面立论也。

至于《中庸》与《易传》，其成书犹出《荀子》后，而其书皆不免有"内圣外王"想法。循至之汉儒，尤著者如《春秋》公羊家，乃谓孔子为"素王"，汉室之兴，亦为"新圣人"之受命。于是圣人而不居王位，遂成为一大缺憾。此犹可也。而遂若王者不具圣德，亦不成其为王。此亦未尝不可。而循此推衍，遂于无意中抱有"王者必具圣德"之推论，此则不得不谓是"内圣外王"说之遗祸留毒也。

惟在汉儒意想中，尚保留一高高在上之"天"，此为与荀卿异。然汉儒既赋王者以圣德，乃谓其上应天德，受命而王。是所谓"天人合一"者，乃集会于王者之一身，"应帝王"变为"应符瑞"，此又"内圣外王"之说演变出一新支，而较之庄周之初意，则固邈乎其远矣。

抑尤不止此，"内圣外王"之论之演变，复另有一新支，则为李斯与韩非。此两人皆从学于荀卿，得其师"法后王"之说而不能通，乃索性只重"外王"，再不论"内圣"。社会下层群众，固已非愚即恶，又无一高高在上之"天"临之，而王者真成为独尊。于是王者之为政，既不复需有所谓"德化"之一面，而又不能如老子之谨慎躲藏，深微玄默，以善用其权谋术数。于是此高高在上之王者，乃仅凭其高位大权，刑赏在握，若一切群众，尽可以宰割管制以惟我之所欲焉。

此一支，骤视若与"内圣外王"之说并不近，然在思想线索之承递转接上，则显然有关系。就儒家早期思想言，人类总还是平等，而惟有一高高在上之"天"临之。庄周始把此高高在上之

"天"排除了，但却有一辈至人、真人、神人、圣人者，其智其德，超然越出于普通常人之上。然此辈则常不沾染于世俗。至老子与荀卿，乃把此高出人上之"圣人"与"王者"相结合，"德智"与"权位"联想在一起，遂若有权位者必有德智，而又无一高高在上之"天"临于上，于是王者遂不期而成为人世之至尊。法家则更偏落在此一点上，故遂单看重了王位，而更不论于圣德也。

此其说，司马迁颇知之，故曰：

> 老子所贵道，虚无因应，变化于无为。故著书辞，称微妙难识。庄子散道德，放论，要亦归之于自然。申子卑卑，施之于名实；韩子引绳墨，切事情，明是非，其极惨礉少恩；皆原于道德之意，而老子深远矣！（《老庄申韩列传》）

其实所谓"施之于名实"，"切事情"，"惨礉而少恩"者，其意趣指归，皆已见于《老子》书。故谓申、韩原于道德，其说确有见。至老子所以较韩非"深远"者，只在老子之犹知有所畏，有所不敢，社会下层民众，虽愚而可欺，犹必有待于我之权谋术数之能达于深微难测之境，固非可以慢肆我之欺侮而惟意所欲也。而韩非则并此而忽之。然韩非之轻视民众，其端不可不谓乃渊源于老子与荀卿。彼老子、荀卿者，既不认有一高高在上之"天"，又其视民众，谓非愚即恶，而为之王者，又必内具圣德，高深难测，越出于众人之上，则无怪其流衍而有韩非法家那一套。

然谓韩非原于老子则可，谓法家原于道家，则尚犹有辨。因韩非断断不能从庄周书中引出也。此因庄周仅一玄想家，重自然，重无为，意态萧然于物外；必至老子，乃始转尚实际功利，重权术，迹近欺诈，彼乃把握自然而玩弄之于股掌之上，伪装若无为，而其内心蓄意，则欲无不为。韩非则揭破此伪装，放胆破脸，以逞其所无不为而已。

一〇

今再综括言之，在庄周意中所想象，天无为，而芸芸众生则无不为。在老子，则无为而无不为者是一圣。然此圣者，又不许芸芸众生之无不为，而驾御之以一套权谋与术数。下至韩非，则既不许芸芸众生之无不为，而此王者又放意肆志，更懂不得"无为"之旨。于是乃只让此一王者立法创制，以为其所欲为。秦始皇帝一朝政制，则大体建基在此一意态之上也。

西汉初年，后世论者，群认为其崇奉黄老，以"无为"为治。其实如曹参之徒，若果以《老子》书绳之，亦仅是素朴农村中一愚者，乌足以当《老子》书中之"圣人"？故汉初之治，实并非真能运用老子心中之权谋与术数。惟文帝比较似懂得《老子》。但文帝天性厚，其早年亦出生成长于社会群众间，彼尚能对下层民众有同情，因此文帝尚不能为《老子》书中圣人之不仁，以百姓为刍狗也。故汉初之治，乃并不能如老子所想象。换言之，汉初一朝君臣，亦胥无足以当《老子》书中所描绘之"圣人"也。

下至魏晋之际，其时学者，不讲"黄老"而转言"老庄"。若言"黄老"，则"内圣外王"之气氛较重；因黄帝即由战国晚世所造托，为一内圣外王之理想人物也。若言"老庄"，则"内圣外王"之气氛已较冲淡；因庄周书中之内圣外王，则仅是玄想，无当实际也。故魏晋间人，亦遂轻视了政治上之最高领袖。那时的政治，遂亦不期而成为一种"群龙无首"之象。然当时人物，求其真能代表庄周意想中之典型者，仅有一阮籍。向秀、郭象，皆是"伪庄子"。彼皆热情世俗，又不能如老子之深远，则岂不进退皆无据？故就当时现身政治舞台之人物言，彼辈既不能运用《老子》书中之权谋与术数，又不能师法庄周之淡漠与隐退，更复不懂得庄老两家不轻视民众之深微心情，则如何能在政治上站稳？于是彼辈乃酿乱有余，酝治不足，并把自己的私人生命亦同此葬送了。

若我们纵眼放观全部中国政治史，果照庄周理想，该来一个无政府的新社会，而此事距情实太远，实渺茫无实现之望。若如《老子》书，说之似易，行之亦难。在外交上，在军事上，在经济措施上，在刑法运用上，在驾驭人物应付事变上，一枝一节，未尝无暗中袭取老子法术而小获成功者。然在总揽全局，潜移默化中，真能接近《老子》书中所想象之"圣人"于依稀仿佛间者，遍览史籍，尚少其人。就此言之，则庄周固是玄想；即老子，亦何尝能摆脱庄周玄想之范围？然则就大体言之，庄周与老聃，夫亦同为是一玄想人物而已耳。

老子曰：

> 天下神器，不可为也；为者败之，执者失之。（二十九章）

此语可谓是《老子》五千言对政治认识最深微最透彻之语，惜乎老子智及之，而仁不能守之。故在老子意中，总想能无为而无不为。然求无为，亦非真不可能；此惟有放任社会大众，一任其所为，则自集群众之所为而成为无不为。而不幸老子乃予智自雄，彼其意，乃在运用群众以造成彼一人在上者之无不为，而独成其私，此又何可能者？

然老子要为深远矣；至少彼尚懂得智者之不敢为，至少彼尚懂得"为者败之，执者失之"的那一面。后人不能学老子，便自然会追踪荀卿与韩非。苟我们从此回头，再一看孔、孟、庄周，岂不诚如峨眉之在天半乎？然苟昧失于庄老两家成书年代之先后，则如我此篇之所分析，亦将使读者有无从捉摸之感也。

（一九五三年七月香港《民主评论》四卷十三期）

庄老的宇宙论

一八　略论当时各家学说思想流布之情况

一　论庄周思想之渊源

《老子》书之晚出，应尤后于庄子，作者已屡有论列，本文则专就老庄关于宇宙论观点，再加阐发。

思想演进，显然有其先后之线索。今就关涉于宇宙论一端者而言，若谓老先于庄，即感有难通处；若谓老出庄后，则其先后递嬗，承接转变之迹，始得条贯秩然，脉络分明，俱可指说。惟有一问题当连带而生，即果谓庄在前而老在后，则庄子思想，渊源何自？此一问题，自为读者所急求探究也。

试就《庄子》书细加研寻，当知庄子思想，实仍沿续孔门儒家，纵多改变，然有不掩其为大体承续之痕迹者。故《庄子》内篇，屡称孔子，并甚推崇。《齐物论》于儒、墨是非，兼所不取，然内篇引孔不引墨，则庄子心中，对此两家之轻重，岂不已居可见乎？

韩非称"儒分为八"，盖自孔子卒后，其门弟子讲学，已多分歧矣。孟子常引曾子、子思，此为孔门一大宗；荀子极推仲弓，此当为又一宗；子游、子夏，各有传统，而《庄子》内篇则时述颜渊。若谓庄子思想，诚有所袭于孔门，则殆与颜氏一宗为尤近。韩非"八儒"，即有颜氏，此证下逮晚周末叶，儒家仍有传述颜氏说而自成一宗派者。《易系传》成书，尤较《老子》为晚出，故其陈义多汇通老庄，殆可为晚周末叶后起之新儒学；而《易系传》于孔门，亦独称引颜渊。此证颜渊于庄学有相通也。下逮东汉，道家思想渐盛，而颜渊乃独为东汉诸儒所尊推。北宋理学兴起，必溯源于周濂溪，而濂溪《太极图说》，上本《易系》，其论宇宙观点，显然近于道家，而其《易通书》，亦盛尊颜渊。此又证孔门诸贤，独颜渊最与后起道家义有其精神之相通也。今欲详论颜氏思想，虽憾书阙有间，然谓庄周之学，乃颇有闻于孔门颜氏之风而起，则殊约略可推信也。

今试专就先秦儒、道两家，观其对于宇宙论方面之思想演变，则大致可分为两阶段：自孔子至庄周为第一阶段，而《老子》书与《易系传》则为第二阶段。此两阶段思想，显然有一甚大之区别。在第一阶段中，一切思想观点，大体从人生界出发，而推演引伸及于宇宙界。换言之，在第一阶段中，常认为人生界虽可知，而复寄慨于宇宙界之终极不可知；此实为自孔子至庄周一种共同的态度。至第二阶段则不然。在第二阶段中，一切思想观点，乃大体改从宇宙界出发，然后再落实归宿到人生界。换言之，彼辈乃认为宇宙界亦可知，彼辈对于检讨宇宙之创始，及其运行趋向，莫不有一套极深之自信。彼辈认为关于宇宙界一切轨律意向，莫不可以洞若观火，然后就其所知于宇宙界者，返而决定人生界之一切从违与趋避。此乃《老子》书与《易系传》之共同精神所由与孔子、庄周异其宗趣也。

今先就《庄子》内篇，逐一举例。《养生主》有云：

> 吾生也有涯，而知也无涯。以有涯随无涯，殆已。已而为知者，殆而已矣。

此所谓"有涯之知"，即属人生界；"无涯之知"，则属宇宙界。人生有涯，而宇宙则无涯，若从有涯之生以求知此无涯，再求本其对于无涯之所知，转以决定有涯之人生，则必属一危险事。故《大宗师》又云：

> 知天之所为，知人之所为者，至矣。知天之所为者，天而生也；知人之所为者，以其知之所知，以养其知之所不知，终其天年，而不中道夭者，是知之盛也。

人何由生？此属天，属宇宙界，为人所不可知。人惟有就其可知，以善养其所不可知，所谓"善吾生，即所以善吾死"也。盖吾之生，属人生界，此犹可知，故人当运用吾之所可知以求人生之达至于尽善。至于吾之死，则属宇宙界，乃非吾知所及，我更无奈之何也。故《德充符》有云：

> 知不可奈何而安之若命，唯有德者能之。

庄子此等语，乃极似《论语》：

> 季路问事鬼神。子曰："未能事人，焉能事鬼？"曰："敢问死。"曰："未知生，焉知死。"（《先进》）

是亦谓鬼与死，皆属宇宙界，为吾所不可知。人与生则属人生界，为吾所可知。故人惟当求其所可知以养其所不可知而已也。故孔子又告子路曰：

> 由！诲汝知之乎？知之为知之，不知为不知，是知也。（《为政》）

人之所为，属于人之自身，此为可知者；天之所为，不属于人，此为人所不可知。孔子每总合此人之所为者曰"仁"，又总合此天之所为者曰"命"。故孔子与命，与仁。然孔子仅教人用力于为仁，又常教人知天命。所谓"知天""知命"者，则亦知其为不可知而止耳。孟子兼言"仁""义"。仁、义皆属人生界，为人生所能知，亦为人生所能尽力，故曰："尽心知性，尽性知天。"（《尽心》）即是自尽人事以上测天心也。此皆与庄周"以其所知养其所不知"意近。庄周特不喜言仁义，此则庄子思想之所由异于儒。而庄子亦好言知天知命，则是庄子思想之承续儒家处也。

庄周又引述孔子一节话，见于《德充符》：

> 仲尼曰："死生存亡，穷达贫富，贤与不肖毁誉，饥渴寒暑，是事之变，命之行也；日夜相代乎前，而知不能规乎其始者也。故不足以滑和，不可入于灵府。……"

此即《论语》所谓："死生有命，富贵在天"也。孔子又常云：

> 仁者不忧，知者不惑，勇者不惧。（《宪问》）
> 不知命，无以为君子也。（《尧曰》）

此在孔子意，亦惟有知命，始能不忧、不惑、不惧，所谓"尽其在我"也。而庄子之意，甚与相近，故庄子《德充符》屡引仲尼遗言。大抵庄子理想中一个德充于内之人，其大体段则仍是承袭孔子思想而来。

又内篇《人间世》，为庄子思想中关涉于处世哲学方面之详细发挥，此为庄子人生哲学中最主要部门，而庄子此篇，即多引孔子、颜渊语立论。凡此所引，是否庄子确有所受？是否孔子、颜渊确曾有如庄周之所称述？抑或尽属庄子之寓言？此俱可不论。要之庄子关于人生哲学之理想，必有与孔子、颜渊一脉相通之处，故庄子关于人生哲学方面之种种寓言，亦多喜托之于孔、颜也。

二　庄周之万物一体论

然庄子思想，毕竟与孔子、颜渊有不同。孔子曰：

> 志于道，据于德，依于仁，游于艺。（《述而》）

孔子虽亦时时推广其理趣意境及于"天"与"命",然孔子讲学精神,究是侧重在人生界。颜渊宜无大殊,而庄周则不同。庄周思想,盖已大部侧重在向外窥探宇宙界。在此宇宙界中,则人与物并生。自来孔门儒家讲学精神,均是重于人而忽于物。至庄子始"人"与"物"并重,此为庄周思想在先秦诸子中一大创辟,一大贡献。在庄周以前,固无此意境也。

《德充符》引孔子告常季曰:

> 审乎无假,而不与物迁。命物之化,而守其宗也。

又曰:

> 自其异者视之,肝胆楚越也;自其同者视之,万物皆一也。

庄子乃开始提出其"万物一体"之主张。此惟庄周同时好友惠施,与周为同调,亦主天地一体,兼爱万物。而庄、惠两人在"万物一体"之大前提之下,其所从证人之种种意见则互不同。但在庄惠以前,儒家思想,则显未涉及此境,即墨家亦尚不重此。儒、墨两家早期思想,其所偏重,皆在人生界,则断可知也。今不论此种万物一体论,或天地一体论,首创自惠施,抑始创自庄周;要知此乃初期道家思想中重要一观点,而庄周之宇宙论,即建基于此。继此再有发展,则有待于后起之老子。此先秦思想转变一大脉络也。

三　庄子论真论神

内篇《大宗师》又云:

> 假于异物,托于同体。

大抵庄子认为宇宙间万物，只是一气之化，所谓"合则成体，散则成始"（外篇《达生》）。故一切物体，皆从别处他物移借，而暂成为此一物之体。庄子乃本此见解而主张其万物一体论，因此又主"齐物"，所谓"万物一齐，孰短孰长"（外篇《秋水》）。但万物既尽由异物假借成体，则试问除其所假于外，而物之自身，尚复何有乎？此即庄子之所谓"无假"也。必此无假者始是物之真。此"真"字，后世用作真实义；在庄子则指其非假于外，而为物之内充自有义。然则宇宙万物，除其假于异物而成体者之外，是否尚有此所谓"真"者之存在乎？在庄子似承认有此真，故《齐物论》又云：

> 若有真宰，而特不得其眹。

又云：

> 其有真君存焉。如求得其情与不得，无益损乎其真。

《大宗师》亦云：

> 彼特以天为父，而身犹爱之，而况其卓乎？人特以有君为愈乎己，而身犹死之，而况其真乎？

郭象注："卓者，独化之谓。"就字形言，"卓"与"真"皆从"匕"，盖皆指此物之内充自有之化言也。盖万物形体，既皆假于外而暂成，而惟其物自身之成毁存亡之一段经历，即所谓"此物之化"者，乃始为此物之所独擅。故确然成其为一物，以见异于他物者，实不在其物之体，而转在其物之化。因惟物之化，乃始为此物之所独，此即其物之卓与真也。故庄子之所谓"真"，即指其物之独化之历程言。宇宙间固无异物而经同一之历程以为化者。庄子之所谓"独化"，即指此一段化之历程，乃为此一物之所独有也。换言之，亦因化之必独，乃有以见物之相异耳。故亦惟此独化之真，乃可谓是此物之所受乎天，而非可假于外物而有也。

庄周乃本此见解而落实及于人生界，其由天言之则曰"道"，其由人言之则曰"神"，由其确有诸己而言之则曰"德"。此三者，皆可谓之"真"。形者其体，生则其神，在天曰道，在人曰德，此其所由言之异也。庄子又本此而推演及其对于人生论之主张。故《庄子》书屡称"神人""真人"，又称"至人"。"真"字在儒家古经典中未前见，至庄子始创用之。"神"字虽屡见于儒家之古经典，但《庄子》书用此"神"字，则并非旧谊。儒家古经典中之"神"字，皆指鬼神言，或指天神言，至《庄子》书始称"神人"。神人则为人而非神矣。在庄子之宇宙观中，殆无外在于人之神之存在。万物一体，乃尽由一气之化，则化外更无所谓"神"。庄子乃转以此一气之化为神，由于一气之化而有人生界，故人生亦禀得有此神。故庄子之所谓"神人"，其内实涵义，则仍是一"真人"也。而庄子所理想之真人，则亦仅是能随顺大化而不失其独化之真者。庄子"真"字即指化，不指由化所成之物，"物"则仅是由此独特之化而见若有物耳。而此"独化之真"则非物也，故不可见，而亦不与物为俱尽。庄子理想中之人生，其主要即在知有此真而能保守之勿失，故既曰"见独"，又曰"葆真"。"葆真"即是保有此神。故庄子既谓之"真人"，又谓之"神人"，而又称此种人为"至人"者，盖此即到达于庄子理想人生中之一种终极境界也。

四　庄周论造物者

庄子宇宙论中，另有一新创而常用之名词，曰"造物者"。《大宗师》云：

> 伟哉夫造物者，将以予为此拘拘也。

又曰：

> 嗟乎！夫造物者，又将以予为此拘拘也。

又曰：

> 庸讵知夫造物者之不息我黥而补我劓？

此"造物者"又称"造化"，或"造化者"。《大宗师》又云：

> 伟哉造化，又将奚以汝为？

又曰：

> 夫大块载我以形，劳我以生，佚我以老，息我以死。故善
> 吾生者，乃所以善吾死也。今大冶铸金，金踊跃曰"我且必为
> 镆铘"，大冶必以为不祥之金。今一犯人之形，而曰"人耳人
> 耳"，夫造化者必以为不祥之人。今一以天地为大炉，以造化
> 为大冶，恶乎往而不可哉？

是庄子言宇宙创物，不再称之为"天"或"帝"或"神"，而必独
创一新词，而称之曰"造物者"，或"造化者"，此又何义乎？盖庄
子已不认为有一创造此宇宙之天或帝或神，外于宇宙万物而存在，
故不愿依随旧谊，称之曰"天帝"，而必另辟新词，而称之曰"造
化"也。故《庄子》书中虽屡说此造物者或造化者，而庄子心中，
实不认有此造物者与造化者之真实存在；盖即就于物之"造"与

"化"而指称之云耳。故庄子心中之此一造化者，乃仅如一大冶，一大炉，虽若万物由此而出，然大冶大炉，本身亦即是一物，决非一近似于有人格性之天与帝，异于万物外于万物而存在，而其力又能创出此万物。故万物在此宇宙中之创生，正犹其创生于一大冶大炉中。大冶大炉，则实非能创生出万物，乃万物在此中创生也。庄子又常连文称"天地"，明以"天地"为大炉。"地"有体，属形而下；"天地"连称并举，则"天""地"为同类，"天"亦近于形而下。故"天地犹炉冶"，非谓在此大炉镕铸万物之外，别有一镕铸万物之天或帝之存在；此其义，即就《庄子》原文，已甚显。故曰："大块载我以形，劳我以生。""大块"即指地，实亦可兼指天地；以今语代之，亦可即称为"宇宙"。庄子意，在此宇宙之内，则惟有一气；因于此一气之化而成万形，故曰"万物一体"。万物各占此大化之一分，而自有其化之独，此即其物之真。故《大宗师》又曰：

> 彼方且与造物者为人，而游乎天地之一气。

可见庄子之所谓"造物者"，即指此天地之一气。游乎此天地之一气，此已是游乎方之外，而非是超乎此宇宙，超乎此一气，而别有一上帝或"天"者可与为游也。此实为庄子由十其"万物一体"论之宇宙观所引伸而出之第二新创义也。

五 庄周论宇宙原始

宇宙何由始？此在庄子，不加重视，故颇少论及。《齐物论》有云：

> 古之人，其知有所至矣。恶乎至？有以为未始有物者，至矣尽矣，不可以加矣。

此因庄子主张万物一体，故谓"未始有物"。因凡称为"物"者，皆是假于异物，托于同体，则此宇宙间，实非确有一物或万物之存在；故曰"未始有物"也。庄子又曰：

> 其次以为有物矣，而未始有封也；其次以为有封焉，而未始有是非也。（《齐物论》）

当知庄子意，非谓宇宙间先有一"未始有物"之时期，稍后乃演化出有物，又演化出物与物之封。"封"者，即物物所各自有之封限也。庄子特谓宇宙间根本无物，仅有此一化。然此惟"知之至者"乃知之。其次，知有所不至，始谓宇宙有物，又谓物与物间各有封；即谓物与物间各有其固定之界划与分限也。而庄子则认为宇宙间根本无物，既是根本无物，故物与物间，更无有封。然试问既是根本无物，则又何来有所谓"造物者"乎？故就《齐物论》与《大宗师》两文会合互阐，自知庄子之所谓"造物者"，实非真有一造物者存在也。

《齐物论》又云：

> 有始也者，有未始有始也者，有未始有夫未始有始也者。有有也者，有无也者，有未始有无也者，有未始有夫未始有无也者。

庄子此处之所谓"始"，乃指某一物之始，即所谓"散则成始"之"始"也。若兼论万物，则根本未始有一始。因物各有始，而宇宙总体则无始也，故曰"未始有始"。此即不认有造物主始创此宇宙也。宇宙既是未始有始，则根本亦无所谓"未始有始"，故曰"未始有夫未始有始"。故知庄子之所谓"有"，乃指某一物之"有"而言；庄子之所谓"无"，乃指宇宙间之"未始有物"言。既是未始有物，即是根本无物；既是根本无物，则亦根本无所谓"无"，故曰"未始有无"，又曰"未始有夫未始有无也"。

如上所述，庄子宇宙论，可总括成两要义：一曰"万物一体"，一曰"未始有物"。此两义相足相成。正因万物一体，故曰未始有物也。世俗之言物，则必各有其一物之体，物必各有其个别相异自封之体，乃始得成为物。今既云万物一体，则物与物间，更无各自可以区分而独立之个别体之存在，故曰未始有物也。纵使世俗认为是有物，然有"大知"者，则决不认为是有物，故《逍遥游》描述藐姑射山之神人，而曰：

> 孰弊弊焉以天下为事？

又曰：

> 孰肯以物为事？

当知凡《庄子》书中之所谓"真人"与"神人"，皆不肯弊弊焉以天下为事，及以物为事者也。既不弊弊焉以天下为事，又不肯以物为事，则自不喜儒家之言"仁""义"矣。凡庄子之论人生，其所直承其独创之宇宙论见解而来者，大意具如此。

六　庄周论道论化论命

然庄子所谓宇宙"未始有物"，亦非谓宇宙即是一空虚。庄子特谓宇宙万物，皆一气之化；此一气之化，《庄子》书中特名之曰"道"。故《庄子》书中"道"字，亦与儒家古经典中"道"字涵义大有别。

《大宗师》又云：

> 夫道，有情有信，无为无形，可传而不可受，可得而不可
> 见。自本自根，未有天地，自古以固存。神鬼神帝，生天生
> 地。在太极之先而不为高，在六极之下而不为深。先天地生而
> 不为久，长于上古而不为老。

此节余已屡疑其伪羼，非真出庄子手，然仍不妨姑据以说庄子之本
意。盖此宇宙间虽未始有物，而固有道。天地鬼神，亦皆属一气之
化，故曰皆由道生。若谓宇宙间有神，则此道即是神，于此道外则
更无神。而此所谓"道"者，庄子又谓是：

> 万物之所系，而一化之所待。

盖天地之化，皆待于道；万物之有，皆系于道。而此道之化，究依
循于何种规律而为化乎？在庄子则认为不可知。故《大宗师》
又云：

> 方将化，恶知不化哉？方将不化，恶知已化哉？

又云：

> 化则无常也。

化既无常，故不可知。在此无常而不可知之大化中，庄子理想中之
人生，则只有：

> 若化为物，以待其所不知之化已乎！

"若化"，即顺化，即不违化；庄子又称曰"乘化"。《逍遥游》

所谓：

> 乘天地之正，而御六气之辩，以游无穷者。

此即是"乘化"也。又曰：

> 乘云气，御飞龙，而游乎四海之外；其神凝，使物不疵疠
> 而年谷熟。

所谓"乘云气，御飞龙"，亦是乘化耳。乘化者，无所用心，一切皆安待其所不知之化而随之为化而已；故曰："其神凝。"此乃庄子理想中神人与真人之心理境界，其神凝即真也。后人不了庄子寓言宗旨，因此遂演化出神仙思想。若论庄子本意，则只如《人间世》所云：

> 乘物以游心，托不得已以养中，至矣。

"乘物"亦只是乘化；"化"是一种不可知之不得已，人生则只有托于此种不可知之不得已，而一乘之以游；苏东坡《赤壁赋》所谓："纵一苇之所如，凌万顷之茫然。"人若能深识此理，则神不外驰而内凝，此即庄子之所谓"养中""葆真"也。

《大宗师》又云：

> 求其为之者而不得也，然而至此极者，命也夫。

凡宇宙间，一切不得已而不可知者皆是"命"；实则即是大道之化。此大道之化，则是不得已而又不可知者。此仍是庄子思想与儒家孔门"知天""知命"之学若相异而仍相通之处。惟庄子特拈出一

"道"字新谊，来替代孔门之"天"字；此则是庄子思想由儒家孔门之转手处也。

七　老子书与庄周思想之歧异点

若就上所分析，转读《老子》书，则可见老子思想，显然又从庄子转手，有其相异；而其先后递承之迹，亦有可得而指说者：第一，《老子》书不再涉及于"万物一体"及"未始有物"之一面。二，《老子》书少论物化，故虽重言"道"，而亦少言"化"。三，于是《老子》书中"道"字，乃不复为一种不得已与不可知。《老子》书中之道，乃转为一种"常道"，常道则可知。四，《老子》书不再提及真人与神人，而重仍旧贯，一称"圣人"。盖《庄子》书中之所谓"真人""神人"者，均不以天下为事，而《老子》书中之"圣人"，则仍是有事于天下民物者。此因道既有常而可知，则天下民物仍有可着手处，于是老子思想又转入于积极。故《老子》书必当在庄子后，此即其思想先后递嬗转变一线索也。否则老子既主道有常，确可知，庄子承袭老子，何以又说化无常，不可知？是非承袭，而系翻驳矣；且又不见其所据以为翻驳之痕迹，则何也？且《老子》书中"道"字，其思想路线又何由而来乎？若非籀绎《庄子》，当漫不得《老子》书中"道"字来历。盖庄子言化无常，而老子则认为化有常，两书言"道"字不同者在此；故即就此而言，已足证《庄》《老》两书之先后也。后人习于陈说，必谓老先庄后，于是以《老》解《庄》，而转多失于《庄》书之原意矣。

八　老子论宇宙原始

兹姑拈《老子》书中首章申论之。老子云：

> 道可道，非常道；名可名，非常名。无，名天地之始；有，名万物之母。故常无，欲以观其妙；常有，欲以观其徼。

> 此两者，同出而异名。同谓之玄，玄之又玄，众妙之门。

当知当时主张万物一体论者有两家：一为庄周，主气化言，谓万物假于异物，托于同体，故谓万物一体；又一为惠施，《庄子·天下篇》引惠施"历物"之意，曰：

> 至大无外，谓之大一；至小无内，谓之小一。……大同而与小同异，此之谓小同异；万物毕同毕异，此之谓大同异。……泛爱万物，天地一体也。

此乃就名言称谓之大小异同言。如曰"马"，则马之百体实一体也；如曰"天地"，则天地间万物皆一体也。故后世特称惠施为名家。惠施此等说法，乃深为庄周所不取。今《老子》书开端即云："道可道，非常道；名可名，非常名"，"道""名"并举，显然并承庄、惠两家，而总合以为说。王弼注：

> 未形无名之时，则为万物之始；及其有形有名之时，则为其母也。

弼之此注，乃以"未形""有形"释老子之"无名""有名"，此在《老子》原书亦有据。老子曰：

> 视之不见名曰夷，听之不闻名曰希，搏之不得名曰微，此三者不可致诘，故混而为一。其上不皦，其下不昧，绳绳不可名，复归于无物，是谓无状之状，无物之象，是谓惚恍。（十四章）

然则老子意，似谓天地原始，先有一气混茫，未形无名之一境。老

子又承认万物有随时解体，复归混同之一境。然老子于当前宇宙万
象万物，则确切承认其有个别真实之存在。故《老子》书于利害、
祸福、荣辱、成败种种比对，极为认真；决不似《庄子·齐物》，
以傲忽之态度视之也。故《老子》书中，绝未有如庄周所谓"未始
有物"之一观点，此为庄老两家一绝大相异处。而就老子思路，则
其势必讨论及宇宙原始，此问题亦在《庄子》外杂篇始畅论之。如
外篇《天地》云：

> 泰初有无，无有无名，一之所起，有一而未形。

是也。此等皆承《老子》，而庄周实未尝如此说。则庄在前，老在
后，《庄子》外杂诸篇犹在后，即此一端，亦显可见矣。

又按：惠施之后有公孙龙，亦名家。龙承施说而益变，于是遂
有"离坚白"之新说。何以谓之"离坚白"？公孙龙曰：

> 视不得其所坚而得其所白者，无坚也。拊不得其所白而得
> 其所坚，得其坚也，无白也。（《坚白论》）

是谓目视石，得其白，不得其坚；手拊石，得其坚，不得其白；故
两者皆离而止。是谓"坚"与"白"各是一实，相离而各止其所
也。今老子谓视之不见，听之不闻，搏之不得，三者皆离，特因不
可致诘，故混而为一。是不仅主"视"与"拊"离，抑且主"听"
之与"视""拊"亦离。公孙龙尚具体指"坚"与"白"为说，而
《老子》书又特创"夷""希""微"三个抽象名词，谓天地间万物，
皆由此夷、希、微三者混合而为一。读者试平心思之，岂非《老
子》此章，乃汇合庄、惠、公孙三氏之说以为说乎？亦岂有老子远
在孔子以前，已有"夷""希""微"三别之论，而必远至公孙龙，
始又独承其说，而再为"离坚白"之新说乎？则《老子》书不仅晚

出于庄周，抑犹晚出于公孙龙，亦可见矣。

九　老子论常道

其次老子于"道"之运行，又认为有其一定所遵循之规律，而决然为可知者。故曰：

> 有物混成，先天地生。寂兮寥兮，独立不改，周行而不殆，可以为天下母。吾不知其名，字之曰道，强为之名曰大。大曰逝，逝曰远，远曰反。（二十五章）

庄子仅言道化无常，而老子则曰道必逝，逝必远，远必反，此为大道运行之一种必然规律也。又曰：

> 反者道之动，弱者道之用。（四十章）

道之动，往而必反；道之用，柔弱常胜于刚强。老子即本此而推籀出其人生之新哲理。故曰：

> 物或损之而益，或益之而损。……强梁者不得其死，吾将以为教父。（四十二章）

又曰：

> 天下之至柔，驰骋天下之至坚。（四十三章）

又曰：

> 天之道，其犹张弓与！高者抑之，下者举之，有余者损

之，不足者补之。天之道，损有余而补不足。（七十七章）

故老子乃始知天道之必如此而不如彼，乃始知天道之有常。亦惟圣人为知此道之有常，故圣人乃得为域中之王。故老子曰：

> 夫物芸芸，各复归其根。归根曰静，是谓复命。复命曰常，知常曰明。不知常，妄作凶。知常容，容乃公，公乃王，王乃天，天乃道，道乃久，没身不殆。（十六章）

又曰：

> 域中有四大，而王居其一焉。人法地，地法天，天法道，道法自然。（二十五章）

老子乃始以"人""地""天""道"并称为域中之四大，而万物不与焉。人与万物之在宇宙间，其地位乃迥异。此又与庄周"齐物"显不同。此后《易传》"天地人三才"之说，即从《老子》书转出。盖庄周乃主物化即天道，而人生亦物化中一事，故"人"与"物"齐。老子始谓天道有常，而圣人法天，则人道可以求合于天道，而"物化"一项乃非所重。至《庄子》外杂篇，又始增出"物理"一新观点。此非本篇范围，不详论。

老子又曰：

> 立天子，置三公，虽有拱璧以先驷马，不如坐进此道。古之所以贵此道者何？不曰以求得，有罪以免邪？故为天下贵。（六十二章）

故《老子》书中之圣人，其可贵在知道，在知道之有常，而《庄

子》书中之真人与神人，其可贵在知命，在乘化。庄老两家人生理
想之不同，显由于其对宇宙知识之不同而来。唯其道有常，故知此
常者乃得运用以有求而必得也。老子曰：

> 绵绵若存，用之不勤。（六章）

又曰：

> 道之出口，淡乎其无味；视之不足见，听之不足闻，用之
> 不足既。（三十五章）

又曰：

> 大成若缺，其用不弊；大盈若冲，其用不穷。（四十五章）

故《老子》书特重在知此道之常，而因运用之以求有所得。庄子则
谓化无常，不可知，生有涯，知无涯，以有涯随无涯则殆，故主无
用之用，主不用而寓诸庸。老子则谓：

> 不出户，知天下；不窥牖，见天道。其出弥远，其知弥
> 少。（四十七章）

若以《老子》书旨评骘《庄子》，如内篇《逍遥游》《齐物论》，殆
亦犹如庄周之所讥于惠施者，实亦是"散于万物而不厌，逐万物而
不反"（《天下》），亦可谓"出弥远而知弥少"矣。此尤显见《老
子》书当出庄子后，其意乃承袭庄旨而转深一层说之也。若谓庄本
于《老》，则试问庄子神人，何于《老子》书乃如此其愦愦然？

一〇　老子论化

老子既知道有常，又知道之逝而必反，道之必归复其本始，故《老子》书乃不喜言"化"。因化无常而不可知，化日新而不反，不再归复其故始，而仅以成其独，故为老子所不喜言也。故庄子喜言"观化"，而老子则转而言"观复"。"复"者，即化之复归于常也。今试问：就思想线索言，固当由观化而后知化之必复乎？抑固当先观其复而后始知"复"之为化乎？此则不待言而可决矣。而《老子》书中偶言及"化"字，亦与庄周异趣。老子曰：

> 道常无为而无不为，侯王若能守之，万物将自化。化而欲作，吾将镇之以无名之朴。（三十七章）

又曰：

> 圣人云："我无为而民自化，我好静而民自正，我无事而民自富，我无欲而民自朴。"（五十七章）

然则《老子》书中言"化"字，乃近化民成俗义，非如庄周，乃指天地间一种不可知之大化言也。故庄子曰：化则无常，而老子主有常。盖庄子言化无常，则人生只有安命而乘化，此则与万物无大异。若人之知能知此大化之有常，则人事自有主，固可不下侪于物化。故《老子》书乃不再重言"物"，重言"化"，而回就人事，多所主张；此又是庄老两家之极大相异处也。

一一　老子论象

今问老子又何以知道之有常而化可知？老子乃特创其一套独有的"法象"观。老子曰：

> 道之为物，惟恍惟惚。惚兮恍兮，其中有象。恍兮惚兮，其中有物。窈兮冥兮，其中有精。其精甚真，其中有信。自古及今，其名不去，以阅众甫。吾何以知众甫之状哉？以此。（二十一章）

老子意，大道化成万物，其间必先经过"成象"之一阶段。物有形而象非形。"形"者，具体可指。"象"非具体，因亦不可确指。故曰：

> 大象无形，道隐无名。（四十一章）

然象虽无形，究已在惚恍之中而有象。既有象，便可名。象有常，斯名亦有常。故曰："自古及今，其名不去。"当知此"名"即指"象"，不指"道"。因"道"隐无名，若强而为之名，则曰"大"，曰"逝"，曰"远"，曰"反"。凡此诸名，其实则皆指道之成象者言之也。道之可名，即在名其象；道之可知，亦由知其象。今《老子》书中常用诸名，如"美恶""难易""长短""得失""强弱""雌雄""白黑""荣辱"之类，皆非物名，皆无形体可指，亦皆象名也。物屡变而象有常，故知象则可以知常，知常乃可以知变。即如生之与死，亦一切生物之两象。宇宙生物繁变，而有生者必有死，则为生物之大象。老子曰：

> 人之生也柔弱，其死也坚强。（七十六章）

此又为"生""死"两途之大象。凡生之途皆显柔弱象，凡死之属皆显坚强象。大道之有常而可知正如此。若就各物之具体个别言，则庄生观化之所得已尽之。万物之化，若驰若骤，方生方死，方死方生，如是则岂不化无常而不可知？故庄子曰："言未始有常"，又曰："大辩不言。"（《齐物论》）如是则大道将永远只见其为惚恍不可知，而又何以能阅众甫而知其状？故由庄周之"观化"，演进而有老子之"观复"，正因老子在大道与形物之间加进了一"象"的新观念。此则为《庄》书所未有也。故老子曰：

> 执大象，天下往。（三十五章）

此因宇宙间万事万物，皆无所逃于道之外，亦即无所逃于此"大象"之外也。当知此"象"的一观念，乃老子所新创，此层特具关系，而庄周若未之前知。故《齐物论》仅言不见其形，又曰："有情而无形。"然庄周不知无形者固可有象，形虽万变而象则有常。庄子知不及此，遂永远陷于认"道"为惚恍不可知。可知者，则仅此大化之无常而已。《庄子》书中亦曾言及"象"字，如《德充符》有云："寓六骸，象耳目"，然此处"寓""象"二字，仅如今用偶像义，并非《老子》书中之所谓"象"也。自《老子》书用"象"字，《荀子》书亦屡有之，至《韩非·解老》又特为之说。《解老》云：

> 人希见生象也，而得死象之骨，案其图以想其生也。故诸人之所以意想者，皆谓之象也。今道虽不可得闻见，圣人执其见功以处见其形，故曰："无状之状，无物之象。"

此谓道不可见，而道之成物之功则可见；道虽无形，而道之成物之象则若有形。故圣人大智，由于此道之所已见之功，而想象以得道之形，因知道之大而必逝，远而必反。此虽出于推测想象，而天地大道，则实确有此象也。今试问若庄周在老子后，推本于老子而成学著书，何得于老子所深重认识如"象"之一观念而转忽略之？故庄周虽知有道化，而终不知此道化之有象可寻，又不知此道化之逝

而必反，远而必复。是庄周虽宗老，实可谓不知老之尤也。今若于
《庄》《老》两书比较深论，亦可谓庄子乃仅知于具体处言道言化，
乃不知从抽象中明道知化耳。

在老子后，对老子此一"象"字观念特加发挥阐述者，乃在
《周易》之《系辞传》。故知《系辞传》乃晚周后出书，决非出于孔
子之时也。若谓老子洵在孔子前，《易传》洵出孔子手，老、孔两
家，均已提出此"象"字，作为观化一要点，庄周更不应忽略于
此，仅知观化，不知观象，必待《韩非·解老》，始重对此层，加
以阐述。则庄周何其愚，何其孤陋而寡闻？又何足以谓其有得于老
子之传统乎？故就思想线索定书出之先后，其事虽若渺茫，而实有
其确可寻究之痕迹，可以推论者，如此类是也。

老子因于此"象"字之一观念，而始为宇宙大道之化，籀出几
条所必然遵循之大规律。以今语言之，此乃一种抽象的规律也。宇
宙一切变化，则尽无逃于此等规律之外，故老子曰：

执古之道，以御今之有，能知古始，是谓道纪。（十四章）

执古之道，即犹执此大象也。故在庄周，因于认为道化之无常而不
可知，乃仅求个人之随物乘化以葆光而全真。而老子则认为道化有
常而可知，乃转而重为治国平天下提出一番新意见与新方法，于是
遂有老子所想象之新圣人。故庄周始终对宇宙实际事务抱消极之意
态，而至老子又转而为积极，此又两人之异趣也。

一二　老子论朴

故《老子》书中之"圣人"，乃与《庄子》书中所想象之"真
人""神人"，其处世之意态大不同。《庄子》杂篇《外物》谓："圣
人之所以骇天下，神人未尝过而问焉。"此语承庄子意。郭象之注
则谓："神人即圣人也"，乃混《老子》释《庄》书，实非《庄》书

本意也。《老子》书亦极少言"真"字。老子曰：

> 窈兮冥兮，其中有精。其精甚真，其中有信。（二十一章）

又曰：

> 质真若渝。（四十一章）

此两"真"字，皆非《老子》书要义所在。若求《老子》书中有略相当于庄子所提出之"真"字者，则为《老子》书所用之"朴"字。老子曰：

> 敦兮其若朴。（十五章）

又曰：

> 见素抱朴，少私寡欲。（十九章）

又曰：

> 常德乃足，复归于朴。朴散则为器，圣人用之则为官长。（二十八章）

又曰：

> 道常无名，朴。虽小，天下莫能臣也。（三十二章）
> 万物将自化，化而欲作，吾将镇之以无名之朴。无名之朴，夫亦将无欲。（三十七章）

又曰：

> 我无欲而民自朴。（五十七章）

"朴"乃未成器前之一名，乃一种无名之名也。由人生界言之，朴之前于器；犹由宇宙界言之，象之前于物也。老子曰："复归于朴"，即犹谓复归于无物。"朴"亦即是一种无状之状，无物之象也。故"归朴"亦即是"归根"。老子曰：

> 夫物芸芸，各复归其根。归根曰静，是谓复命，复命曰常。（十六章）

盖宇宙间一切物，变化不居，而总必归复其根，此"根"者，即犹一切成器以前之"朴"。而此"朴"字，又为《庄子》内篇所未及。有之，则惟《应帝王》"雕琢复朴"一见。此"朴"字乃常用义，与《老子》书中"朴"字之为特用义者自不同，此则又不待微辨而可见者。故曰"象"曰"朴"，皆《老子》书中精义所萃，而庄周皆不知，则毋怪于老子之屡言于道之有常与可知，而庄子犹呕叹于化之无常与不可知矣。

一三　从朴与真之分别论庄老两家对德的观念之歧趋

今试再论"朴"与"真"之分别。就庄子意，所谓"真人"，乃属常人之所不可企及者。虽曰"人各有真宰"，虽曰"求得其情与不得，无益损乎其真"，然《大宗师》有云：

> 有真人而后有真知。

则真人固不常有。若非真人，则特如《齐物论》所云：

> 一受其成形，不亡以待尽，与物相刃相靡，其行尽如驰，而莫之能止，不亦悲乎！终身役役，而不见其成功，薾然疲役，而不知其所归，可不哀邪！

此皆一辈无知之常人，不能善保其独化之真者。然由《老子》书言之，则正在此辈无知常人身上，转保守得此一分"无名之朴"。"朴"为人人所本有，亦人人所易保，故曰"我无欲而民自朴"。后之学老庄者，常曰"归真反朴"，又曰"守真抱朴"，不知学老之"反朴""抱朴"则易，而学庄之"归真""守真"则难。后人混而言之，则殊未辨庄老两家之异趣也。

依于庄言"真"，老言"朴"，此两观点之不同，而遂发生庄周与老子关于"德"字观念之异向。《庄子·应帝王》有云：

> 其德甚真。

此"德"即指真言，故有德者，极为庄子所推崇；盖"德"亦非人人之所能具也。如《逍遥游》：

> 之人也，之德也，将旁礴万物以为一。

《齐物论》：

> 昔者十日并出，万物皆照，而况德之进乎日者乎？

《人间世》：

> 名之曰日渐之德不成，而况大德乎？
> 若成若不成，而后无患者，惟有德者能之。

知其不可奈何而安之若命，德之至也。

支离其形者，犹足以养其身，终其天年，又况支离其德者乎？

凤兮凤兮，何如德之衰也！

临人以德，殆乎殆乎！

《德充符》：

游心乎德之和。

是之谓才全……德不形。德不形者，物不能离也。

德有所长，而形有所忘。

《大宗师》：

与乎止，我德也。

以德为循者，言其与有足者至于丘也。

凡内篇七篇所用"德"字，殆皆指修行之德言，此皆非常人所易企。然此实"德"字之常义，毋宁与儒家孔门言德，大义犹相近。而《老子》书中"德"字，则涵义殊不同。如曰：

生而不有，为而不恃，长而不宰，是谓玄德。（十章）

王弼注：

凡言玄德，皆有德而不知其主，出乎幽冥。

据王注，此"德"字，乃指仁恩言。然王之此注，实失《老子》本义。《庄子》外篇《马蹄》有云：

> 彼民有常性，织而衣，耕而食，是谓同德。

又外篇《胠箧》：

> 削曾、史之行，钳杨、墨之口，攘弃仁义，而天下之德始
> 玄同矣。

又外篇《在宥》：

> 大德不同，而性命烂漫矣。

又外篇《天地》：

> 是谓玄德，同乎大顺。

是"玄德"即"同德"也，惟同德乃始是大德。此乃言人人本所具
有之德也。故老子又曰：

> 上德不德，是以有德。下德不失德，是以无德。（三十八
> 章）

又曰：

> 失道而后德，失德而后仁。（三十八章）

又曰：

道者同于道……德者同于德。(二十三章)

常德不离,复归于婴儿。常德不忒,复归于无极。(二十八章)

圣人无常心,以百姓心为心。善者吾善之,不善者吾亦善之,德善。信者吾信之,不信者吾亦信之,德信。(四十九章)

道生之,德畜之,物形之,势成之;是以万物莫不尊道而贵德。道之尊,德之贵,夫莫之命而常自然。(五十一章)

含德之厚,比于赤子。(五十五章)

治人事天莫若啬。夫唯啬,是谓早服;早服谓之重积德。(五十九章)

凡《老子》书中言"德"字,则皆指一种自然之德言,此乃指人之禀赋而谓之"德",其义略近儒家所言之"性"字。故《马蹄篇》亦以常性言同德。后世言道家"德"字,乃多偏据老子,即后世儒家言"德"字,亦多袭取老子义以为言。而不知庄周言"德"字,其涵义实与老子有不同,而转近孔孟儒家之初义也。据老子,则人人全属有德。据庄周,则非真人神人,具大知确有修行者,不得谓有德。盖庄子言"德",犹其言"真",得于真,始可言德,而"真"则非人人可知,故亦非人人可葆。而《老子》书中"德"字则指朴言,"朴"属原始本然,一经人为而反失之。此又两家之异趣也。今若谓庄后于老,则是庄周乃转采孔门儒家义,而特以反老子之本旨,此又无说可通也。

一四 庄子外杂篇言道

根据上所分析,试读《庄子》外杂篇,则有可以确证其书之出《老子》之后者。何以知之?因其用字,多本《老子》,而与庄周违异,故知其必出《老子》后也。如外杂篇颇多沿用《老子》"德"字义,而又以绾合之于儒家之言"性""命"者。在庄周同时,孟子始昌言性善，而《庄子》内篇七篇固绝不一言及"性"。至外杂篇始常言"性""命"，此即外杂篇较庄子晚出一显证。而外杂篇之言"道""德"，则其义犹即言"性""命"也。此皆与《老子》近，与庄子远，则老出庄后，岂不甚显？如《骈拇》云：

> 骈拇枝指，出乎性哉！而侈于德。

此言"德""性"，皆指其禀受之本然言，与《老子》义近。如孟子则特以扩充与可然者言性，此大不同也。又《天地》云：

> 物得以生谓之德。

又曰：

> 性修反德，德至同于初。

如此言"德"，皆为《老子》义。

又《骈拇》曰：

> 天下有常然。常然者，曲者不以钩，直者不以绳，圆者不以规，方者不以矩，附离不以胶漆，约束不以缠索。故天下诱然皆生而不知其所以生，同焉皆得而不知其所以得。故古今不二，不可亏也。则仁义又奚连连如胶漆缠索而游乎道德之间为哉？

此以常然者言道德，又谓其不二不亏。"德不可亏"，其义显本《老子》。

又《马蹄》云：

> 至德之世，其行填填，其视颠颠。……至德之世……同乎无知，其德不离。同乎无欲，是谓素朴。素朴而民性得矣。

又《胠箧》云：

> 子独不知至德之世乎？……当是时也，民结绳而用之，甘其食，美其服，乐其俗。

又《天地》云：

> 至德之世，不尚贤，不使能。

又《缮性》云：

> 古之人，在混芒之中，与一世而得澹漠焉。……当是时也，莫之为而常自然。逮德下衰，及燧人伏羲。……德又下衰，及神农黄帝。……德又下衰，及唐虞。

凡此诸条，皆以自然观点释道德，盖即以禀受于天者为道德也。而又加以一种历史之演进观，于是遂成为世愈古，德愈高，世愈后，德愈衰。此所谓"德"，皆指一种同德言，此乃一种本始之朴也。愈经人为，则愈失其本始，故世愈后，则德愈衰。当知此等意识，皆袭自《老子》，实为《庄子》内篇所未有也。然则老子思想之于世事人为，虽若较庄周为积极，而其道德观、文化观，其历史演进观，则实较庄周尤为消极。则无怪于治《老子》学者之于世事人为，乃转更趋重于权谋术数，转更轻鄙于德教文化，而一切转更于以己私功利为权衡、为向往矣。故庄周颇重个人修养，而老子转向处世权术；此又两家之异趋也。

一五　老子论精

《老子》书言"朴"字，为《庄子》内篇所未及，已如上述。而《老子》书又屡言"精"字，亦《庄子》内篇所未有也。《庄子》内篇言真言神，而"精"字惟《德充符》一见，曰："外乎子之神，劳乎子之精"，仅此而已。《人间世》又云："鼓筴播精"，此"精"字作米粒解，乃"精"字之本始常义，可勿论。至《老子》书始重言"精"字。如曰：

> 窈兮冥兮，其中有精。其精甚真，其中有信。（二十一章）

此处"精"字为一具体名词，而"真"字则为一形容词。"精"字之涵义与其地位，显为超出于"真"字之上。此谓"精"者，乃谓是道中有精。大道之化，虽若不可知，而若果能认出此道中之精，则精属不可化，而大道之化，于是亦为有常而可知矣。又老子曰：

> 含德之厚，比于赤子。蜂虿虺蛇不螫，猛兽不据，攫鸟不搏，骨弱筋柔而握固，未知牝牡之合而全作，精之至也。（五十五章）

故知《老子》书中言"精"，犹之其言"朴"也。太古之世为至朴，而赤子之德为至精，此皆指其禀赋之德之原始最先状态言，愈原始则愈可贵。故《老子》书中言"赤子"，即犹《庄子》外杂篇之言"至德之世"也。当知老子所言之赤子，亦与庄周内篇所想象之真人神人大不同。盖庄子理想中之真人神人，皆由极深修养来，而赤子则自然含德，不待修养也。

后世道家，常喜言"精气"。盖庄子言"道"，特指此一气之化；而《老子》书中言"精"，则指此一气之分析之至于极微相似

处，此如米粒之精，一一无别。盖气虽万化各异，而就其最先原始
处，为万化各异之大本者，则实至微相似，因此而谓之"精"；故
气至于精则不复可化。若其犹可化，则犹是其粗，仍不得谓之
"精"也。惟其气之有至精不可化处，故化亦必有常，德亦必有同。
故庄子言"真"，乃指其气之"独化"言；而老子言"精"，则指其
化之"同归"言。此又两家之异趣也。

推老子之意，亦可谓气化成形之前，先有"精"之一阶段，此
犹如道之在成物之前，有"象"之一阶段也；此证《老子》书较庄
子为晚出。故就庄子"一气化成万物"之粗略观念而更深、更细求
之，于是在成形之前有"象"，在成物之前有"精"；而即于此
"象"与"精"之中而籀求此大化之万变无常中之不可变而有常者
以为知。此等皆思想之递禅推演，有其先后线索之可明白指证者。
若谓庄在老后，则庄子既师承老子，不应如此心粗，于老子此等层
次细密处，漫不经心，而仅摭拾其粗浅皮毛，轻为汗漫放荡，而大
肆其缪悠之谈也。

又按：《庄子》外篇《刻意》有云：

> 一之精通，合于天伦。

郭象注：

> 精者，物之真也。

此处郭注，亦以《老子》释《庄》书。在郭象之意，认为《老子》
书中"精"字，即相当于《庄子》之"真"字，而不知其间实有
辨。庄子只谓万物皆假于异物以成体，独其所不假于异物者，乃确
然成为此物之真；此惟物本身之"独自演化"之此一经历过程为然
耳。故《庄子》书中之真字，乃指"化"而言；乃指万化之各自有

其单独而互不相似之过程言；乃指此种过程之为各一物所特有而不可相移借言。而老子则谓："万物负阴而抱阳，冲气以为和。"（四十二章）万物皆成于气，此意承庄子；惟老子又进一层而指出此气之可经分析而至于其终极，达于一种极微相似之点始曰"精"。此气之精者，乃气之最先状态，此则更不化。宇宙一切万物，则皆必有得于此气之精而始成其为物焉。故《庄子》书中言"真"，乃指万异之化之各具一段独特之经历与过程；此一段独特之经历与过程，乃专成其为此物之化，而更不重见于他物者。惟此亦即是此物之所以成其为此物者，故特名之曰此乃其物之真也。故庄子"真"字之内涵义，为"化"，为"卓"，为"独"。而《老子》书中"精"字之内涵义则为"同"，为"德"，为"不化"，为"有常"，为"可信"。故"真"则无常，"精"则不变；此则又庄老两家之意趣大异处也。

故《庄子》书每以"真"与"神"并言；真则神矣，"神"即化之独特而不可知者也。而道家自老子以后，则每以"精"与"神"并言。然则《庄子》内篇之所言"神"，亦自不得不与老子以后所用"神"字之涵义有分别。盖庄子乃以"乘化葆真"者为神，而老子则以"守精袭常"者为神；此又其相异也。凡此必会通并观于《庄子》内篇七篇与《老子》五千言之立言大旨，而始可以微辨而得之。幸而此两书具在，好学深思之士，就吾说以求之，将自见其分别之判然耳。

至《庄子》外杂篇屡屡言"精""神"字，则大率本诸《老子》，与《庄子》内篇不同；即此可证《庄子》外杂篇之更属晚出。此一论题，当另为专篇阐释之，而特粗发其大较如上述焉。

一六　天下篇对庄老两家之评判

上之所论，因于庄老两家对于宇宙观念之不同，而牵连及于人生态度之相异。若粗略言之，亦可谓庄子乃重体而忽用，老子则主明体以达用者；亦可谓庄子乃主"无用之用"，而老子则主"无为而无不为"。此之分别，余前论庄老两家政治思想，已粗及之。惟此义古人知者甚多，故汉人常言黄老，少言老庄，及魏晋以下人，始兼言老庄，而亦不再言黄老。此证古人之确知有此分别也。实则庄老之有别，《庄子·天下篇》早已明白举出，兹再略加申释，以终我篇。

《老子》书既晚出于庄周，则《天下篇》决非出于庄子亲笔，此层可不论。此篇盖出晚周以下，百家纷歧，已臻烂熟衰败之象，故《天下篇》作者，乃颇向往于古昔王官之学一统之盛，而深慨于后起百家之各持一端，所谓"道术将为天下裂"也。其言曰：

> 古之所谓道术者，果恶乎在？曰：无乎不在。曰：神何由降？明何由出？圣有所生，王有所成，皆原于一。不离于宗，谓之天人；不离于精，谓之神人；不离于真，谓之至人；以天为宗，以德为本，以道为门，兆于变化，谓之圣人。

又曰：

> 古之人其备乎！配神明，醇天地，育万物，和天下，泽及百姓。明于本数，系于末度，六通四辟，大小精粗，其运无乎不在。

是谓古之所谓"道术"者，乃通天人，兼本末，内圣、外王，一以贯之也。其称庄周则曰：

> 寂漠无形，变化无常：死与！生与！天地并与！神明往与！芒乎何之？忽乎何适？万物毕罗，莫足以归。古之道术有在于是者，庄周闻其风而悦之。

又曰：

> 独与天地精神往来，而不敖倪于万物。……彼其充实不可
> 以已，上与造物者游，而下与外生死无终始者为友。其于本
> 也，弘大而辟，深闳而肆；其于宗也，可谓调适而上遂矣。虽
> 然，其应于化而解于物也，其理不竭，其来不蜕，芒乎昧乎，
> 未之尽者。

细籀此节之文，盖谓庄周之学，已得其宗本，内圣之道已备，而应
化外王，其道虽自内圣出，而其理不竭，其来不蜕，故若芒昧犹未
之尽，则尚有待于后起者之得其旨而善为推阐引申以运用之。此即
吾所谓庄子之学，乃重于"明体"而略于"达用"也。

至其论老聃、关尹，则曰：

> 以本为精，以物为粗，以有积为不足，澹然独与神明居。
> 古之道术有在于是者，关尹、老聃闻其风而悦之。建之以常无
> 有，主之以太一，以濡弱谦下为表，以空虚不毁万物为
> 实。……关尹、老聃乎？古之博大真人哉！

是《天下篇》作者之意，乃特深赏于关尹、老聃之善于为用，而其
于本宗之上达，则独若有所不足焉。故王船山曰："赞之曰真人，
意其未至于天。"（《庄子解》）又曰："庄子之学，是以不离于宗之
天人自命，谓内圣外王之道，皆自此出。于此殿诸家，为物论之归
墟，而犹自以为未尽，望解人于后世，遇其言外之旨焉。"王氏此
解，可谓妙得《天下篇》之作意，惟谓此出庄子亲笔，则微误耳。

盖庄周意尚尊天，至《老子》书始解析天道，一以归于法象与
术数。故《天下篇》作者，不免于老有微辞也。然则就《天下篇》
作者之意，关尹、老聃，虽于百家为杰出，要亦仍在百家之范围，

此亦无当于"备天地之美，称神明之容"，而惟庄周为始足以当之也。

或疑《天下篇》独称关尹、老聃为古之博大真人，即证老子年世之早。然就《天下篇》全文通观，先叙王官之学在前，即所谓"古之道术"也。次叙邹、鲁之士，缙绅先生，不以与此下诸家为伍，则以儒术犹守王官旧统，而庄周之学，则本承儒起也。又其次乃列述百家，而先墨翟、禽滑厘，则墨家本系紧承儒家而起也。叙关尹、老聃于庄周之前，此未必即谓庄周后起于尹、聃；即如其前举宋钘、尹文、彭蒙、田骈、慎到，凡此诸家，亦何尝皆出庄周前？诸人中，惟彭蒙年世无可详稽，大略当略前于庄周。余诸人，皆与庄周略同时，而卒年且均在庄后。则《天下篇》作者，固不谓老先于庄，显矣。又于庄周之后独举惠施。施之年辈，较庄尚略前，且又早达，若依时序，固当惠先庄后；所以特序于篇末，则因施、周同时，又同为主张"万物一体"，两人持义最相近，亦最见其相违，故独承于周而论之也。然则所谓"古之博大真人"，仍亦有闻于"古之道术"而起，又乌得拘泥此一字，而谓其年世之必远越夫百家之前乎？

盖《天下篇》作者，既不满于晚周百家之纷歧，而上希古之道术，乃主"内圣外王"，绾百家于一统，而独举儒术，谓其犹守前矩，而自墨以下，始开百家之新局。则其于古代学术衍变递传之大体，固犹心知其意；不似后代人，昧失本真，乃转谓老子开诸子百家之先河，而谓其书犹远出孔、墨之前也。

一七　荀子对庄老两家之评判

荀子犹前于《天下篇》，而且评判庄老两家，亦较《天下篇》为明彻。《解蔽篇》曰："庄子蔽于天而不知人。"盖庄子谓"天"不可知，则惟有乘化随顺也。其《天论篇》则曰："老子有见于诎，无见于信。"盖老子主"天"有常道，为可知，故老子转重人事。

在老子意，天道虽若循环，逝而必反，往而必复，而人力实可斡旋。使有圣人者善处之，则可以常得而弗失，常成而无败，常居福利，而避祸害焉。杨倞曰："老子著书五千言，其意多以屈为伸，以柔胜刚。故曰见诎而不见信也。"此说得之矣。而荀子犹不以老子为足，故有《天论篇》，曰："错人而思天，则失万物之情。"又曰："百王之无变，足以为道贯。"盖老子犹曰"地法天，天法道"（二十五章），荀子承老子而益进，乃仅主"法王"，不主"法天"；道贯即在圣王，故法王遵道，乃可以胜天也。读者试就孟、庄两家比观之，又就老、荀两家比观之，自见时代相近，则其议论意见，有相似而相通者。固不当专一于儒、道两家之分别以为观也。

一八　略论当时各家学说思想流布之情况

继此有一义犹当略说者，即当时各家学说思想流布之情况，其事盖有远出于后代人之所想象，而骤难明指确说者。即如《老子》书，论其成书年代，既当在庄周后，荀况前；然庄周之与荀况，虽其先后辈行显然可序，然亦固可谓之为并世，盖其年世相隔，殊不甚远。然则《庄子》成书，必当即刻流布，《老子》书之作者，殆已见《庄子》之内篇，而《老子》成书，亦必即刻流布，而已为荀子所见。故荀子之批评庄老，精审不苟。而荀子弟子韩非亦已见及《老子》书，其同时吕不韦宾客著书，亦均见及《老子》书，而《庄子》外杂篇作者，殆亦必见及《老子》书无疑。而论其时间，相隔皆甚近。然则虽在先秦，其时著作之流布，学说思想之传达，必甚便利；其情况实无异于后代。抑且又可推想者，此等著书立说之士，其平日生活，殆必甚优裕，并各有许多弟子门徒；各家各派间，必各有其自己之学术集团；又其相互间，声气极相流通，其言辨往复，必甚活泼畅遂。此事所涉既甚广，当博搜自孔、墨以下各家各派之成书立说及其相互影响之事实而细心推论之，始可显出当时学术社会情况之一斑。此则已非本文范围所能包。然若谓老子乃一隐君子，骑青牛，度函谷，关尹强之著书，乃始成此五千言；而其书隐晦不彰，历孔、墨以下，迄于庄周，时逾二百年，乃始获睹其书而传述之；此则必非当时之真相。此乃自各方面推论而可知其必不如此也。窃恐读余此文者，或将疑及如我此文之所述，则当时各学派思想流布及其相互影响之情况，何以得如此畅遂活泼、息息相通，若更有过于后代之所见，此层只可更端另论，而姑先发其大意于此。

（此稿成于一九五五年冬）

释道家精神义

　　"精神"二字，自先秦沿用迄于近代，成为中国一惯常习用语。近人至谓中国为精神文明，欧西为物质文明。盖分"精神"与"物质"为对立之两观念，在中国思想界，确有渊源，非出晚近世而始有也。本文特就"精""神"二字，考究其来历，分别阐释其最先之涵义，又约略踪迹其演变，此亦中国思想史上一特有观念，为治中国思想者所必当注意也。

考使用"精神"二字，其事实始于道家，而犹晚出于庄周与老聃。今先就庄周、老聃书考之，则最先"精""神"二字，乃分别使用之，其涵义亦不同。兹仍鄙见，先庄周，次老子，惟《庄》书则仅据内篇七篇言。

一 庄子内篇言精字义

《庄子》内篇"精"字仅两见：一见于《人间世》，曰："鼓筴播精。"司马彪曰："简米曰精。"许氏《说文解字》亦曰："精，择米也。""简"即简择义，简择米粒之完整而洁白者，故引伸有精白义，有精明义。如拨云雾而见青天亦曰"精"，《韩诗》于"定之方中"云："星精也"，《史记·天官书》："天精而见景星"，《汉书·李寻传》："日月光精"，皆是也。又引伸为精粹义。《汉书·刑法志》："聪明精粹，有生之最灵者也。"又精洁义，简择米粒，使一一皆完整、洁白。大小既略相等，故又引伸为精一义，精专义。《管子·心术》："中不精者心不治。"于是此"精"字乃应用及于对心理状态之形容。而求其语源，则皆由"简择米粒"之本义而引伸也。

《庄子》内篇《德充符》又云："外乎子之神，劳乎子之精"，此处"精""神"二字对文互用，若近以后所常用之精神义。然就《庄子》原文言，"精"即指用心之专一，故《庄》书所谓"劳精"，亦犹孟子所谓"劳心"耳。

此一"精"字之用法，稍后见于荀子之《解蔽篇》。其文曰：

> 空石之中，有人焉，其名曰觙。其为人也，善射以好思。耳目之欲接，则败其思；蚊虻之声闻，则挫其精。是以辟耳目

之欲，而远蚊虻之声，闲居静思则通。思仁若是，可谓微乎？

此处"精"字，显见为精思义。"精思"即用思专一也。故下文又曰：

> 辟耳目之欲，可谓能自强矣，未及思也。蚊虻之声闻则挫其精，可谓危矣，未可谓微也。夫微者，至人也。

此处"精"字，显指精思，即用思之专一。可见荀子此文用"精"字，实与《庄子·德充符》语意相通。庄子之讥惠施曰："天选子之形，子以坚白鸣"，即指惠施之精思专一于"坚白异同"一问题也。

而荀子此文，有更可注意者两点：一则此文用"至人"二字，显为承袭庄周；二则此文用"危""微"二字，亦皆指用心工夫。上文论舜之治天下有云：

> 处一危之，其荣满侧；养一之微，荣矣而未知。故《道经》曰："人心之危，道心之微。"危微之几，惟明君子而后能之。

王念孙曰：

> 舜身行人事，而处以专一，且时加戒惧之心，所谓"危之"也。惟其危之，所以满侧皆获安荣，此人所知也。舜心见道，而养以专一，在于几微，其心安荣，则他人未知也。

证以下文："蚊虻之声闻则挫其精，可谓危矣，未可谓微也"，是谓用心于处人事，虽其心常警动，所谓"朝惕夕厉"，故曰"危"。孟子曰："孤臣孽子，其操心也危，其虑事也深。"（《尽心》）可见用心能危，亦为孟子所赞许；然亦仅止于处人事而已耳。至于能用其心于处道，则不仅"危"，而抑且"微"。因其用心工夫，乃为人所不易见。如"思仁"即是用心于道，此即所谓"道心"也。惟无论其用心之危或微，无论其用心之在人事或道，要必闲居静思乃通，因闲静乃易使心专一也。然则荀子此文用"精"字，乃指其用思专一言，更无可疑。东晋梅赜伪《古文尚书》采用《道经》"人心惟危，道心惟微"二语，而增之曰："惟精惟一，允执厥中。"惟其危与微，故必"精"与"一"。下及宋儒，特喜此四语，称为尧舜传心十六字诀，而分别"人心"，谓指人欲；"道心"，谓指天理；此在《荀子》原书，并无此意。抑且"危"字之训，亦非原义，较之《道经》本旨，相距殊远矣。

上释"精"字义，又可以《庄子》外篇《达生》为证。《达生》篇云：

> 仲尼适楚，出于林中，见痀偻者承蜩，犹掇之也。仲尼曰："子巧乎？有道邪？"曰："我有道也：五六月累丸二而不坠，则失者锱铢；累三而不坠，则失者十一；累五而不坠，犹掇之也。吾处身也若厥株拘，吾执臂也若槁木之枝。虽天地之大，万物之多，而唯蜩翼之知。吾不反不侧，不以万物易蜩之翼。何为而不得？"孔子顾谓弟子曰："用志不分，乃凝于神，其痀偻丈人之谓乎？"

此所谓"天地之大，万物之多，而惟蜩翼之知"者，即荀子所谓"辟耳目之欲，远蚊虻之声"，亦指其用心之专一也。用心专一，即是用心之精，惟其用心精，乃得"凝于神"。此"神"字亦指心知作用言；凝于神，即是使心知凝聚，则仍谓是用心专一也。用心专一，使心知凝聚，而人心功用乃可达至于一种最高境界，此即谓之

"神"矣。故《荀子·解蔽篇》亦曰："心者，神明之主也。"下至
宋儒，常喜言"敬"，其实"敬"亦是用心专一耳。惟《达生篇》
用意，所由异于荀卿者，《达生篇》即以痀瘘丈人之专一用心于承
蜩而谓此亦是道，荀子则不认空石之人之专一用思于射者而谓其即
是道，乃谓此等用心，仅属人事小技，故亦仅可谓之是"人心"。
"人心"之运用，虽其极达于警惕悚动，亦仅可谓之"危"，而不得
谓之"微"。用心危者，其事显见，尚为人所易知，因其就于事而
动其心，尚有迹可寻，有隙可窥，故曰危矣，而不得曰微也。惟能
用心于道，如思仁，乃与思射异。思仁不因事而转动，既无迹可
寻，亦无隙可窥，《中庸》之所谓"无声无臭，至矣"，庶乎近之。
故不仅是危，又且是微。因其事隐，为别人所不知，故《中庸》又
云："是以君子慎其独。""慎独"之"独"，即道心之"微"也。盖
"独"者人所不知，故独始微矣。《易大传》亦曰："思之思之，鬼
神通之。"鬼神通之，即犹《庄子》外篇之所谓"凝于神"。惟一则
以思射思承蜩者皆为道，而一则必以思仁思义者始是道；一则以此
等用心工夫为"圣人"，而一则以此等用心工夫为"神人"。此后宋
儒始改言"主敬"，又曰"主敬即是主一工夫"；然必主一在天理
上。主一在天理上，始是主一在道上，而非主一在事上。此即"道
心""人心"之所由判。此亦是儒、道疆界一分别所在也。

《庄子》外篇《达生》之说，又颇似承袭内篇《养生主》之义
而来。《养生主》庖丁为文惠君解牛，其对文惠君之言曰：

> 臣之所好者，道也；进乎技矣。始臣之解牛之时，所见无
> 非牛者。三年之后，未尝见全牛也。方今之时，臣以神遇，而
> 不以目视。官知止而神欲行。依乎天理，批大郤，导大窾，因
> 其固然。

此处庖丁自认其解牛为有道，即犹如痀瘘丈人之自认其承蜩为有道

也。荀子乃儒家，固不认此等为道。此犹如后代禅宗祖师，即以运水搬柴为道，而宋儒不加认可。是其分别所争，前后如一辙。今若专以其用心之专一言，则庖丁之解牛，亦可谓之用心专一矣。惟其用心之专一，故能"官知止而神欲行"。所谓"以神遇"，即是"用志不分，乃凝于神"也。其曰"官知止"，即是"辟耳目之欲"也。庄子之所谓"官知"，即犹如宋儒之言"人欲"矣。孟子曰："耳目之官不思，而蔽于物；物交物，则引之而已矣。心之官则思，思则得之，不思则不得也。"（《告子》）庄子之不重耳目官知，与孟、荀同。惟孟、荀皆重思，而庄子则贵能以神遇，又称之曰"神欲"。惟能以神遇，以神欲行，如此始得"依乎天理"，而不出于"人欲"。在庄子之意，不仅不凭于官知，抑且不凭于思；故惠施之精思，乃为庄子所不满。至于孟、荀论用心，则必重思，抑且惟心为能思，耳目之官则不能思。庄子曰："官知止"，则并心之思而不用，并心官之能思者而亦停止其作用。至此境界，乃可曰"以神遇"。在庄子之意，惟能以神遇者始可得天理。"天理"二字，其实亦始见于庄子之此文。孟、荀则重言"道"；其于心知，重思不重神。下至宋儒，明道言"识仁"，又曰："识得此理，以诚敬存之"，此亦嫌如不重思。至伊川乃始补出一"思"字，而晦庵承之，其言格物穷理，皆贵"思"。然则贵"思"之与贵"神"，又是儒、道一疆界矣。

二 庄子内篇言神字义

根据上述，阐释"精"字，而已连带涉于"神"字。惟能用心专一即是神。然"用心专一"，非是"用思专一"，此则庄子、荀卿两家之分歧点，所当明辨者。故庄子"神"字，亦指一种内心状态言，亦为心理状态之一种形容辞；亦可谓是心理境界之一种名号称谓。人之用心，能达此境界，有此状态，则亦可谓之曰"神人"。兹请继此稍加以申述。

盖庄子之所谓"神人"者，如内篇《养生主》外篇《达生》，上之所称引，实皆本于求为养生之道，故庄子之言神人，其实亦为能养生而得道者言也。故内篇《逍遥游》有云：

> 藐姑射之山，有神人居焉：肌肤若冰雪，绰约若处子；不食五谷，吸风饮露，乘云气，御飞龙，而游乎四海之外；其神凝，使物不疵疠而年谷熟。……之人也，之德也，固将旁礴万物以为一，世蕲乎乱，孰弊弊焉以天下为事？之人也，物莫之伤；大浸稽天而不溺，大旱，金石流、土山焦，而不热。……孰肯以物为事？

据此，则庄子之所谓"神人"，实即不用心于人事者。故曰："孰弊弊焉以天下为事"，又曰："孰肯以物为事。"惟其能不用心于人事，故神人者，即用志不分，而得心知凝聚，故曰"其神凝"，故谓之为"神人"也。亦惟其心知凝聚，即其神之凝，故外物莫之能伤。甚至大浸不溺，大旱不热，乃至于无需食五谷，仅吸风饮露而已得养其生。后世神仙思想，皆从庄子此等意见来。而庄子之初意，则在教人能用心专一，不分驰于外物，而保全其神知，故亦不凭人身五官之知为聪明耳。故庄子意，苟其人能用心专一，即已是专一于道也。故在孟、荀儒家，心知之最高作用厥为"思"，惟思乃能达道；道者，超于事物，而亦不离于事物。至于庄周，其理想中心知之最高境界，并不有思，而独知孤明，此即谓之"神"。惟"神"乃能与"天"遇。与天遇，则无事无物，而莫为之害矣。此最为儒、道两家言心知之相歧处。

庄生之意，仍可证之于外篇之《达生》。其言曰：

> 子列子问关尹曰："至人潜行不窒，蹈火不热，行乎万物之上而不栗，请问何以至于此？"关尹曰："是纯气之守也，非

知巧果敢之列。居！予语女。凡有貌象声色者，皆物也，物何以相远？夫奚足以至乎先？是色而已。则物之造乎不形，而止乎无所化，夫得是而穷之者，物焉得而止焉？彼将处乎不淫之度，而藏乎无端之纪，游乎万物之所终始。壹其性，养其气，合其德，以通乎物之所造。夫若是者，其天守全，其神无郤，物奚自入焉？夫醉者之坠车，虽疾不死：骨节与人同，而犯害与人异，其神全也；乘亦不知也，坠亦不知也，死生惊惧，不入乎其胸中，是故遻物而不慑。彼得全于酒而犹若是，而况得全于天乎？圣人藏于天，故莫之能伤也。”

是庄子理想中之圣人，实即是神人也。所谓“圣人藏于天”，其效则为物莫能伤。何以使物莫能伤？庄子之意，谓人能心不在物，斯物莫之能伤矣。此事于何证之？即证之于醉者之坠车而不死；因醉者心不在坠也。醉者乘不知乘，坠不知坠，此谓之“其神无郤”。“郤”犹“隙”也。乘车之与坠车，其事变之间必有隙，惟醉者不知其有变，故其心知亦若无间隙焉，故曰“其神无隙”。故知庄子此处所用“神”字，即指人之心知言。心知无隙，即后来禅宗所谓“前后际断”，又即宋儒之所谓“打成一片”也。目知视，耳知听，此皆官知，官知则止乎物，孟子所谓“物交物，则引之而已”。《管子·宙合篇》亦云：“方明者，察于事故，不官于物而旁通于道。”“不官于物”，即是不凭官知，不止于物以为知也。“方明”即是旁通于道，不以一曲知，而以大方知，故曰“方明”。是即“神知”也。惟有神知则能不止乎物；心不在物，故物亦莫能加之以伤害。今试问：人又何以能使其心不在物，而达于神知无隙，而不止于物乎？庄子则曰：此须“游乎万物之所终始”，“通乎物之所造”，此即庄子之所谓用心专一于道也。今试问：人又何以能用心专一于道？就其浅显可指导人者，其先则莫若能使之用心专一，系于一物，如痀瘘丈人之承蜩，牢系吾心于承蜩之一事，而遂能忘却其他之万物，是亦足以使其心知凝于神而得近乎道矣。庄子之以"承蜩"为有道，亦犹后世禅宗之即以"运水搬柴"为有道也。实则此皆系心一物之道耳。惟其系心一物，故能尽忘万物；惟其专心一知，故能尽弃余知。然则人心之至于"神"，不仅无思，亦且无知，乃始谓之"神"耳。

《庄子》内篇曾屡言神人之"物莫之伤"，如《齐物论》：

> 王倪曰："至人神矣！大泽焚而不能热，河汉冱而不能寒，疾雷破山、风振海，而不能惊。若然者，乘云气，骑日月，而游乎四海之外，死生无变于己，而况利害之端乎？"

死生无变于己，是亦指其神知之无隙也。神知无隙，其实则犹如"无知"耳。惟内篇就其"游心于道"言，外篇如《达生》，则退就其"系心一物"言，此其异。

《庄子》内篇言神人，又言真人；"真人"则亦犹"神人"也。《大宗师》云：

> 且有真人而后有真知。何谓真人？古之真人，不逆寡，不雄成，不謩士。若然者，过而弗悔，当而不自得也。若然者，登高不栗，入水不濡，入火不热。是知之能登假于道也若此。

可见庄子理想中之所谓"真人"与"神人"者，顾在其运用心知之如何耳。若能不凭官知，不止于物以运用其心知，使知不止于物，乃始所谓"真知"；故能登高不栗，入火不热也。登高而不知其高，入火而不知其热，知不在物，而非无知；是谓其能登假于道矣。此之谓"神人"，即"真人"矣。故又曰：

> 古之真人，其寝不梦，其觉无忧，其食不甘。

此无他，皆能不止于物以用心耳。不止于物之知，乃成为孤明独照，斯乃庄子之所谓"神"；所谓"真知"也。

惟《庄子》内篇，殊不言"心系一物"。盖心系一物者，犹之佛家之所谓"方便法门"，而非"究竟法门"也。若论究竟法门，则必心无所止，心不系物，尽忘万物而后可。何以能尽忘万物？则必游乎万物之所终始，通乎物之所造，此即尽忘万物而达乎道矣。凡《庄子》内篇之所言，大率皆属此等境界，则皆究竟法门也。《德充符》有云：

> ……而况官天地，府万物，直寓六骸，象耳目，一知之所知，而心未尝死者乎？彼且择日而登假，人则从是也。彼且何肯以物为事乎？

所谓"择日而登假"，"登假"即"登退"，是即为神人矣。故此条虽不言神人，而仍是言神人也。神人之用心，在能一知之所知。何谓"一知之所知"？此即知不止于物，不加分别，而心未尝死；则仍非一无所知，非真无分别也。此犹佛家所谓："无分别心，有分别用。"有分别用，故有知；无分别心，故其所知若一。此等之知，乃所谓"神知"。庄子曰："有真人，而后有真知"，亦可谓为神人必有神知。则神人之所以异于常人者，岂不亦在其心知乎？

故凡《庄子》内篇言"神"字，皆异乎原始所谓"鬼神"之旧义；庄子特赋"神"字以新解。庄子之所谓"神人"，其人则仍在人间世，其生活仍属人生界，惟在人生界中而有其理想中之所谓"神人"者。神人之异于常人，则特在其用心运知之不同。内篇《人间世》又曰：

> 夫徇耳目内通，而外于心知，鬼神将来舍，而况人乎？是万物之化也。

夫曰"徇耳目内通",则外面事象物态,一一经历耳目之官而通入
于内心,其心固未尝无知也。耳知听,目知视;视知色,听知声;
既徇耳目内通,故曰未尝无知。然又谓"外于心知",则何也?此
谓视听不止于视听,声色不止于声色;有所知而不加分别。如此则
能一知之所知,而鬼神来舍矣。此处"鬼神"字,似是援用原始
"鬼神"之旧义,谓鬼神来舍于其心,即犹谓其心知如神也。其心
知如神,乃始是"真知"。凡"神知"之所知者,则知合于万物之
化,而能不止于物物间。此其义,庄子又深阐之于其所谓"心斋"
之说。《人间世》又云:

> 一若志!无听之以耳,而听之以心;无听之以心,而听之
> 以气。耳止于听,心止于符。气也者,虚而待物者也。唯道集
> 虚;虚者,心斋也。

此文不见"神"字,其实亦仍是言神。人苟能虚其心而听之以气,
即其心自神而为道所集也。后来宋儒言敬,亦谓"心中无一事"。
心中无一事,即是"虚",此犹庄子之所谓"惟道集虚"也。惟宋
儒必曰:"主一之谓敬,主一是主在天理上",然则宋儒与庄周之所
异,仍异在其对于"道"字之观点上。故在庄周仅主"主一",而
宋儒必主此"一"是"天理"。至于其所以运使心知之方法,则宋
儒之与庄周,实无大异也。

在庄周之意,何以能使其心虚而待物?则必先能外忘万物而后
可。内篇《大宗师》女偊之答南伯子葵,告其所以告于卜梁倚以学
道之方者,其言曰:

> 卜梁倚有圣人之才,而无圣人之道。我有圣人之道,而无
> 圣人之才。……以圣人之道告圣人之才,亦易矣。吾犹守而告
> 之。参日而后能外天下。已外天下矣,吾又守之七日,而后能

> 外物。已外物矣，吾又守之九日，而后能外生。已外生矣，而后能朝彻。朝彻而后能见独。见独而后能无古今。无古今而后能入于不死不生。

此所谓"外天下""外物""外生"，易言之，即是将此天下万物生死，一切外于心知也。凡所谓"天下"与"物"与"生"，此皆必呈现于人之心知而后始见其为有。人若能使此一切外于心知，即能不见有天下、有物、有生。然此特不见其有此诸分别耳，非真若土块然，而其心一切无知无见也。人心能外于此诸见，乃始能见"独"；能见独，即是只见有天，有化，而不见有物。既有见，故曰"心未尝死"。能见"独"，故谓之"神人"也。

庄子之所谓"独"者：盖庄子谓万物尽在一大化中，此一大化，形成万化，万化各独，而同是此一大化；人心之知，未必能外知此大化之全，却能内知此万化之独，庄子称此曰"独化"。独化即其物之真，亦即其物之天，亦即其物之神。故"化"与"天"，就《庄子》书论之，皆指此大化之体之外在者而言也。"独"与"真"与"神"，则亦指此大化之体之内在而呈现于心知者言。故《大宗师》又曰：

> 彼特以天为父，而身犹爱之，而况其卓乎？人特以有君为愈乎己，而身犹死之，而况其真乎？

郭象注："卓者，独化之谓。"今按："真"字、"卓"字皆从"匕"，皆指化。此化体，虽若在外，而实亦得之于己，而可以内在心证者。《齐物论》所谓"若有真宰"，又曰"其有真君存焉"，此真宰真君，则皆指此独化之体，即所谓"卓"者之内在于吾身者也。所谓"见独"，即指见此卓，见此真。人心之有知，常以知外在之物。人若能外于心知而知，知于其内在己身之独化，斯能见于此内在之真君与真宰；如是始谓之"见独"，始得谓之"真人"与"神人"也。人若能精于用心，外忘一切，而惟此真君真宰之为见，惟此独与卓之化体之内在于吾身者之为见，则所见无内无外，惟此一化，惟此一独。既已浑忘内外，而所知达于此唯一之"独"体，则所知亦即是此大化也。如此则自然不见有所谓外物之害己。用心工夫至此，则可谓精而达于神矣。大凡《庄子》内篇"精"字与"神"字义，当分别说之，具如上所述。

三　庄子书言精神二字与儒家言齐圣二字之比较义

而余考《庄子》书言"精""神"二字义，有可与儒家古经典之言"齐""圣"二字义，比较阐说者。《国语·周语》："其君齐明衷正"，注："齐，一也。""精"训"精一"，"齐"训"齐一"，两字义训，正可相通。人能用心齐一则明，故连文曰"齐明"。《荀子·修身篇》："齐明而不竭"，《戴记·中庸》："齐明盛服"，皆"齐明"二字连用。又《戴记·祭统》："齐者，精明之至也。"又《北堂书钞》九十引《白虎通》："齐者，言己之意念专一精明也。"则儒书之用"齐"字，岂不正犹庄周书中之用"精"字乎？

《诗·小宛》："人之齐圣。"《左》文二年传："子虽齐圣，不先父食。"《左》文十八年传："齐圣广渊，明允笃诚。"皆"齐圣"连文。盖"圣"有通义，有明义，古训"心智通明"为"圣"；惟其能用心齐一，故能使其心智达于通明之境。故儒书言"齐圣"，虽亦两字连文，实有"齐故能圣"之涵义，即犹庄周书之"精而达于神"也。惟庄周不喜用"圣人"字，而特言"神人"，此则与儒家异耳。

又按：古不用"斋"字，凡"斋祭"字即作"齐"。"齐"者先祭之名，亦指当祭之时。凡人遇祭，必用心专一，乃可当神意，乃可与神通。故孔子亦曰："出门如见大宾，使民如承大祭。"盖此等心境，尚可人神相通，则宜可人与人相通，故孔子以之说"仁"

也。而《庄子》书亦屡言"齐"。《应帝王》："季咸谓列子曰：'子之先生不齐，吾无得而相焉。试齐，且复相之。'"《人间世》："孔子语颜回：'齐，吾将语若。'颜回曰：'回之家贫，惟不饮酒，不茹荤者数月矣。'曰：'此祭祀之齐，非心齐也。'回曰：'敢问心齐？'孔子曰：'一若志！……'"云云。此庄子亦喜言"心齐"之证也。故庄子虽不如儒家之重祭祀，而实深有会于孔子"如承大祭"之旨。故庄子虽言"虚"不言"敬"，言"精"不言"诚"，而要其渊旨，则亦远承孔门而来。《人间世》之寓言于孔子、颜回之问答者，在庄周固非苟为荒唐之辞也。昔宋儒吕与叔有诗云："独立孔门无一事，只输颜氏得心斋。"清儒陈兰甫讥之，谓其误以庄子寓言，为孔、颜之学。自今论之，庄周与孔、颜不同道，此无足辨者；然若谓两家言思，绝无相涉，此亦决非当时实况也。

惟其"齐"之心境，其最初所指，乃为先祭、当祭时之一种心境，故古人常以"诚敬"训"齐"。《礼记·祭义》："齐齐乎其敬也。"《国语·楚语》："齐敬之勤。"《诗·泂酌》："齐絜之诚。"《诗·采蘋》："有齐季女。"传："齐，敬。"凡此，皆古人以"齐"训"诚敬之心情"之证也。又《汉书·郊祀志》："齐肃聪明。"注："齐肃，庄敬也。"此言人心能庄敬，则自聪明；犹言人能用心齐一、精一，则自聪明也。聪明则乃圣乃神矣。凡古人言"圣"与"神"，则莫不举其聪明而言之也。又《礼记·孔子闲居》："圣敬日齐。"凡此所言"齐""敬"与"圣"，亦可谓皆指一种诚敬明通之心境言也。

然则儒家言"齐"，庄子言"精"，其同指一种用志专一，必敬必诚之心境可见矣。惟儒家由此以希达于"圣"，庄周由此以希近乎"神"，此则其异耳。又儒家常本祭祀言之，而庄周特转以言日常，此则又其异。故庄子虽言"虚"不言"敬"，言"静"不言"诚"，而庄周之学，无害其与儒学有渊源，而又从儒学一转手，其痕迹固宛尔可指矣。至宋儒言"敬"字，尊以为"进德入圣之门"，此亦所谓没九重渊下，探骊龙颔，而得其明珠也。而清儒以门户之见，并此而求树异，则安在其为能深通于古训乎？

四　老子书言精字义

今请继此而言《老子》书。《老子》书中言"精"字，乃与《庄子》内篇所言绝相异。老子曰：

> 道之为物，惟恍惟惚。惚兮恍兮，其中有象。恍兮惚兮，其中有物。窈兮冥兮，其中有精。其精甚真，其中有信。自古及今，其名不去，以阅众甫。吾何以知众甫之状哉？以此。（二十一章）

盖《庄子》内篇言"精"字，特指其内在于人之心知言，乃为心知状态之一种形容辞。粗略言之，则仅指一种心志之专一运用耳。至《老子》书言"精"字，乃始引而外之，不指心知，而指此大化之"精气"。虽就道家言，内外固可以合一，而老庄两家之所从言之者，则显然有异矣。夫老庄所谓"道"者，亦指此天地万物一气之化之运行不息者而言之耳。此乃为老庄之所同。然即就"气"言，其间亦有别。故在《庄子》内篇，有言"一气"者，有言"六气"者。《老子》书始言及气之"精"。彼所谓"其中有精"者，"精"即"一"也。天地万物皆属一气，而此气则亦已在大化中，而不胜其万殊之致矣。惟其一气之最先，当其在成化之始，则有其大相同、合一而更不可分别者在，是即老子所谓之"其中有精"也。是在《老子》书中"精"字，仍作"一"义解，惟已不指用心之一，而改指气体之一；即此大气之内质之一，因谓其引而外之也。庄子重言"心"，老子重言"气"；亦可谓庄子所重在人生界，老子所重在自然界。故庄子"精"字多应用于人生论，而老子"精"字则应用于宇宙论。即老子之言"其精甚真，其中有信"云云，此"真"

与"信"二字，亦改以指自然界。此则老子之所由异于庄周也。

《老子》书中"精"字，若再以之移入于人身，则亦不为"精心""精思"，而仍为"精气"。老子又曰：

> 含德之厚，比于赤子。蜂虿虺蛇不螫，猛兽不据，攫鸟不搏，骨弱筋柔而握固，未知牝牡之合而全作，精之至也。（五十五章）

此"精"字即指精气言。赤子之所最先呈现者，多属行动，不属心知；故为精气，而非精心。此种精气，则乃指人之最先所禀受于大化者，故又谓之"德"也。《荀子·赋篇》有云：

> 血气之精也，志意之荣也。

所谓"血气之精"，即承《老子》书中"精"字义。《易系传》亦云：

> 精气为物。

又曰：

> 天地絪缊，万物化醇，男女构精，万物化生。

亦皆承此"精"字义也。此等"精"字之用法，皆属后起，当与《老子》书相先后；在《庄子》内篇，则并不见此"精"字之用法也。下至宋儒，又言"心属气"，则会通老庄，而承袭老子之意为多矣。

《庄子》书中之外杂篇，当尤晚出于《老子》，故其承用老子此

"精"字义者乃极多。如《胠箧》云：

> 上悖日月之明，下烁山川之精。

《天运》同有此语。《在宥》云：

> 吾欲取天地之精，以佐五谷，以养民人。

此皆谓"精气"也。又云：

> 至道之精，窈窈冥冥。

此语显然袭自《老子》，所谓"窈兮冥兮，其中有精"也。又曰：

> 愿合六气之精以育群生。

"六气之精"，即天地之精也；天地万物皆由此精生。此一"精"字，后人又谓之"元气"，盖指气之最先，所谓"混元一气"者是也。又《秋水》：

> 可以言论者，物之粗也；可以意致者，物之精也。

又《刻意》：

> 形劳而不休则弊，精用而不已则劳。

此处"形""精"对文；"形"即指物之粗，"精"即指物之精。则此"精"字所指，亦属气，不属心。《达生》云：

弃事则形不劳，遗生则精不亏。形全精复，与天为一。

"形全精复"之"精"，亦指气，不指心。《庄子》外杂篇之承自《老子》而所为异于庄周者，亦据此可见矣。

《达生》又曰：

形精不亏，是谓能移。精而又精，反以相天。

凡言"形""精"，皆分指气之精粗；与分言"形""神"，乃指形体与心神者不同。《知北游》有云：

形本生于精。

《天下篇》亦云：

以本为精，以物为粗。

凡以上所引诸"精"字，皆本原于《老子》书，故皆指"精气"言，皆非《庄子》内篇所有。而所谓"精"者，乃指一种"太始混元之气"，为万化之所本，亦可据文而自显矣。

五　老子书言神字义

今再继续述及《老子》书中之"神"字。今按：《庄子》内篇言"精"，仅旧谊，仅常训，而其言"神"字义，则多庄子所新创。至老子则正相反。《老子》书中言"精"字，皆新创，非旧义。而《老子》书中言"神"字，则转属旧谊，均是旧传"鬼神"之常解。故在其书中，并不见鬼神义之重要。此因老子思想，主要用意，在为此宇宙界自然现象籀出一运行变化之大例，而使人生得循此大例为法则。既有大例可寻，即无可谓之"神"。故无论于自然界，于人生界，就老子思想言之，皆不重视一种所谓"神"的境界也。

老子曰：

> 天得一以清，地得一以宁，神得一以灵，谷得一以盈，万物得一以生。（三十九章）

此"神"字明属"鬼神"之旧谊。老子意，谓天地间"神"之所以灵，亦由于得此"一"；"一"即道也，亦可谓即是此精气也。故老子宇宙论中之所重在此道，即在此精气运行变化之大例，而并不重在神。天地之间固为有神，抑无神乎？在老子意，固可勿深论。故老子又曰：

> 谷神不死，是谓玄牝。玄牝之门，是谓天地根。绵绵若存，用之不勤。（六章）

此处"谷""神"二字，据上引一条证之，则"谷"训"川谷"，常动不竭；"神"训"鬼神"，灵变无方。天地间万事万物，可一语而尽之者，亦曰：常动不竭、灵变无方而已；故曰"谷神不死"也。后人误解此"谷""神"二字作一义，则失之矣。今试问：谷与神何以能不死？则因其皆有得于此一也。此所谓"一"者，即是生化万物之本也；故谓之"玄牝"。"牝"是物所由生；"玄"者，远而无所至极义。"玄"字又作"元"，元者，原始最先义。原始最先，即远而无所至极也。最先万物之所由生，则谓之"元牝"也；故又谓之"天地根"。"天地根"亦即谓天地之所由生。天地之所由生，即犹谓万物之所由生耳。故知此处"神"字，亦属旧谊。惟老子以"谷"与"神"并称，则老子心中之神，已异乎相传鬼神之神矣。此犹之乎老子以"天"与"地"并称，知老子心中之天，亦异乎相传天帝之天也。要之，《老子》书中"神"字，决不指心知言，而特以指精气言；天地间惟此最先之混元一气，最为神变无方，可以化生万物，故谓之为"神"也。

老子曰：

> 以道莅天下，其鬼不神。非其鬼不神，其神不伤人。非其神不伤人，圣人亦不伤人。（六十章）

此处"鬼神"字仍是旧谊。因老子所重只是"道"，惟"道"始能"神鬼神帝"，"生天生地"，则帝、鬼、天、地，仅皆循于道而始得为帝、鬼、天、地者。故帝鬼天地，自亦无所谓"神"之可言矣。

老子又曰：

> 天下神器，不可为也。（二十九章）

此处"神"字仅是活用，乃一形容辞，更无重要意义可说。故知在老子思想中，实无"神"之重要地位存在。

六　庄子外杂篇中精字神字及精神二字连用义

继此再论《庄子》外杂篇中之"神"字。《庄子》外杂篇，尤晚出于《老子》，故多糅杂老庄以为言，而犹有可以分别指出者。如《在宥》云：

> 故君子苟能无解其五藏，无擢其聪明，尸居而龙见，渊默而雷声，神动而天随，从容无为，而万物炊累焉。

此处"神"字，即指人之心知而谓之"神"也。又曰：

> 无视无听，抱神以静，形将自正。必静必清，无劳女形，无摇女精，乃可以长生。目无所见，耳无所闻，心无所知，女神将守形，形乃长生。

此处"神""形"对文，形属外，神属内，显见"神"指人之心知。惟人能不用其心知者，始谓之"神"。而谓"心无所知"，则实不如内篇云"一知之所知而心未尝死"（《德充符》）之明白的当。凡外杂篇下语，较之内篇，细密允惬皆不如，可以此为例。又此处"形""精"对文，此"精"字则承袭于老子，"形"指人身之粗迹言，"精"则是此粗迹之所由形之最先本质也。本节显然为一种长生之说，而糅杂会合于老、庄两家之说而成者。又曰：

> 堕尔形体，吐尔聪明，伦与物忘，大同乎涬溟。解心释神，莫然无魂。

此处"心""神"互用，又"神""魂"互用，是又显然以"神"指人之心知者。惟人心之用，每见其能视听，有聪明，而"神"则指此能视听有聪明之体，而又能妙乎视听聪明之用者。

又《天地》云：

> 视乎冥冥，听乎无声。冥冥之中，独见晓焉，无声之中，独闻和焉。故深之又深，而能物焉；神之又神，而能精焉。

此一节显然与本文上所阐述之庄子意，由于人之能精一其心知而达于"神"之境界者，语意正相反。此文乃谓"神之又神而能精"，此"神"字即指"视乎冥冥，听乎无声，见晓闻和"之一种心知境界而言也。必其心知能达此境界，而后能与天地之精气相沂合。此"精"字乃承袭《老子》书，指气言，不指心言。"神之又神而能

精"，乃由人生之心知修养而近合于大自然，与"深之又深而能物"对文。郭象曰："穷其原而后能物物。"能精者，乃能物物之更深一层，因"精"即是物之原也。故知此处"精"字乃承袭《老子》，《庄子》内篇则并无此"精"字义。而《庄子》外杂篇之尤必晚出于《老子》书，其为会通老庄两家之说以为说之明证，亦即由此可见矣。

《天地篇》又云：

> 物成生理谓之形。形体保神，各有仪则，谓之性。

寻此条之义，"神"者，即指人之心知，乃物生成形以后而始有。惟其心知之各有其仪则，乃成为物物各具之个性。则就大自然之演化进程言，必先有精，乃后见有神，亦可知矣。

《天地篇》又曰：

> 有机械者必有机事，有机事者必有机心。机心存于胸中，则纯白不备。纯白不备，则神生不定。神生不定者，道之所不载也。

此处"神"字，亦显指人心之纯白之体言。而人心纯白之体，则由其用心之精一而显。用心精一，心体纯白，而后乃可以载道，此一层则已于上文阐述之。

又曰：

> 汝方将忘汝神气，堕汝形骸，而庶几乎？

此处"神""形"对文，"神"仍指心知。然心知可忘，神气则不可忘，此亦外杂篇下语未尽精圆之又一例也。又曰：

> 执道者德全，德全者形全，形全者神全。神全者，圣人之
> 道也。

此处列"德"于形之前，列"神"于形之后，此"德"与"神"之
分别也。若勉强为之作一比方，则犹如宋儒言"性"与"心"之分
别也。宋儒意，谓"性"赋于成形之前，而"心"则见于成形之
后；犹此处指"德"在于见形之前，而"神"则在于成形之后也。
故知此处"神"字，仍指人之心知言，显然为承袭《庄子》内篇七
篇义而来，与《老子》书无涉。惟"德"字义则袭自《老子》。

《天地篇》又曰：

> 明白入素，无为复朴，体性抱神，以游世俗之间者，汝固
> 将惊耶？

外杂篇常以"性"与"神"互言之，亦见"神"之所指属于心知
矣。此犹如宋儒，虽心性分言，亦常心性并言也。又曰：

> "愿闻德人。"曰："德人者，居无思，行无虑，不藏是非
> 美恶……此谓德人之容。""愿闻神人。"曰："上神乘光，与形
> 灭亡，此谓照旷。致命尽情，天地乐而万事销亡，万物复情，
> 此之谓混冥。"

此条"神人"，若又越出于"德人"之上，与前条所引，列"德"
于形前，列"神"于形后者正相反。外杂篇中多有文理相乖背，其
精粹不能与内篇相比并者，遇此等处，可无烦一一强说以求通。故
唐韩愈氏谓贵于能识古书之真伪也。

《天道》云：

> 圣人之静也……万物无足以铙心者，故静也。……水静犹
> 明，而况精神！圣人之心静乎？天地之鉴也，万物之镜也。

此条始见以"精神"连文。然"精""神"二字，若论其最先使用，
则固各有所指，不当混并为一以说也。先秦各家思想，其间自有浅
深高下，《庄子》外杂诸篇，断不能与老庄两家平等同视，而《天
道篇》尤后出；清儒姚鼐谓此篇中有汉人语，是也。学者遇此等
处，当分别而观，不得见此有"精神"连文，遂疑我上所辨析，以
为古人固有"精神"二字连用作一义者，而转疑我所分别解释之非
也。抑此条明以"精神"为圣人之心，则此处"精神"二字，尚犹
指人之心知言。用心精一，而使心知达于神明，斯为圣人矣。此种
心知境界，分析言之，不外曰"虚"，曰"静"，曰"壹"，曰"清
明"。《荀子·解蔽篇》有云：

> 人何以知道？曰心。心何以知？曰虚壹而静。……虚壹而
> 静，谓之大清明。
>
> 心者，形之君也，而神明之主也。
>
> 人心譬如槃水，正错而勿动，则湛浊在下，而清明在上，
> 则足以见须眉而察理矣。微风过之，湛浊动乎下，清明乱乎
> 上，则不可以得大形之正也。

此亦显以"神明"属心知之证也。《大学》"致知格物"之说，正从
《荀子》此文来。"格物"者："格"，正也；即此处所谓"得大形之
正"也。《大学》说"知止"与"正心"，即此文所谓"正错而勿
动"也。此为秦汉间儒、道两家论内心修养工夫之共同相似处，正
犹孟、庄同时，其言内心修养工夫，亦复有许多共同相似处也。而
此文"精神圣人之心"一语，乃更为此后晚明儒家所乐道，即所谓
"心之精神是为圣"是也。然则儒、道两家论内心修养工夫，正不

断有许多相通处，此一层，甚值得吾人之细为研讨，惟非本文范围，暂置不深论，而姑为揭示其纲要焉。

《天道篇》又云：

> 此五末者，须精神之运，心术之动，然后从之者也。

此亦"精神"连文，亦明以精神指心术。大抵如此"精神"连文，正可只当作一"神"字看。此因中国文字，本多用单字，沿用不慎，便往往变成两字连文。如"性""命"二字，本亦所指各异，而《庄子》外杂篇亦多以"性命"连文，混作一辞矣。

《天道篇》又云：

> 形、德、仁、义，神之末也。非至人孰能定之？

此谓仁义诸行，皆由人心之神明而有，故"神明"是本，仁义是末也。然谓形德仁义，并是神之末，则又为不辞。依《老子》，"形""德"当先在；依庄子，"神"当属后起。当知外杂诸篇，本不可逐字逐句仔细推求，读者能深通《庄子》内篇与《老子》书，则自能鉴别外杂篇下语之高下深浅得失矣。若一一死于句下，又于各书皆平等视之，认为处处可以合一相通，则决非善读书者。又按：《大学》开首即言"明明德"，"明德"二字，显亦采用及道家义。"德"指人生之最先所得；"明"形容"德"字，却涵有"心知神明"之义；故可谓"明德"者，亦即指人心之神。"明明德"，即是由于人心之神而益明之也。《大学》一篇，疑兼庄、荀之学而成书，而《庄子》外杂篇，则有出《大学》成书之前者。

《天道篇》又云：

> 外天地，遗万物，而神未尝有所困也。通乎道，合乎德，

> 退仁义，宾礼乐，至人之心，有所定矣。

此显以"神"为至人之心，犹是沿袭《庄子》内篇之原意也。《大学》云：

> 知止而后有定，定而后能静，静而后能安，安而后能虑，虑而后能得。

"止"与"定"与"静"与"安"，此等用心工夫，实皆本诸道家。而《天道篇》此条，所用"神"字，即是其心之能达于"知止""知定""知静"后之一种境界也。惟儒家不言"神"，又不主宾退仁义与礼乐，此为儒、道两家思想一大分歧。然论其所以运使心知以达于"精一""神明"之境者，则两家固有其相通；即后来宋明儒，亦莫能自外。而其大体则可谓多有远承庄周而来者。故余谓庄周之学亦有得于孔门颜氏之传，学者当于此等处深阐之。若必尊《大学》为圣经，斥庄子为外道，此则拘缚于一家之旧说，实为未能开廓心胸，与议夫古者学术思想交互影响之大体也。

《天运篇》又云：

> 涂郤守神。

此即《达生篇》所云"其神无郤"义。《刻意》云：

> 平易恬恢，则忧患不能入，邪气不能袭，故其德全而神不亏。

忧患不入，邪气不袭，即"无郤"也。此处亦"德"与"神"分言，德属先天，神属后天，保持先天故曰"全"，善养后天故曰

"不亏"也。故又曰：

> 其寝不梦，其觉无忧，其神纯粹，其魂不罢。

此处"神"字亦显指心知言。今俗犹云"神魂颠倒"，犹之云心知之错乱不定也。故又曰：

> 纯粹而不杂，静一而不变，淡而无为，动而以天行，此养神之道也。

此所谓"养神"，亦显指养心神言；亦可谓是养其心知之明白纯粹之体也。故又曰：

> 夫有干越之剑者，柙而藏之，不敢用也，宝之至也。精神四达并流，无所不极，上际于天，下蟠于地，化育万物，不可为象，其名为同帝。纯素之道，唯神是守。守而勿失，与神为一。一之精通，合于天伦。

此处又是"精神"二字连用，然亦显指心知言。孟子曰："尽心知性，尽性知天"，后代宋明儒陆王一派主"心即理"，又曰："良知即天理"，此篇所谓精神乃同帝，亦谓以心之精神上合于天也。此篇或兼言"精神"，或单言"神"，可见"精神"连文，亦犹如单用一"神"字。至《中庸》之书，则不用"精神"字，而转用"鬼神"字。其言曰："鬼神之为德，其盛矣乎！视之而弗见，听之而弗闻，体物而不可遗。洋洋乎如在其上，如在其左右。"犹即此文所谓"精神四达并流，无所不极，上际天，下蟠地，化育万物，不可为象"也。然此文"精神"字，若诚指人之心知言，则心知流通，固可以无所不极，然又何以能化育万物乎？孟子只言尽心知性而知天，亦未尝谓心即同天也。若谓心能化育万物，求之中国古代思想，固无此义。当知《刻意篇》此节，已羼入老子意，此处"精神"连文之"精"字，所指者，不仅是心知之纯粹而精一，乃兼指《老子》书"其中有精，其精甚真"意。若详说之，亦可谓人心之明与神，本由此大气之元精而来，故曰："一之精通，合于天伦。"郭象注："精者，物之真也。"《淮南》"一之精通"作"太一之精"（《主术训》），是谓太一之精为物之真，语意更显。亦可见此处"精"字，已兼涵《老子》书中"精"字义言之也。然若如此而言，则不仅人心有精神，即天地大自然一切万物，亦复莫不有精神，而人心之精神，即由天地大自然一切万物之精神来。此一转变，则尤所谓引而外之之尤者。而晚周儒家，每喜言此。《荀子·赋篇》："广大精神，请归之云。"杨倞注："至精至神，通于变化，唯云乃可当此。"杨注甚的当，此虽"精""神"二字连用，实为两个形容辞，尚不谓天地间有此精神存在也。至《小戴记·聘义》乃曰："精神见于山川"，则真若天地间有此一种"精神"之存在矣。《祭法》亦云："山林川谷丘陵，能出云，为风雨，见怪物，皆曰神。"此等"神"字，亦转成实用。《老子》书本不重言"神"，《庄子》内篇"神"字，仅指人生界，而歧趋所极，遂以宇宙为至神，遂谓宇宙间乃有一种精神存在。此在《庄子》外杂篇，始见此歧趋，而晚周儒家言，亦同有此歧趋矣。

《刻意篇》又曰：

> 贤士尚志，圣人贵精。故素也者，谓其无所与杂也；纯也者，谓其不亏其神也。能体纯素，谓之真人。

此处所谓"纯素"，即精一也。圣人贵"精"，即贵此纯素，故能不亏其神；此所谓"纯气之守"也。则本篇上文所谓"守神"，即是守此纯素之气。然则此篇言"神"字，显亦有歧义。所谓歧义者，谓其转移所指，转以"神"字指天地自然耳。姚鼐亦谓《刻意篇》乃汉人之文，殆信。而《中庸》之言"鬼神"，显已杂有庄老道家之说，亦由此可证。

《田子方》有云：

> 夫至人者，上窥青天，下潜黄泉，挥斥八极，神气不变。

此处以"神气"连文，不仅《老子》书未有，亦庄子所不言也。惟外篇《天地》有之，曰："忘汝神气。""神"与"气"连文，是"神"亦指气言矣。然孟子曰："志一则动气，气一则动志"（《公孙丑》），则气定可使神定，神定亦可使气定。此"神气"，"神"字仍可指属心，惟断不指心之明知言。此等皆是外杂篇中用字有歧义，治庄老思想者，不可不于此等处细辨之也。

《田子方》又云：

> 古之真人……死生亦大矣，而无变乎己。……若然者，其神经乎大山而无介，入乎渊泉而不濡，处卑细而不惫，充满天地，既以与人己愈有。

此处"神"字与上条同，可谓是指神气，然亦可谓仍是指心知。由于用字涵义之歧，即可证思想观念之变，则《庄子》杂篇，虽有失庄老之原旨，而治道家思想者，于此实不可不深细注意矣。

《知北游》：

> 今彼神明至精，与彼百化。

此以"神明"连"至精"字，亦袭《老子》，我所谓引而外之，即人心之神明亦在外，即上文所阐"天地亦有精神"之说也。又被衣之告齧缺曰：

> 若正汝形，一汝视，天和将至。摄汝知，一汝度，神将
> 来舍。

此谓"神将来舍"，犹内篇《人间世》之"鬼神将来舍"也。然此
文上言"天和将至"，是亦可谓天地间纯和之气，神明之精，将来
入汝心；则此亦引而外之也。又老聃之告孔子曰：

> 汝齐戒疏瀹而心，澡雪而精神，掊击而知。夫道，窅然难
> 言哉！

此条又是"精神"连文，而与心知并言，则此所谓"精神"者，仍
指人之心知也。一篇之中，所指忽内忽外，此皆晚出之篇之自涵歧
义，不能即据庄老原书为说也。又曰：

> 夫昭昭生于冥冥，有伦生于无形，精神生于道，形本生
> 于精。

此条又以"精神"与"精"字分别言之。陆长庚曰："精神之精，
即道家所谓先天之精，清通而无象者也。形本之精，即《易系》所
谓男女构精之精，有气而有质者也。"今按：陆氏此辨，亦似未的。
形本所由生之精，即先天之精也。然则所谓"精神生于道"者，此
"精神"又何指乎？凡此皆后起之说，殆以《知北游》作者当时，
已多以"精神"字连用，此非由思想上之确有所见来，实由文字上
之沿用歧误来也。若必确切言之，似当谓："精气生于道，形本生
于精"，始为得之。然纵谓"精气生于道"，亦已非庄老之原旨矣。
　《庚桑楚》：

> 欲静则平气，欲神则顺心。

此尤见"神"之出乎心。故郭象曰："顺心则神功至"也。

《徐无鬼篇》，无鬼见武侯，曰：

> 劳君之神与形。

"神""形"连文对称，"神"指心言。故曰：

> 君独为万乘之主，以苦一国之民，以养耳目鼻口，夫神者
> 不自许也。夫神者，好和而恶奸。

此犹谓"心不自许"也。故又曰：

> 杀人之士民，兼人之土地，以养吾私与吾神者，其战不知
> 孰善？胜之恶乎在？

此"私"犹谓"欲"，"神"犹谓"心"。《外物》：

> 知有所困，神有所不及。

此亦"神""知"连文互举，"神"即"知"也。《列御寇》：

> 小夫之知，不离苞苴竿牍，敝精神乎蹇浅，而欲兼济
> 道物。

此尤显然即以"精神"指心知也。故又曰：

> 彼至人者，归精神乎无始，而甘冥乎无何有之乡。

"归精神乎无始"，犹云"游心于物之初"也。故又曰：

> 受乎心，宰乎神，夫何足以上民？

此处"神"字，特亦"心"字之异文耳。故又曰：

> 明者惟为之使，神者征之。夫明之不胜神也久矣，而愚者恃其所见，入于人，其功外也，不亦悲乎！

此处乃辨析"明"与"神"之异。"明"者，指心之有所照见；"神"者，指其所照见之无不征，即其心所照见之必有征验应效于外也。今试问人心之明何以能如此？则正因其有"神"者以为之主宰耳。儒家重思重知，为由"人"以达天。道家重神重明，为由天以达人。而将此"神""明"二字，连文比说，其事尤晚出于庄老，而始见于《庄子》之杂篇。若就后起之体用观念言，则是"神"为体而"明"为之用也。故知外杂篇思想，亦有承庄老而益进益细焉者，不得谓外杂篇语皆于庄老之说仅有承袭而无所推进也。

《天下篇》有云：

> 神何由降？明何由出？圣有所生，王有所成，皆原于一。不离于宗，谓之天人；不离于精，谓之神人；不离于真，谓之至人。

此问"明何由出"？人心之明，乃出乎人心之有神；人心之至明至灵者，是即人心之神也。又问"神何由降"？此"降"字犹"降衷"之"降"，是谓人心神明皆降由于天也。而曰"不离于精，谓之神人"，是乃谓由于天地之精气而始有此人心之神明也。又曰：

> 古之人其备乎！配神明，醇天地，育万物，和天下。

此则引而外之，似谓天地间先有此"神明"之存在矣。谓天地间先有此"精气"，与谓天地间先有此"神明"，此其意想又有别。庄老本意，实未及此。又曰：

> 一曲之士也，判天地之美，析万物之理，察古人之全，寡能备于天地之美，称神明之容。

此"神明之容"，即"天地之美"也。然则此非谓天地间本有此一"神明"之存在乎？《天下篇》作者，其意盖似以"神"属天，"明"属地，引神明而外之，谓神明在于自然界，先人生而有。庄老原义，非有此也。又曰：

> 以本为精，以物为粗。

此"精"字则仍袭《老子》书。其言关尹、老聃，则曰：

> 天地并与，神明往与！

此皆显以神明属外在，分配天地，并以"神"属天，"明"属地。盖晚周《小戴记》诸儒已有说天地为神者，此乃后起儒家，会通老庄之自然义，而特以"神明"说自然。今《天下篇》作者，又据儒义会通于道家言，故所说转后转歧，则显见《天下篇》之更为晚出也。

凡《庄子》外杂篇言"精"字，言"神"字，乃及"精神"二字连用为一名词者，本文已一一为之分疏。其间有承袭《庄子》内篇而来者，亦有承袭《老子》书而来者，亦有会通老庄之说以为说者，复有会通后起儒家言而转以之说老庄者；其为说不一。其间有高下，有深浅，有得失，殆未可混并合一而确然认其为是一家之言也。外杂各篇之作者，既难分别详考，其各篇成书时代之先后，亦无法分别详定。姑分疏其大概，以待治道家思想之异同演变者细辨焉。

上论《庄子》外杂诸篇言"精""神"字，有两义当特别提示者：一为"精神"两字之连用。此在《庄子》内篇与《老子》书皆无有；《庄》《老》书中，"精""神"两字，义各有指，不混并合用也。二则为"精""神"两字之所指，始益引而向外，渐以指天地外在之自然界。此在《老子》书已开其端，而外杂篇则尤显，至《庄子》内篇则并无此义。故就"精""神"两字之使用言，即可知《庄子》内篇成书最在前，《老子》较晚出，而《庄子》外杂篇更晚出，思想演变之条贯，决当如此说之，更无可疑也。

七　管子书内业心术言精神义

《庄子》外杂篇而外，《管子》书亦多道家言。《汉书·艺文志》即以《管子》列道家。宋儒黄震有言："《管子》书，似不出一人之手；《心术》《内业》等篇，皆影附道家。"黄氏此辨，其识卓矣。或以《白心篇》与《心术》《内业》齐称并举，则非其伦也。大抵《内业》最粹美，《心术》上下次之，而《白心》最下；语多歧杂，不足深究。兹再节引《内业篇》述及"精""神"字者略说之。

《内业》曰：

> 凡物之精，此则为生。下生五谷，上为列星，流于天地之间，谓之鬼神。藏于胸中，谓之圣人。

此以"鬼神"为天地间之精气，与《小戴记·中庸》诸篇陈义略同。其曰"藏于胸中谓之圣人"，则仍近庄子义。

> 是故，此气也，不可止以力，而可安以德。……敬守勿失，是谓成德。德成而智出。

此处用"德"字，较近庄子义，而与《老子》书为远。至曰"德成智出"，则犹云"德全而神全"也。又曰：

> 天主正，地主平，人主安静。……是故圣人与时变而不化，从物迁而不移（按，"迁"字从许维遹校增）。能正能静，然后能定。定心在中，耳目聪明，四枝坚固，可以为精舍。精也者，气之精者也。

此用"精"字义，承袭《老子》。其曰"定心在中，可以为精舍"，略与庄子所谓"纯气之守"相似；惟庄子仅用"气"字，而老子始改用"精"字，故知《管子·内业》，尤出老子后也。至其用"定"字，亦晚出之证。又曰：

> 凡心之形，过知失生。一物能化谓之神，一事能变谓之智。化不易气，变不易智，惟执一之君子能为此乎！……形不正，德不来。中不静，心不治。正形摄德，天仁地义，则淫然而自至。神明之极，照知万物……

此亦以"神"属气；盖心智不即是神，必能刳心智而达于纯气之守，其心智乃跻于神也。又曰："形不正，德不来"，此又引德而外之，与老子之言德复异矣。庄老之谓"成家之言"，此之谓"杂引之说"，此治先秦思想者所必当明辨也。又曰：

> 不以物乱官，不以官乱心……有神自在身。

孟子曰："心之官，则思"（《告子》），是心亦官也。荀子始以耳目为天官，心为天君。此云"不以官乱心"，出荀卿后。至"神自在身"之语，则"神"仍指心知言。又曰：

> 敬除其舍，精将自来。精想思之，宁念治之，严容畏敬，精将至定。……定心在中（按，"定"字从陶鸿庆校改，本作"正"），万物得度。
>
> 精存自生，其外安荣，内藏以为泉源，浩然和平，以为气渊。

此处又改用"精"字，可见其混并老庄以立说。此即见家言与杂说之不同也。学者若不深究老庄，明其本原，而即据本文以为解，则鲜不有歧途亡羊之苦矣。又曰：

> 心全于中，形全于外……谓之圣人。人能正静，皮肤裕宽，耳目聪明。……鉴于大清，视于大明，敬慎无忒，日新其德，遍知天下，穷于四极。
>
> 搏气如神，万物备存。……思之思之。又重思之，思之而不通，鬼神将通之。非鬼神之力也，精气之极也。四体既正，血气既静，一意搏心，耳目不淫，虽远若近，思索生知。

观此知《内业》作者仍重"思"，则是会通儒义，而非专本于道家言也。《心术篇》亦云：

> 意以先言，意然后形，形然后思，思然后知。

此亦言思索生知也。其重思，与《内业》略似，此皆会通儒、道以为言也。《内业》又曰：

> 凡人之生也，天出其精，地出其形，合此以为人，和乃生。
>
> 充摄之间，此谓和成。精之所舍，而知之所生。

此二"精"字明承《老子》。今试总述上引之要旨，则大体不越三端：一曰形本生于精，此老子义。二曰敬守此气之精而弗失，则心知自神明，此近庄周内篇义。三曰心知神明，则物理天则皆于以见，此则旁采荀子儒家义耳。

《心术篇》亦云：

> 世人之所职者，精也。去欲则宣，宣则静矣。静则精，精则独立矣。独则明，明则神矣。

此处尚是"精""神"分言。人生由于禀怀此天地之精气，此承《老子》义，故曰"世人之所职者精也"。"职"，守也；得而守之之谓也。由精见独，由独生明，由明达神，此皆庄周内篇义。是此条"精"字义可两歧：一指精气言，一指精心言。要之，则精在先，神在后；精属天，神属人。沿及后世，尚言"精明""神明"，可见所谓"精神"者，皆言人心之明知。而心神之用本由形体而立，形体则由精气而生；《心术篇》此条，可谓会通老庄，犹未失道家本义也。

八　吕氏春秋言精神义

晚周之季，吕不韦入秦，招宾客著书，荟萃百家，故其书亦多道家精义。其《知人篇》有曰：

> 无以害其天，则知精。知精则知神。知神之谓得一。凡彼
> 万形，得一后成。

此亦以"精"属天，"神"属人。凡人能无害其天，则知其精矣。
此处"知精"，略犹如庄子之所谓"见独"。是"精"字亦可谓属
人。凡此皆混并老庄，故有歧义存在也。"知精"然后"知神"；
"知神"者，心知神明，亦犹庄子之所谓"朝彻"也。朝彻而见独
则得一；"一"指"道"言，万形得道以成也。

吕氏又特有《精通》《精谕》两篇，其言"精"字，皆袭道家
义。《精通》之言曰：

> 人或谓兔丝无根，非无根也，其根不属，伏苓是也。慈石
> 引铁，或引之也。……圣人……以爱利民为心，号令未出，而
> 天下皆延颈举踵矣，则精通乎民也。攻者砥厉五兵……发且有
> 日矣，所被攻者不乐，非或闻之也，神者先告也。身在乎秦，
> 所亲爱在于齐，死而志气不安，精或往来也。

此处用"精""神"字，皆显指心知言。心知属于气，有气之精者
为之根，故虽心知之见于人者有分隔，而仍可以相通。此精气则知
根也；此知根之呈见于心知之分别体者曰"神"。故"精""神"字
虽时可互用，而遇分举，则涵义各别，必当明辨，不可相移易。如
"神者先告也""精或往来也"，若"精""神"字互易用之，云"精
者先告""神或往来"，虽亦未尝不可，而究不如原语之恰当贴
切矣。

《精通篇》又曰：

> 养由基射兕中石，矢乃饮羽，诚乎先也。伯乐学相马，所
> 见无非马者，诚乎马也。

此言养由基之射、伯乐之相马，皆艺也。此犹《庄子》书中言庖丁之解牛，痀偻丈人之承蜩也。凡用心专一者，精之至，即诚之至。庄子始用"精"字，荀子、《中庸》承其意而转用"诚"字。《荀子》成书，固已稍后于《老子》，而《中庸》之成书，亦必晚出于《老子》可知矣。故《中庸》曰："诚者天之道"，即犹《老子》书之以"精"属天也。"精一""诚一"，若指人事，则皆指用心专一也，故后人亦合言"精诚"。然则《中庸》之言"诚"与"明"，犹之老庄道家之言"精"与"神"。精则神矣，神则精矣；此犹《中庸》所谓诚则明，明则诚也。吕氏宾客深知儒、道两家在此之相通，故乃以"诚"说"精"。诚乎马，即精心一意于马也。诚之能尽性，即精之能通天也；诚之能成物，即精之能生化也。则《中庸》之书，乃由道家转手而来，更何疑乎？观乎吕氏宾客《精通》之篇，而可悟《中庸》之言"诚""明"。凡治先秦杂说者，必一一明其辞语来原，而会通以说之，此亦治先秦思想一要术也。

《精通篇》又曰：

> 君子诚乎此而谕乎彼，感乎己而发乎人，岂必强说乎哉？……故父母之于子也，子之于父母也，一体而两分，同气而异息。若草莽之有华实也，若树木之有根心也，虽异处而相通。隐志相及，痛疾相救，忧思相感，生则相欢，死则相哀，此之谓骨肉之亲。神出于忠，而应乎心，两精相得，岂待言哉！

此谓"神出于忠"，"忠"犹中也，衷也。则"忠"犹"诚"也。心之忠诚为神之所出，则神指心知，复亦何疑？又曰："两精相得"，此不得谓"两神相得"也。其曰"神出于忠"，又不得谓"精出于忠"也。可见精先在，属气，而禀乎天；神后见，属心，而存乎人；吕氏之书，显犹守老庄原义也。

又其《精谕篇》则曰：

> 圣人相谕不待言，有先言言者也。海上之人，有好蜻者，每居海上，从蜻游。蜻之至者百数而不止，前后左右尽蜻也。终日玩之而不去。其父告之曰："闻蜻皆从女居，取而来，吾将玩之！"明日之海上，而蜻无至者矣。

此言人与蜻之精诚相通也。盖人与蜻亦皆由天地间之一气相化而成。形属粗，故外若相异；气有至精，故内实相通。谓蜻亦有得于此气之精而生，可也。然若谓蜻亦有神，则失实矣。盖神者，惟人心有之，物不能有。故心属气，而气不即是心；精生神，而精不遽是神也。此"精"与"神"之辨，吕氏宾客著书，盖犹知之；故谓其不失老庄原义也。

以上阐释先秦道家言"精""神"义，大体略备。此其说，盖至汉人而变。先秦之与前汉，其间非无思想之相承续，谓中国古代学术思想，至先秦而绝，此乃言之过甚其辞。然谓先秦思想，其发展途辙，既已登峰造极，至汉代而转歧，此则较为得真。请姑举此"精神"之说以为之例。

九　淮南王书言精神义

西汉淮南王刘安，亦召宾客著书，曾专为《精神篇》，其言曰：

> 烦气为虫，精气为人。是故，精神，天之有也，而骨骸者，地之有也。精神入其门，而骨骸反其根，我尚何存？

此乃以"精神"连文，若为一实有。又以精神属天，骨骸属地，此实大违于庄老之原意。如老子说，则精气属于天，由此生形；是"形"亦属天矣。如庄周说，则神明生于心，心知属人，则"神"

亦属人矣。此义已详阐在前。《庄》《老》原书俱在，明证显白，岂有如淮南之所分别乎？若如淮南说，"天""地"又有分别：精神属天，犹谓精气属天也；形骸属地，是"精神"之与"形骸"，犹如《易系传》所谓"形上""形下"之分也。故又曰：

> 夫精神者，所受于天也；而形体者，所禀于地也。
> 夫天地之道，至纮以大，尚犹节其章光，爱其神明。人之耳目，曷能久熏劳而不息乎？精神何能久驰骋而不既乎？

此处用"精神"字又转属人，谓人之精神受于天，形体受于地，则不如先秦旧谊，谓"形由精生，神由精出"之允惬。淮南必以"天""地"分言，此殆受《易》家思想之影响，可谓是汉以后之道家与先秦道家思想间一极大歧趋；此实不得不深辨也。又曰：

> 是故，血气者，人之华也；五藏者，人之精也。夫血气能专于五藏而不外越，则胸腹充而嗜欲省矣。胸腹充而嗜欲省，则耳目清，视听达矣。耳目清，视听达，谓之明。五藏能属于心而无乖，则勃志胜而行不辟矣。勃志胜而行不辟，则精神盛而气不散矣。精神盛而气不散，则理。理则均，均则通，通则神。

此言心气得其修养而臻乎神明，用"神""明"字本庄子义。惟以血气五藏分言，则承"天""地"分言之义而来。以天统地，以乾主坤，是为《易》学与道家义之汇通。此实西汉人之后起义也。

又曰：

> 夫孔窍者，精神之户牖也；而气志者，五藏之使候也。耳目淫于声色之乐，则五藏摇动而不定矣……血气滔荡而不休

矣……精神驰骋于外而不守矣。精神驰骋于外而不守，则祸福之至，虽如丘山，无由识之矣。使……精神内守形骸而不外越，则望于往世之前，而视于来事之后，犹未足为也。

此亦"精神"连文，以言人之心知，又以"精神"与"形骸"对举，则仍是"精神属天""形骸属地"之一贯义也。又曰：

> 精神澹然无极，不与物散，而天下自服。故心者，形之主也；而神者，心之宝也。形劳而不休则蹶，精用而不已则竭。……夫精神之可宝也，非直夏后氏之璜也。……魂魄处其宅，而精神守其根，死生无变于己，故曰至神。

此仍以"精""神"混言人之心气也。在先秦旧籍，"精"与"神"有辨，"心"与"气"有辨，皆不相混；至淮南乃始并言之。如"魂""魄"字本有辨，而此处所云"魂魄"，亦指魂，不指魄也。此固由中国文字，每易由单字增成复语，而始有此歧。然就《淮南》本书之大义言，则仍是"天""地"分言，"精神"与"形体"分言之一贯义也。

又曰：

> 有精而不使，有神而不行……是故其寝不梦，其智不萌，其魄不抑，其魂不腾。……此精神之所以能登假于道也。
>
> 夫癫者趋不变，狂者形不亏，神将有所远徙，孰暇知其所为？故形有摩而神未尝化者……轻天下则神无累矣。生不足以挂志，死不足以幽神……若此人者，抱素守精，蝉蜕蛇解，游于太清。

此处"形""神"对言，神可离形远徙，形可摩灭而神可不化。后起之道家义，皆从淮南此等处来，不可不深切注意也。

又曰：

> 弃聪明而反太素，休精神而弃知，故觉而若昧，以生而若死。终则反本，未生之时，而与化为一体。

心知乃人生以后所有事，弃知而反太素，即反其未生之时，而与化为一体；是仍谓精神可以离形体而独在也。《淮南王书》有外篇，专言神仙事，其实外篇之立论根据，已见于内篇，外篇殆只教人以修为神仙之方法耳。

今综观上引《淮南》此文，有当特别指出者两端：一为"精神"二字之连用；二为精神成为天地间之一种先有是也。"精神"二字连用，在《庄子》外杂篇，如《天道》《天运》《知北游》《徐无鬼》诸篇始有之，而此诸篇皆晚出，或当与《淮南王书》约略相先后。此显然为道家后起之歧义。而《淮南王书》之连用此二字，其违失老庄原义者更甚。如谓："精神天之有，骨骸地之有。"又曰："精神受于天，形体禀于地。"又曰："精神澹然无极，不与物散。"寻此诸语，若宇宙间有精神，与形体判然划分而为二，并以精神属天，形体属地。此等分法，在先秦道家固绝无之，盖似受《易大传》之影响也。《易大传》成书，则由儒家受老庄影响而起。淮南宾客，本多治《易》，乃又援引《易传》，以发挥道家义，而又从此转出神仙思想，则与道家初义绝相背。就《老子》书言之，精属于气；就《庄子》内篇言之，神属于知。即在《庄子》外杂篇，犹多守此旧谊而弗失。则"精"当属于天地自然，而"神"则属于人文心知。若谓人文化成，亦当推本于自然，则神由精生，此在《管子·内业》，亦尚能承此宗旨，无大违越也。而《淮南王书》顾独不然，每混同"精""神"为一辞；此已不辨庄老著书之原义矣。至其以精神属天，形体属地，则形体似属形而下，精神似属形而上，而精神又若为天地间之一种实有，而继此乃不得不谓由精神引生出形体。此一变，遂以"精神"字转换了庄老本所使用之"道"字。今若谓"道生万物"，则道者即此万物大化之自体，故实无有生万物者。如谓精神生形体，一属形而上，一属形而下；形上者先有，形下者继起；则宇宙分成两重。此实非先秦老庄言"道"之本义也。后汉许慎用心《淮南王书》，特为作训注，而其所著《说文解字》，遂谓："神，天神；引出万物者也。"此一训释，不仅先秦道家无之，即先秦儒家初亦无此说。必求其原始，则《淮南王书》要为其显然之根据矣。此实考论中国古代思想演进史一极关重大之题目，所当深细研讨者，故特备明先后，而详引之如此。近人遂谓中国为精神文明，不悟其说之无异于为专据《淮南》也。又既谓是"精神文明"，以与"物质"相对立，而又并不确守《淮南》"神生万物"之说，是则近人之言"精神"，亦复是陷于杂说，非能成为家言也。

谓《淮南王书》主"神生万物"，其证即在《精神篇》。其开首即曰：

> 古未有天地之时，惟像无形。窈窈冥冥，芒芠漠闵，澒蒙鸿洞，莫知其门。有二神混生，经天营地，孔乎莫知其所终极，滔乎莫知其所止息。于是乃别为阴阳，离为八极。刚柔相成，万物乃形。

高诱注：

> 二神，阴阳之神也；混生，俱生也。

谓万物形于一气之化，一气自判为阴、阳，谓阴阳之气有其精，此先秦道家旧谊也。在庄周、老聃，均不谓神生万物，即《易大传》

亦仅谓"阴阳不测之谓神"。是阴阳二气乃宇宙之实有，非谓神是实有也。"神"者，仅以形容此二气变化不测之一种谓辞耳。《说卦传》亦云："神者，妙万物而为言者也。"此"妙"字亦袭自《老子》："同谓之玄，玄之又玄，众妙之门"，则"神"者乃"众妙"之谓辞，仍非宇宙间所实有也。《大戴记·曾子·天圆篇》有云："阳之精气曰神。"此"神"字仍可谓其属谓辞。其形生万物者，乃阳之精气也。故知先秦思想界，均不主"神生万物"之说。今《淮南》叙二神在先，别阴阳在后，则是先有"神"，而后有阴阳矣。此一转变，乃适成其为汉人之思想，而所由大异于先秦者。且"神"既先形而在，则"神"亦可离形而存。神仙长生之说，必至此乃有其哲学上之根据。当秦始皇帝时，燕、齐方士，竞言神仙长生，以歆动始皇帝之心。其说盖至汉而勿衰。淮南宾客中，必多有此辈人参入，尤可想也。汉武帝与淮南王同时，亦甚歆羡于神仙长生。其风盖下迄东汉，自王充以下，迄于王弼、郭象，乃不遵守，重有转变。此亦治中国道家思想者所宜注意也。

一〇　司马谈刘向言精神义

兹粗举《淮南王书》之影响，如司马谈《论六家要指》云：

> 凡人所生者，神也；所托者，形也。神大用则竭，形大劳则弊，形神离则死。由是观之，神者，生之本也；形者，生之具也。

此与《荀子·天论》所谓"形具而神生"，恰成先后倒置。人必先具形，后生神，此先秦旧谊也。"形"何以具？则曰："形本生于精。"精是气，则形气在先，神知在后。而司马谈之说顾反之。谓："神者生之本，形者生之具"，则形生于神，而且"形""神"可以两离。寻司马谈之说，乃与《淮南王书》如符节之相合。谈固治道家言，然先秦道家实无此等义；有之，则始自淮南王。司马谈著论，其果有闻于淮南宾客之说乎？今虽无确证，要之此乃成其为前汉一代人之共同思想，则实不得不特为指出者。或是刘安、司马谈以前，已有此等思想之流布，要之成为文章，见之篇籍，为今之所可备引而确指者，则必举刘安、司马谈两家之说矣。

司马谈之后有刘向，其《说苑·修文篇》谓：

> 积恩为爱，积爱为仁，积仁为灵。灵台之所以为灵者，积仁也。神灵者，天地之本，而为万物之始也。

向修儒业，湛深经术，然其早年，亦深爱《淮南王书》，则其受淮南宾客思想之影响，事无足怪。此文以"灵"归之心，其称"灵台"，语本庄周，而曰："积仁以为灵"，则是混并儒、道以为说也。其曰"神灵者，天地之本，万物之始"，则显近《淮南》矣。又《反质篇》引杨王孙《倮葬遗令》，曰：

> 精神者，天之有也；形骸者，地之有也。精神离形，而各归其真，故谓之鬼。鬼之为言"归"也。

杨王孙此二语，直袭自《淮南》，而向特引之以入《说苑》，则向之同情此说亦可知；此可见淮南新说在当时之影响也。

一一　春秋繁露白虎通言精神义

然此亦非谓西汉人皆已昧失先秦"精神"二字之原义也。即如董仲舒《春秋繁露》，其书用"精神"字，领承庄老旧谊，异乎二刘、司马之说。兹再略引，以申上文之所释。

《立元神》云：

> 天积众精以自刚……序日月星辰以自光。……天所以刚者，非一精之力。……故天道务盛其精。……盛其精而一其阳……然后可以致其神。……阴道尚形而露情，阳道无端而贵神。

此以精属天，积精盛而后可以致其神，则精先神后矣。又曰："阴道尚形，阳道贵神"，若以通之《周易》，《易》曰"阴阳"，亦先阴而后阳，是亦先形而后神也。且苟既不离阴阳之气以言神，则亦不能离精以致神矣。

《通国身》又云：

> 气之清者为精……治身者以积精为宝。……精积于其本，则血气相承。……夫欲致精者，必虚静其形。……形静志虚者，精气之所趣也。……能致精，则合明而寿。

此以"精"属气，能致精则明，亦犹云"致精而神"也。

《循天之道》又云：

> 是故身精，明难衰，而坚固寿考无忒，此天地之道也。天气先盛牡而后施精，故其精固。……故惟天地之气而精，出入无形，而物莫不应。……是故物生皆贵气。……故养生之大者，乃在爱气。气从神而成，神从意而出。心之所之谓意。意劳者神扰，神扰者气少，气少者难久矣。故君子闲欲止恶以平意，平意以静神，静神以养气。气多而治，则养身之大者得矣。古之道士有言曰：将欲无陵，固守一德。此言神无离形，则气多内充。……和乐者，生之外泰也；精神者，生之内充也；外泰不若内充。

此谓"物生贵气"，因生由气化，所谓"形本生于精"也。又谓："神从意而出，意劳者神扰"，此以神属心志也。神扰气少，神静气多，此犹孟子之所谓"志动气"。其曰"精神者，生之内充"，虽亦"精神"连文，而显然二字各有所指，异乎如淮南之言"精神"矣。

《同类相动》又云：

> 气同则会，声比则应……非有神，其数然也。……明于此者，欲致雨则动阴以起阴，欲止雨则动阳以起阳，故致雨非神也。而疑于神者，其理微妙也。……相动无形，则谓之自然。其实非自然也，有使之然者矣。

此于宇宙间一切变化，以"同类相动"之理说之，既不认其有神，亦不认为一切皆出于自然。彼曰："其数然"，又曰："理微妙"，既变化中有数理可求，可见变化必有致此之理。既有致此变化之理可求，则变化不得谓之"自然"矣。以此较之淮南"神生万物"之说，所胜实远。此后王弼以"理"说《易》，殆可谓实启于江都也。近人多讥仲舒治阴阳家言，至斥之为大巫，又谓汉儒学术皆坏于仲舒，如此等处，乃议论大节目，仲舒又何可轻议乎？

越至东汉，有《白虎通》，此乃当时朝廷儒者，集体撰述，亦汉代儒学一经典也。其书亦言及"精神"字，而大义仍守先秦旧谊，无大走作。兹再举其说。

《白虎通·天地篇》有云：

> 始起之天，始起先有太初，后有太始。形兆既成，名曰太素。混沌相连，视之不见，听之不闻，然后剖判。清浊既分，精出曜布，度物施生。精者为三光，号者为五行。行生情，情生汁中，汁中生神明，神明生道德，道德生文章。故《乾凿度》曰：太初者，气之始也；太始者，形兆之始也；太素者，

质之始也。

此谓天地始于"气",气有形而始有质,于是始有精。有精然后有物,物生始有情,由是而始有"神"。此以神属情知可知。有情知始有道德,有道德始有文章,此所谓"人文化成"也。此亦以精属天,神属人,精先而神后,亦不谓"神生万物"也。

其《情性篇》又云:

> 精神者,何谓也?精者,静也,太阴施化之气也。……神者,恍惚太阳之气也。

此又以"精""神"分属阴阳。言《易》者,必先阴而后阳,故言"精神",亦必先精而后神。是《白虎通》说"精""神"字,犹未失先秦道家初义也。然其曰"精神者何谓也",则知其时"精神"字连用并称,已为流行习熟之语矣。

一二 王充论衡言精神义

《春秋繁露》与《白虎通》二书,皆出儒家,然言"精""神"字,尚与先秦道家本谊无大违失,而王充著《论衡》,其立论号为一本道家,乃其书中言及"精""神"字,转多歧义。兹再略举其要。

《论衡·论死篇》有云:

> 人之所以生者,精气也。……能为精气者,血脉也。人死,血脉竭,竭而精气灭。……人死,精神升天,骨骸归土,故谓之鬼。鬼者,归也。……或说:鬼神,阴阳之名也,阴阳逆物而归,故谓之鬼;阳气导物而生,故谓之神。神者,伸也;申复无已,终而复始。人用神气生,其死复归神气。……

气之生人，犹水之为冰也。水凝为冰，气凝为人，冰释为水，人死复神。其名为神也，犹冰释更名水也。人见名异，则谓有知，能为形而害人，无据以论之也。人见鬼若生人之形……故知非死人之精也。

充之此论，殆可谓甚近淮南，非先秦庄老道家言"精""神"之本义矣。充虽谓："人之所以生者精气"，然又谓："能为精气者血脉"，此充之所谓"精气"，显与《老子》书"其中有精"之"精"异。若就《老子》书原义，则当云："能为血脉者，精气也。"至云："阳气导物而生，故谓之神"，若承《繁露》《白虎通》以"精""神"分属阴阳而来，然谓："人死复神"，又谓："故知非死人之精"，此则王充一人之歧义，既非老子义，亦非庄子义。至谓："其名为神，犹冰释更名水"，岂是人死专复为阳气，更不为阴气乎？故知其用字多歧义也。充又云：

> 为鬼者，人谓死人之精神……则人见之，宜徒见裸袒之形。……何则？衣服无精神，人死与形体俱朽，何以得贯穿之乎？精神本以血气为主，血气常附形体，形体虽朽，精神尚能为鬼，可也。今衣服，丝絮布帛也。……自无血气，败朽遂已，与形体等。……由此言之，见鬼衣服，象之，则形体亦象之矣。象之，则知非死人之精神也。

充之此议，仅是驳正人所见鬼，非死人之精神；而充之用此"精神"二字，则显已受当时对"精神"二字之惯常习用，而不能加以辨析矣。古人只谓人死，其魂气归天，或谓其魂气尚能为鬼；然用"魂气"字，究与用"精神"字涵义有不同。因用"魂气"字，尚属后天，而用"精神"字，则可歧误如淮南，移指先天也。而充又云：

> 今人死，皮毛朽败，虽精气尚在，神安能复假此形而以行见乎？

是又明明混"神"与"精气"而一之也。又曰：

> 人之未死也智慧，精神定矣。病则惛乱，精神扰也。夫死，病之甚者也。病……犹惛乱，况其甚乎？精神扰，自无所知，况其散也？

此一节亦以"精神"连文，混并为一说之。若细就"精神"二字本义言，当云："病则神惛乱，死则无神知"，又当云："人死则精散，精散因无神"，不得云："人病精神扰，人死精神散"也。又曰：

> 蝉之未蜕也，为复育。已蜕也，去复育之体，更为蝉之形。使死人精神去形体，若蝉之去复育乎？则夫为蝉者，不能害为复育者。……死人之精神，何能害生人之身？

又曰：

> 梦用精神，精神，死之精神也。梦之精神不能害人，死之精神安能为害？

此亦皆"精神"连文。凡充之所加驳正，正见其时人多已如此云云也。而凡此云云，则显从淮南来，不从老庄来。凡后世言"精神"字，其义显近《淮南》《论衡》，而与老庄远歧，然则吾人读充之所驳正，正可见淮南新说之影响于当时后世者为何如矣。

又《论衡·订鬼篇》有云：

> 凡天地之间有鬼，非人死精神为之也。皆人思念存想之所
> 致也。……伯乐学相马，顾玩所见，无非马者。宋之庖丁学解
> 牛，三年不见生牛……二者用精至矣。思念存想，自见异物
> 也。人病见鬼，犹伯乐之见马，庖丁之见牛也。……觉见卧
> 闻，俱用精神。畏惧存想，同一实也。

此文以思念存想畏惧为精神，后世言"精神"，多与充之此义
近。此"精神"二字之用法，虽不尽同于淮南，然明是仍从淮南歧
义来。故可谓后世用"精神"字，实始起于淮南，而成立于《论
衡》也。

又其《顺鼓篇》，驳董仲舒说《春秋》，其言曰：

> 《传》又言：共工与颛顼争为天子，不胜，怒而触不周之
> 山，使天柱折，地维绝，女娲消炼五色石，以补苍天，断鳌之
> 足，以立四极。仲舒之祭女娲，殆见此《传》也。本有补苍
> 天、立四极之神，天气不和，阳道不胜，傥女娲以精神助圣王
> 止雨湛乎？

此所谓楚固失之，齐亦未得。仲舒说阴阳五行，诚多附会，然其用
"精""神"二字，如我上之所称举，则似远较王充《论衡》为得。
故可谓"精""神"二字使用之歧义，实生起于道家之内部也。

又其《道虚篇》有云：

> 世或以老子之道为可以度世，恬淡无欲，养精爱气。夫人
> 以精神为寿命，精神不伤，则寿命长而不死。

此谓以养精爱气为道家长生之术，是也。若曰"人以精神为寿命"，
此则仍是淮南后起之说，"精""神"混用，不再分别。若依道家初

义，殆无可有此语也。

又《感虚篇》有云：

> 以至孝与父母同气，体有疾病，精神辄感，曰：此虚也。夫孝悌之至，通于神明，乃谓德化至天地。俗人缘此而说，言孝悌之至，精气相动。……考事，曾母先死，曾子不死矣。此精气能小相动，不能大相感也。

此文以神明归于天地，又若以"精气相动"与"精神辄感"二辞为同义语，以此较之上引《吕览·精通篇》云云，则知两汉时人用"精神"字，多混并无别，不如先秦时人用此两字，义各有指也。今果细为推求，纵《庄子》外杂诸篇亦间有此等歧义语之使用，而可谓大源盛于《淮南》，流趋滥及《论衡》，则例证显然，更无可疑也。

继此以往，不再细举。盖后世之用"精神"字，则大体不能越出于上举之范围也。

一三　附辨道家言神与儒家言心之区别

继此有当附辨者。上文释先秦道家言"神"字，谓其多指一种心知状态或心知作用言，此乃辜略言之则然耳。若深细辨之，则道家言"神"，实与孔孟言"心"有区别。

孟子曰："心之官则思"，又曰："养其大体为大人，养其小体为小人。"（《告子》）是"心"乃人身一官体，与耳目口鼻无甚大异也。而《庄子》书则不然。其言曰：

> 百骸九窍六藏，赅而存焉，吾谁与为亲？女皆说之乎？其有私焉？如是，皆有为臣妾乎？其臣妾不足以相治乎？其递相为君臣乎？其有真君存焉。（《齐物论》）

当知孟子所谓"心"，在人身乃六藏之一，而庄子此处之所谓"真君"，则实不指心言。若必于道家书中另求一字释此庄子之"真君"，则惟有"神"字足以当之。近儒刘咸炘说此节，曰：

> 人身百节，皆神所在。神本一浑全之体，不属于一节。正如道在万物，风与众窍，实无所独私也。

此说大是。盖就后起道家义，道既散在万物，其存乎人身者为神，此即人之"真宰"也。

《老子》书有曰：

> 载营魄，抱一，能无离乎？

此处"一"字，散在宇宙则指道，其在人身，就后起道家言，则亦指神而言也。苏辙说之曰：

> 魄为物，故杂而止；魂为神，故一而变……道无所不在，其于人为性，而性之妙为神。言其纯而未杂，则谓之一。言其聚而未散，则谓之朴。其归皆道也。……圣人性定而神凝，不为物迁。虽以魄为舍，而神所欲行，魄无不从，则神常载魄矣。

今按：苏氏此节，语多未是，然其以"神"释"一"，则甚是也。苏氏谓道无所不在，其于人为性，而性之妙为神，此乃牵合儒家之说以为说。《庄》《老》原书初不言"性"，惟《庄子》外篇《天地》，已有"体性抱神"之语；此证《老子》书之"抱一"，后起道家即以"抱神"说之。而"神"与"性"互用，皆谓其原始赋禀于天，而与人之形体，若别为一物而先在矣。此等观念，与此"神"

字之义用，虽尚不明见于庄老之书，然实可谓乃由庄老之书之引衍而来也。

苏氏又曰：

> 教之以抱神载魄，使两者不相离，此固圣人所以修身之要。至于古之真人，深根固蒂，长生久视，其道亦由是也。

神不离形，即得长生久视，此即淮南之说也。吕惠卿亦说之，曰：

> 古之人，以体合于心，心合于气，气合于神，神合于无。

此以"心"与"神"分言，极得道家言"神"字之微旨。盖"心"特人身一官体，心固不可离身而独在。道家言"神"则不然。神之于身，则可离。然"神"固何物乎？"心"可指，而"神"不可指，故心为有而神为无。此所谓："名可名，非常名。""道"之与"神"，皆不可指，不可名，故强而名之曰"一"；又强而名之曰"无"也。后世道家言长生，必曰："葆真守神"，盖谓身不离道，神不离身，即可长生。是谓"神"可以离躯体而独在也。若如儒家义，养心固不足以冀长生，因心为人身之官体，心固不能离身自在。范缜之《神灭论》，其实乃指心知作用之息灭也。

故儒家言"心知"，而道家则改言"神明"；此为儒、道两家一极大歧义。《庄子·天下篇》有曰：

> 神何由降？明何由出？

陆长庚曰：

> 神谓人之本性，降衷于天者。具有灵觉，谓之曰明。

此亦牵合儒家义说之。《中庸》言："天命之谓性"，《尚书·汤诰》：
"惟皇上帝，降衷于下民"，此皆后起儒家义。即就《中庸》言，此
"天命之性"，已若先于形体而投入于形体矣。道家言"神"不言
"性"，仅可谓人身之有神，乃降于天，人心之有明，乃出乎神，
"神""形"可以分立。不如孔孟儒家言"身""心"，则不可分也。

荀子著书稍后于《老子》，其书多已杂采《老子》用语，然即
就其主"心知"不主"神明"之一端言，则确然可见其犹守儒家矩
矱矣。其言曰：

> 天职既立，天功既成，形具而神生，好恶喜怒哀乐臧焉，
> 夫是之谓天情。（《天谕》）

此言"形具神生"，"神"字义用显本道家。然曰：

> 耳目鼻口形能，各有接而不相能也，夫是之谓天官；心居
> 中虚以治五官。夫是之谓天君。

此称"心居中虚"，又不曰"心之官"而改称"天君"，此亦受庄老
道家影响也。然荀子实重心知而不重神明。故曰：

> 心生而有知。
> 心者，形之君也，而神明之主也；出令而无所受令。（《解
> 蔽》）

又曰：

> 心也者，道之工宰也。（《正名》）

是谓由有人心，始有人心之神明；由有人心之神明，始得为道作主宰。此即孔子"人能弘道，非道弘人"之旨也。故谓荀子确然犹遵儒家之传统也。

西汉司马谈治道家言，其《论六家要指》，曰：

> 凡人所生者，神也；所托者，形也。神大用则竭，形大劳则敝，形神离则死。

又曰：

> 神者，生之本也；形者，生之具也。

此等"神"字，显不当仅以心知作用言。盖道家言"神"字，虽可有心知作用之涵义，而"神""形"之别，求其语源，实似于古人之言"魂""魄"。故道家言神字，皆涵有精魂义，皆涵有魂气义，"神""形"可以相离，而"神"若成为形而上之一体。至于孔孟言"心"，固无形而上而自成一体之意义存在。此一区别，则大堪注意也。

三国王弼亦治《老子》，故其《难何晏圣人无哀乐论》有曰：

> 圣人茂于人者，神明也；同于人者，五情也。神明茂，故能体冲和以通无。五情同，故不能无哀乐以应物。

观其言"神明"而不言"心知"，即确然知其为宗主于道家矣。

故道家言"神"字，与孔孟儒家言"心"字，有其相似，亦有其不相似；有其相通，而甚有其相违。若由此一区别深求之，则西汉淮南宾客著书，虽"精""神"二字混用无别，渐失庄老之旧谊，要之其分别"精神"与"形质"而为二，溯其思想渊源，仍不得不谓由庄老传统所展衍而出也。

"魂""魄"之说，既为春秋时人之恒说，先秦道家又易之以"形""神"之说，其流传于此后中国社会，深入于人心，影响于思想界者，可谓至微妙，亦至广大。逮后宋儒言"心""性"，言"理""气"，乃亦颇有染渐于此，而违离于孔孟"身""心"之旧说者。此亦当为治中国思想史者所必深知微辨而不可忽视之一要端，故为特发其大旨于此。

（一九五六年八月香港《新亚学报》二卷一期）

庄子书言长生

　　《庄子》书有神人而无长生。其言"神人"也，曰："藐姑射之山，有神人居焉：肌肤若冰雪，淖约若处子，不食五谷，吸风饮露，乘云气，御飞龙，而游乎四海之外；其神凝，使物不疵疠而年谷熟。"（《逍遥游》）此庄子之所谓"神人"也。《庄子》又言曰："之人也，物莫之伤：大浸稽天，而不溺；大旱，金石流，土山焦，而不热。"（同上）又或谓之"至人"，《庄子》曰："至人神矣：大泽焚，而不能热；河汉冱，而不能寒；疾雷破山，风振海，而不能惊。若然者，乘云气，骑日月，而游乎四海之外；死生无变于己，而况利害之端乎？"（《齐物论》）夫曰"死生无变"，则至人之有死生可知。又或谓之"真人"，曰："古之真人……登高不栗，入水不濡，入火不爇。"又曰："古之真人：其寝不梦，其觉无忧，其食不甘，其息深深。真人之息以踵，众人之息以喉。屈服者其嗌言若哇。其嗜欲深者，其天机浅。"又曰："古之真人，不知悦生，不知恶死；其出不䜣，其入不距；翛然而往，翛然而来而已矣。"（《大宗师》）然则真人亦复有死生，故曰："不知悦生不知恶死。"故知凡庄子所谓"神人""至人""真人"者，皆不能无死生。

　　子列子问关尹曰："至人潜行不窒，蹈火不热，行乎万物之上

庄老通辨

而不栗。请问何以至此？"关尹曰："是纯气之守也，非知巧果敢之列。……彼将处乎不淫之度，而藏乎无端之纪，游乎万物之所终始。壹其性，养其气，合其德，以通乎物之所造。夫若是者，其天守全，其神无郤，物奚自入焉？夫醉者之坠车，虽疾不死。骨节与人同，而犯害与人异，其神全也。乘亦不知也，坠亦不知也，死生惊惧不入乎其胸中，是故遻物而不慑。彼得全于酒而犹若是，而况得全于天乎？圣人藏于天，故莫之能伤也。"（《达生》）然则庄子所谓"神人物莫之伤"者，特谓其神全而气定，虽遻物而不慑，无所动于中，斯以谓之"不伤"也。

老聃之告孔子曰："草食之兽不疾易薮，水生之虫不疾易水，行小变而不失其大常也，喜怒哀乐不入于胸次。夫天下也者，万物之所一也。得其所一而同焉，则四支百体将为尘垢，而死生终始将为昼夜，而莫之能滑，而况得丧祸福之所介乎？弃隶者若弃泥涂，知身贵于隶也，贵在于我而不失于变，且万化而未始有极也，夫孰足以患心？已为道者解乎此。"（《田子方》）孔子亦曰："古之真人……死生亦大矣，而无变乎己，况爵禄乎？若然者，其神经乎大山而无介，入乎渊泉而不濡，处卑细而不惫。充满天地，既以与人己愈有。"（同上）皆是义也。故"吾身非吾有……是天地之委形也。生……天地之委和也。……性命……天地之委顺也。孙子……天地之委蜕也。故行不知所往，处不知所持，食不知所味。天地之强阳气也，又胡可得而有邪？"（《知北游》）一切不以为己有，斯"行不知所之，居不知所为，与物委蛇而同其波，是卫生之经已。南荣趎曰：'然则是至人之德已乎？'（老子）曰：'非也；是乃所谓冰解冻释者。夫至人者，相与交食乎地，而交乐乎天；不以人物利害相撄，不相与为怪，不相与为谋，不相与为事。翛然而往，侗然而来。是谓卫生之经已。'"（《庚桑楚》）然则至人有卫生之经，所谓"可以保身，可以全生，可以养亲，可以尽年"（《养生主》）。夫亦曰"依乎天理，因其固然"（同上）而已矣。故曰："列子御风而

220

行，泠然善也，旬有五日而后反。此虽免乎行，犹有所待也。若夫乘天地之正，而御六气之辨，以游无穷者，彼且乌乎待哉！”（《逍遥游》）此即“神人”之所谓“乘云气，御飞龙，以游乎四海之外”者也。其实则仍不过“依乎天理，因其固然”，“翛然而往，翛然而来”而已矣。外无待乎物，内无动于心，此其所以为“神人”也。“南伯子葵问乎女偊曰：‘子之年长矣，而色若孺子，何也？’曰：‘吾闻道矣。’南伯子葵曰：‘道，可得而学邪？’曰：‘恶！恶可！子非其人也。夫卜梁倚有圣人之才而无圣人之道，我有圣人之道而无圣人之才。吾欲以教之，庶几其果为圣人乎！不然，以圣人之道告圣人之才，亦易矣。吾犹守而告之。三日而后能外天下。已外天下矣，吾又守之，七日而后能外物。已外物矣，吾又守之，九日而后能外生。已外生矣，而后能朝彻。朝彻而后能见独，见独而后能无古今，无古今而后能入于不死不生。……其为物，无不将也，无不迎也，无不毁也，无不成也；其名为撄宁。撄宁也者，撄而后成者也。’”（《大宗师》）凡庄子之所谓“至人”“神人”“真人”“圣人”者率具备是矣。外生而入于不死不生，非固所谓“长生”也。

凡《庄子》书言“长生”，皆晚起，非诚庄生言。黄帝问广成子，治身奈何而可以长久？“广成子蹶然而起曰：‘善哉问乎！至道之精，窈窈冥冥。至道之极，昏昏默默。无视无听，抱神以静，形将自正。必静必清，无劳汝形，无摇汝精，乃可以长生。目无所见，耳无所闻，心无所知，汝神将守形，形乃长生。慎女内，闭女外，多知为败。……天地有官，阴阳有藏，慎守女身，物将自壮。我守其一，以处其和。故我修身千二百岁矣，吾形未尝衰。’”（《在宥》）此始为“长生”之说。本于清静无知，闭绝视听，此一术也。曰：“吹呴呼吸，吐故纳新，熊经鸟申，为寿而已矣。此道引之士，养形之人，彭祖寿考者之所好也。”（《刻意》）此又一术也。又曰：“无为则俞。俞俞者，忧患不能处，年寿长矣。”（《天道》）此则未见必为长生之术。要之其言长年寿，与庄子“一死生”之旨、“尽天年"之教，固已乖矣。故知皆非庄子之言也。

（一九六〇年十二月香港《人生杂志》二四三期）

庄子薪尽火传释义

《庄子·养生主》:"指穷于为薪,火传也,不知其尽也。"一寓言,一喻辞,寥寥十三字,传诵至今已逾两千年,犹继承不绝,中华文化绵延之可贵乃如此。

庄子所谓"火",非实体,仅一有形象之作用,乃如今人所谓之"文明""文化",或可说是一抽象之"道"。庄子之所谓"薪",乃以喻一些可指数之具体之"物"。人亦自然中一物。"物"必消散有尽,而"道"则可承可传。然可传之道,即在此有尽之物上。使无此物之尽,亦即无此道之传。《太史公书》所谓"天人之际,古今之变"者即在此。

其实儒家对此义已先言之。《论语》曾子曰:"士不可以不弘毅,任重而道远。仁以为己任,不亦重乎?死而后已,不亦远乎?"(《泰伯》)儒家言"仁",即犹人心之"火";己之一生,则为当尽之"薪"。使无薪,又何来有火?使非人心,又何来有仁?

孔子又先曾子言之,其言曰:"道之不行也,已知之矣。"(《微子》)孔子当其身,其道不能行;而孔子之道,传世两千五百年,迄今犹传。自孔子之卒,有孔门弟子,以迄于子思、孟子之继起,以至于历世儒者之相传,此即"薪尽火传"之证。

故孔子又言："志于道，据于德，依于仁，游于艺。"（《八佾》）孔子所志之"道"，即如庄子之言"火"。有其用，无其体。其本在于己之德，其德发而为仁，又必见之于艺。人之德在其性，人之仁在其心，而一切人文则皆是艺。故孔门相传称"儒家"。儒，术士之称，其言"术"，犹言"艺"。苟无礼、乐、射、御、书、数六艺之文，又何得成为儒？其德将亦非儒者之所谓"德"。故孔门之"艺"与"文"，实即庄生所指之积薪，乃所由以见道。

老子后于庄子，其言始变，乃曰："失道而后德，失德而后仁，失仁而后义，失义而后礼。夫礼者，忠信之薄，而乱之首。"不知道即本乎德；苟无德，何有道？德即本乎仁；苟非仁，又何有德？仁必见于义；苟无义，亦不见仁。义乃存乎礼；非义，亦无礼。故孔子曰："人而不仁，如礼何？"（《八佾》）"礼"即其薪之积；而"道"之与"仁"，则其火之传。老子之言，较庄子浅，而又失之。

《韩非》书，有《解老》《喻老》篇。韩非为法家之祖，而司马迁《史记》则谓申、韩源于老、庄，而老子深远矣。不知申、韩乃源于老，但非源于庄。老子较申、韩为深远，而庄生则更深远。此必知《老子》书之晚出，乃能论其意。

今姑专就庄生一家之书言，内篇七篇中又有《齐物论》，儒、墨是非，庄生一以视之，此亦有深意。苟非父顽母嚚，则无由见舜之为大孝。非洪水为灾，亦无由来尧、舜之禅让。非桀、纣之甘居下流，亦无由见汤、武之征诛。非汤、武征诛，亦无以见伊尹之任、伯夷之清。非近代敌国外患之纷至而迭起，亦无由见孙中山先生以民族主义为首之三民主义之兴起。故孔子言："执其两端，用其中于民。"中国通俗语言每好连举两端，如"是非""得失""治乱""兴亡""死生""成败"，如此类者不胜举。则可谓正反两面实皆成火之薪。故孔子"五十而知天命，六十而耳顺，七十而从心所欲不逾矩"（《为政》）。知天之命，则自知正反两面，而所闻皆耳顺矣。惟在己之自守，则从心所欲不逾矩。但儒家求有方可守，故必言矩。庄子则谓："得其环中，以应无穷。"故道家则不言方，而必言圆。此则又儒、道之相异。故孔子又曰："不得中行而与之，必也狂狷乎！狂者进取，狷者有所不为也。"（《子路》）孔子之所谓"中行"，亦必有方可循，不逾矩者。故后儒谓"大方之家"。

今再深一层言之。庄子即其狂者，而老子则不失为狷者。庄、老合为道家，较之儒，则皆其狷者。而曾子、孟子则不失为一狂。惟孔子乃中行之大圣，此则所谓"圣之时"。然自宇宙之大道言之，则孔子亦仅为其一薪，此则不可不知。

要之，凡吾中国人，皆当知己之即为一薪，但可以传火，则庶乎得之矣。《中庸》言："天命之谓性，率性之谓道，修道之谓教。"凡"性"皆属薪，凡"道"皆属火。而此道犹须修，犹须传，则必由于有所师。而孔子则为中国之至圣先师，乃最能修其道而传之者。中国人群尊孔子为至圣先师，又谓其"贤于尧、舜远矣"。荀卿言："天、地、君、亲、师。""天""地"实亦皆是火，"君""亲"则亦仅是薪，而"师"则和会天人，融通天地大自然与君、亲人文而一之。故中国文化最尊师。有师传，有师教，而《庄子》内篇《大宗师》后又有《应帝王》，此又儒、道一相异，而儒家则又更见其为深远矣。至于如其他民族之宗教，则中国文化传统中无之。能明中国师教与其他民族宗教之相异，乃可更发明庄生"薪尽火传"之精义。此篇仅略陈其大概，以待学者之善自寻求体会之。

（原载一九八六年七月十八日《联合报》）

道家与黄帝

一

汉人常以黄帝、老子并称，有所谓"黄老之学"者，自汉初已盛，而著书依托黄帝者尤多。据班氏《艺文志》，道家有《黄帝四经》四篇、《黄帝铭》六篇、《黄帝君臣》十篇、《杂黄帝》五十八篇，阴阳家有《黄帝泰素》二十篇，小说家有《黄帝说》四十篇，兵阴阳有《黄帝》十六篇，天文有《黄帝杂子气》三十三篇，历谱有《黄帝五家历》三十三卷，五行有《黄帝阴阳》二十五卷、《黄帝诸子论阴阳》二十五卷，杂占有《黄帝长占柳梦》十一卷，医经有《黄帝内经》十八卷、《外经》三十九卷，经方有《泰始黄帝扁鹊俞拊方》二十三卷、《神农黄帝食禁》七卷，房中有《黄帝三王养阳方》二十卷，神仙有《黄帝杂子步引》十二卷、《黄帝岐伯按摩》十卷、《黄帝杂子芝菌》十八卷、《黄帝杂子十九家方》二十一卷；右为书凡二十一种，为篇一百八十七，为卷二百六十二。门类之广，部帙之繁，盖无出其右者。黄帝为一时之所乐推盖如是。然夷考先秦诸子称述黄帝，最先见于《庄子》书，其内篇惟再见于《大宗师》，曰：

> 黄帝得之，以登云天。

乃与豨韦、伏羲、冯夷、肩吾、颛顼、西王母、彭祖、傅说诸人连类并及，非特尊黄帝，奉以为特出而不俦之圣帝也。又曰：

> 无庄之失其美，据梁之失其力，黄帝之亡其知，皆在炉捶之间耳。

则益不见所以为推尊崇重之意。又《齐物论》：

> 是黄帝之所听荧也。

或本作"皇帝"，未知孰是。然要之非褒辞也。《庄子》内篇言黄帝尽此矣。外、杂篇乃屡屡言黄帝，然其言亦贬多于褒，抑多于尊，固未尝取以与其所谓"古之博大真人"如老聃者相拟类也。《庄子》为书，虽固寓言无实，然当时学者所想象于古史之真相，盖可由此推见。而百家言黄帝，其所以乐推盛尊有如此者，亦可得而征论焉。因姑举《庄子》书具证之，以见黄老学与《庄子》书之异同，此亦讨论中国古代道家思想之演进转变者所应知也。

二

《田子方》：

> 伏羲、黄帝不得友。

《山木》：

> 此神农、黄帝之法则也。

此皆粗举遥古帝王，以黄帝与羲农并列，而未见其所以为称道之详者。《知北游》：

> 狶韦氏之囿，黄帝之圃，有虞氏之宫，汤、武之室。

《天下》：

> 黄帝有《咸池》，尧有《大章》，舜有《大韶》，禹有《大夏》，汤有《大濩》，文王有辟雍之乐，武王、周公作《武》。

此则历述古今文物演变，自黄帝下及尧、舜、汤、武，亦未见于黄帝独有推尊，而奉以为杰出而不侔之圣帝也。抑且文物之兴，始自黄帝，此于《庄子》书，毋宁以此乃多所贬而不见有所褒。《至乐》言：

> 吾恐回与齐侯言尧、舜、黄帝之道，而重以燧人、神农之言。

则明以黄帝下侪尧、舜，上视燧人、神农，轩轾判然。盖黄帝已开后世之气运，故下与尧、舜伍，而上不获侪燧、农。故《天道》云：

> 天地者，古之所大也，而黄帝、尧、舜之所共美也。

此亦以黄帝下侪尧、舜也。故《胠箧》备举昔者至德之世，起容成氏，下逮伏羲、神农，凡十二君，而黄帝不与焉。又《缮性》曰：

> 古之人，在混芒之中，与一世而得澹漠焉。……逮德下

衰，及燧人、伏戲始为天下，是故顺而不一。德又下衰，及神
农、黄帝始为天下，是故安而不顺。德又下衰，及唐、虞始为
天下，兴治化之流，澆淳散朴。

此谓燧人、伏戲已开衰德之运矣。其次为神农、黄帝，又其次为
唐、虞、尧、舜，则衰也益甚。要之黄帝乃在衰德之世，纵获媲神
农，终不得攀燧、戲焉。此在《庄子》书，固未见所以推黄帝，若
以为上古至高无上之圣人也。惟其如此，故《在宥》曰：

> 昔者黄帝始以仁义撄人之心，尧、舜于是乎股无胈，胫无
> 毛，以养天下之形，愁其五藏以为仁义，矜其血气以规法度。
> 然犹有不胜也。

此尤显以世运之衰始黄帝，讥斥之。故《天运》老聃之告孔子曰：

> 黄帝之治天下，使民心一；民有其亲死，不哭，而民不非
> 也。尧之治天下，使民心亲；民有为其亲杀其杀，而民不非
> 也。舜之治天下，使民心竞。……禹之治天下，使民心变。

称论自古治天下者，而始黄帝，以下及尧、舜、禹，则黄帝之不为
《庄子》所乐推可见矣。

且不仅此也，《在宥》曰：

> 黄帝立为天子十九年，令行天下，闻广成子在于空同之
> 上，故往见之。……广成子曰："……自而治天下，云气不待
> 族而雨，草木不待黄而落，日月之光益以荒矣。而佞人之心翦
> 翦者，又奚足以语至道！"黄帝退，捐天下，筑特室，席白茅，
> 闲居三月，复往邀之。广成子南首而卧，黄帝顺下风，膝行而

进，再拜稽首而问曰："……治身奈何而可以长久？"

此黄帝之所以见广成子，不犹夫孔子之见老聃乎？广成子之所以训斥夫黄帝者，不犹夫老聃之所以训斥夫孔子者乎？《徐无鬼》亦曰：

> 黄帝将见大隗乎具茨之山……至于襄城之野，七圣皆迷，无所问涂。适遇牧马童子，问涂焉。（牧马童子告黄帝以治天下），黄帝再拜稽首，称天师而退。

此襄城牧马童子之于黄帝，亦犹夫缁帷渔父之于孔子也。故《天地》曰：

> 黄帝游乎赤水之北，登乎昆仑之丘，而南望还归，遗其玄珠。

此写以明夫黄帝之未为得道真也。故《盗跖》曰：

> 世之所高，莫若黄帝，黄帝尚不能全德，而战涿鹿之野，流血百里。

又曰：

> 古者……有巢……神农之世……此至德之隆也。……黄帝不能致德，与蚩尤战于涿鹿之野，流血百里。尧、舜……汤、武以来，皆乱人之徒也。

此仍谓至黄帝世而始德衰，黄帝未为能全德者。

惟《知北游》独谓：

> （知问道于无为谓，又问于狂屈，皆不得问，见黄帝。黄帝

始告之道。）知问黄帝曰："我与若知之，彼与彼不知也。其孰是邪？"黄帝曰："彼无为谓真是也，狂屈似之，我与汝终不近也。"

则虽以黄帝为知道，仍终之曰不近道，然此已若为褒美之辞矣。凡《庄子》书言黄帝，率具此。（《天运篇》有"北门成问于黄帝曰：帝张《咸池》之乐于洞庭之野"一节，此不备。）乌见《庄子》书之所以推黄帝哉？

三

然据《庄子》书，有可悬测者数事：一则当时论史实认黄帝世为文运之始启，凡《庄子》书之贬抑黄帝，胥由此也。若是，则太史公著《史记》，创为《五帝本纪》，起黄帝，其意实远有所承受，未可深非矣。又黄帝得道登仙之说，或战国时已有之，故《在宥》谓黄帝问养生长久之道于广成子，而《大宗师》谓黄帝"以登云天"，《至乐》亦曰：

> 昆仑之墟，黄帝之所休。

《庄子》外、杂诸篇，其成有甚晚者。《盗跖》决非早出书，故其言曰："世之所高，莫若黄帝。"则当《盗跖》篇撰著之时，黄帝必已为百家所盛推，此当已在汉世。《盗跖》虽伪书，然其作者尚不失庄学之大体，故仍于黄帝致其贬抑也。

四

今试续考之于《淮南王书》。其《俶真训》亦以伏羲为世之始衰，下至神农、黄帝而益甚，亦不于黄帝有尊美也。其《览冥训》论黄帝治天下，亦谓其"未及虑戏氏之道"。此皆就人文演进而致其贬抑以为不足尚，则此乃战国下逮汉初治道家言者一通谊也。其

《主术》备论伏羲、神农、尧、舜、禹、汤、文、武,而顾于黄帝独缺,其《修务》又曰:"神农、尧、舜、禹、汤,可谓圣人乎?"复不及黄帝。则《淮南王书》仍未见有盛尊黄帝之说也。

当时百家言黄帝,其言今多不传,要之道家虽不能自外,而道家之言黄帝,则并不与其所谓"古之博大真人"若老聃者等类而齐量。则汉初之所谓黄老言者,严格论之,其遂得遽目之为即道家言乎?此固一至可商榷之问题也。

五

然百家又何以乐推于黄帝?曰:此亦即《庄子》书而可知也。盖当时本谓古代文运开于黄帝,故遥溯古帝王,不期而群推黄帝以为宗。孔、孟之尊尧、舜,既见为平实澹薄,无以餍学者好高骛远之意,乃有如邹衍之徒者出,上溯黄帝以为自古文治之宗极。至于羲、燧、神农,则草昧未辟,文化未融,故遂不为诸家所乐道。又《庄》书所称者,于黄帝世,如广成子、无为谓、狂屈,下至牧马童子;于尧、舜之世,则如许由、巢父,乃至藐姑射之仙人;于孔子世,则如老聃,乃至渔父、盗跖之伦,此诚处士横议之所藉以恣肆而称快,而未为适于王者天子之听闻也。此必战国晚世,一统之兆将显,燕、齐海滨之学者,不胜其夸大迎合之私,乃始以世传老子言转嫁于黄帝,而后《老子》书中所谓一天下之圣人,乃于史实有征。而于是为兵家言者亦托始焉,以其战蚩尤而混一诸夏也。而后封禅登仙、长生久视之纷纷者,又增益而附会之,张皇而神圣之,而医药、方技、杂占、星历之说,乃始依而为宗主焉。则黄帝之学,其殆盛兴于秦皇之世,而大立于汉武之代者欤?及秦、汉帝王大统之运既衰,魏、晋名士清谈踵起,乃复黜黄帝,进庄生。"黄老"之复转而为"老庄",此又学术随世运为转移一好例也。至于黄帝不为道家所宗主,则尚不始于魏、晋之清谈,即黄巾张鲁之徒,固已可以证矣。

(原载一九四八年五月三日《中央日报》文史第八十九期)

中卷之下

比论孟庄两家论人生修养

中国学术，原本先秦，而儒道墨三家为之宗。研究人生修养，尤为中国学术精华。顾墨家于此独缺，以此其流亦不畅。儒、道两家，各擅胜场。孟轲、庄周，俱臻绝诣。两人学术虽相异，而生世则同，故其议论意境，有相违，亦多相似。相合而观，殆可范围此后二千年论人生修养之大途辙，而莫能自外。爰为比列而并论之如次。

孟子道性善，而曰："尽其心者知其性也，知其性则知天矣。"（《尽心》）《庄子》内篇不言"性"，外杂篇偶及之，然此乃晚起学庄者之所为。惟庄子言"天"，言"自然"，自然与性皆上本于"天"，故庄之与孟，其学皆尊"天"。惟庄周混同"人""物"，平等一视，其意境较孟子尤恢宏，而稍不切于人事矣。抑苟既尊天，则若无事于修养，而孟、庄二子，乃皆特以言修养见长，此其所以为深至也。

倘有人焉，彼能一任其天，更不为外界事物所屈抑、所转移，而其心天行，得以彻底发展其自我内心自由之伸舒，独行吾心，上达天德，此又何需所谓"修养"者？不知此正最有待于修养工夫，非大智大勇，能战胜一切，超脱一切者不办。正惟此等人，乃最需修养，而所谓人生修养之最高境界，亦期能达至于此等境界而已。孟、庄正同为此等人物，皆同抱此等意境，实同为孔墨以下，家言得势、游士奋兴之时代要求下产生，实同为此下二千年中国智识分子从事人生修养者，建树其最高之标的。而此二家论修养之终极意义则大有辨。今先论孟子。

《孟子》书中提及人生修养之至高人格，则曰"大丈夫"，亦曰"大人"，以与"小人""小丈夫"对。孟子曰：

> 居天下之广居，立天下之正位，行天下之大道。得志，与民由之；不得志，独行其道。富贵不能淫，贫贱不能移，威武不能屈，此之谓大丈夫。（《滕文公》）

故孟子意想中之大丈夫，必确然具有大智大勇，能战胜一切，超脱一切，不为外界事物所屈抑，所转移，而其自我内心，乃获有一种极充分之自由伸舒者。而所以得跻此境界，言其工夫，要之不外两端：一曰"养心"，一曰"养气"。"心"指其内存者言；"气"指其外发者言。二者交相养，而中国儒家所理想之修养工夫，大体具是矣。

孟子曰：

> 我四十不动心。

又曰：

> 我善养吾浩然之气。（《公孙丑》）

孟子此章，论"养心""养气"工夫，最精最备。欲明养气，当知养勇；"勇"即气之征也。而养勇之至，亦即可以不动心。故知

"善养吾浩然之气"之与"不动心",特所由言之内外异其端,而同归于一诣;非截然为两事也。

孟子言养勇,举示两方式:一曰北宫黝之养勇;一曰孟施舍之养勇。而曰:"孟施舍似曾子,北宫黝似子夏。"此由"养勇"工夫而上达会通于"养气""养心";再以归趋于人生修养之终极,则曰"孔子之大勇"。所谓"浩然之气"之与"不动心",则皆大勇也。

> 北宫黝之养勇也:不肤挠,不目逃,思以一豪挫于人,若挞之于市朝。不受于褐宽博,亦不受于万乘之君。视刺万乘之君,若刺褐夫。无严诸侯,恶声至,必反之。孟施舍之所养勇也,曰:"视不胜,犹胜也!量敌而后进,虑胜而后会,是畏三军者也。舍岂能为必胜哉?能无惧而已矣。"

今观两人之异点:北宫黝盖以"报复"为主,乃一种不吃亏主义、不受辱主义,亦即一种争强主义。而孟施舍则以"内心无惧"为主,此乃一种不怯弱主义,亦即一种不怕主义。必求报复、不吃亏、不受辱,则其权不尽在我。仅求无惧不怯弱,此只尽其在我而已足。故孟子赞孟施舍为"守约"。盖北宫黝之所养,其支撑完成之点,犹微嫌于偏倾向外;孟施舍较侧重于我自心之内部,则其权操在己。故就其"养勇"工夫之表现在外者言,二人若无大不同。然就于工夫之透进向里言,则北宫黝仅止于"气",孟施舍已触及于"心",浅深之间,固有辨矣。至于孔子之大勇,则曰:

> 自反而不缩,虽褐宽博,吾不惴焉。自反而缩,虽千万人,吾往矣。

以此较之孟施舍,更为转入内心深处。孟施舍仅求对外能无惧,不怯弱,而尚未能把握到使吾心所以能对外无惧不怯弱之本原所在。

故孟施舍之"养勇"工夫，其最高境界，亦仍仅止于"养气"，而固不足与语夫"养心"也。故孟子又曰：

> 孟施舍之守气，又不如曾子之守约。

盖"守气"仍属外边事；曾子知反身循理，工夫转向自心内层，故所养愈在内，则所守愈约也。

抑且北宫黝与孟施舍二子之养勇，其事乃为"勇"而养，究其极亦仅止于为一勇士。孔子、曾子，则初不为勇而自勇。夫"勇"亦人生美德，然修德者，固不当仅限于有勇。若求大勇，则需"集义"。集义者，即自反而缩也。自反而缩，则行无不慊于己心；行无不慊于己心，则其气无馁；其气无馁，斯不期勇而勇自至。孟子所谓"浩然之气"："其为气也，至大至刚以直。养而无害，则塞于天地之间。"养气而至于是，斯为养气之极致。然其工夫则不尽在"养气"上。盖集义工夫尤贵"知言"。若处言论庞杂、思想纷歧之世，而我不能剖辨群言之是非，与其得失之所在，则吾心终不免有惶惑失主之患，有舍是从非之暗。苟如是，则"生于其心，害于其政，发于其政，害于其事"，于吾内心本原处，苟已受病，其病必襮露于外而不可掩。如是，又何"义"之能集？夫义者，即吾心之裁制；苟非辨析是非，明白晓畅，则吾心之裁制必有失。裁制有失，而谓其行事可以合道合义，无是理也。行事不合道，不合义，而谓吾心可以无慊，吾气可以无馁，此则最多仅为一"守气"不示弱之勇士而止，非所语于"大丈夫"也。故大勇必济之以大智，养气必本之于养心。故孟子自称："我知言，我善养吾浩然之气。"朱子曰："知言者，即尽心知性，于凡天下之言，无不有以究极其理，而识其是非得失之所以然。"可见孟子论修养，乃由内以达外，"心"为主而"气"为副，故曰："志至焉，气次焉。""志"即心之所至也。故孟子此章，开宗明义，提挈纲领，即曰"我四十不动心"。朱子曰："孔子四十而不惑，亦不动心之谓。"可见孟子之不动心，非可易企；否则告子亦不动心，养勇者亦可以不动心。然苟深透一层而直探其本原，则"不动心"由于"不惑"，由于"知言养气"，自非大智不能当；我故曰非大智大勇不办也。

孟子之论"养心"，又曰：

> 养心莫善于寡欲。其为人也寡欲，虽有不存焉者寡矣。
> （《尽心》）

盖寡欲则自不易为外物所屈抑，所转移，而自我内心，始可获得其高度自由之伸舒，故曰："虽有不存焉者寡矣。"盖此心之存，即"至大至刚以直"之气之所由生也；必如是而后可以成为独行其道之大丈夫。亦必能独行其道者，乃始可以一旦得志而与民由之。否则，在己先已不能独行其道，而妄曰"与民由之"，此必为一阉然媚世之乡愿。乡愿则妾妇小人之流，一切以随顺世俗为主，又何事于人生之修养乎？

今问如何而能寡欲？孟子则教人以"思"，人必能思而后始可以知言。固未有其人不能思而谓其能知言者。孟子曰：

> 耳目之官不思，而蔽于物；物交物，则引之而已矣。心之官则思，思则得之，不思则不得也。此天之所与我者。先立乎其大者，则其小者弗能夺也，此为大人而已矣。（《告子》）

可见大人之事贵于能思，孟子教人养心，即教人以思耳。心能思，则卓然见有"我"，始不为外物所引蔽；不为外物引蔽，乃始见其"大"。孟子又曰：

> 大人者，不失其赤子之心者也。（《离娄》）

"赤子之心"又何心乎？盖赤子之心，即一种未与外物相交时之心境也。赤子之心虽若不能思，然其良知良能，"不思而得""不虑而知"，以其尚未与物相交接，引蔽尚少，此心尚得自由伸舒。大人之用心，亦不过求复此未为外物引蔽，而能自由伸舒之心境而已。故孟子又常言"朝气"与"平旦之气"，又言"夜气"。夜气之与平旦之气，亦即一种未与物接时之境界。换言之，此乃一种超然物外之境界。此乃与赤子之心，异形而同情。故孟子之言"养心"与"养气"，其主要亦不过求得此境界，使我心常有以超然卓立，而不为外物引蔽。此即所谓"富贵不能淫，贫贱不能移，威武不能屈"之大丈夫，而谓此非"大智""大勇"而何哉？

人生修养达此境界，则自见有大乐。孟子曰：

> 君子有三乐，而王天下不与存焉：父母俱存，兄弟无故，一乐也；仰不愧于天，俯不怍于人，二乐也；得天下英才而教育之，三乐也。（《尽心》）

盖"王天下"，则若所求于外者无不遂；然凡所求于外，则皆非人心真乐所存也。人心真乐所存，如孟子所举，首一则系乎天，此非人力所预；次二则存乎己，凡所以求"知言""集义"，皆为此而尽力也。其三则在乎天人之际，所以为教育者，亦惟教之以"知言""集义"，以求其亦能达夫次二之境界而已。而惟此三者，乃为吾人内心深处所可感到之真乐也。故孟子又曰：

> 舜视弃天下，犹弃敝屣也。窃负而逃，遵海滨而处，终身诉然乐，而忘天下。

又曰：

> 说大人则藐之，勿视其巍巍然。……在彼者，皆我所不
> 为也。

曰"弃天下如弃敝屣"，曰"䜣然乐而忘天下"，又曰"在彼者，我得志不为"，此皆"王天下不与存焉"之意。然此种境界，已极似道家，极似庄周，此即儒、道两家共同精神之所在，亦即孟、庄两家论人生修养所同有之倾向也。然此两家，毕竟有大异，不可不辨。则请再论庄周之言修养者以资比较，而此两家之精神血脉，乃可相映益显也。

庄子论人生修养，开宗明义，已见于其内篇首篇之《逍遥游》。悬举两字，曰"大"曰"游"。彼盖刻意求大其心胸，以遨游于尘俗之外。是亦有意于求其内心之无限自由伸舒，而不受任何之屈抑与移转也。故其言曰：

> 之人也，之德也……孰弊弊焉以天下为事。

又曰：

> 之人也，物莫之伤：大浸稽天而不溺；大旱，金石流，土
> 山焦，而不热。是其尘垢秕糠，将犹陶铸尧舜者也，孰肯以物
> 为事？

盖庄子之人生修养，主于"不以物为事"，而又必期夫"物之莫能伤"。何为而不以物为事？庄子曰：

> 古之人，其知有所至矣。恶乎至？有以为未始有物者，至
> 矣，尽矣，不可以加矣。（《齐物论》）

夫既其知以为"未始有物",则孰肯复弊弊焉以物为事乎?抑若诚为"未始有物",则试问又孰为能伤之者乎?此庄子论人生修养之最高理想境界也。

然而事固不若是其易企,于是于《逍遥游》之外,又继之以《养生主》与《人间世》。养生、处世,此为具体实际问题,固非大其心以遨游尘俗之外之一意所可尽。庄子论养生,则曰:"依乎天理","以无厚入有间,恢恢乎其于游刃,必有余地矣"。庄子论处人间世,则曰:"形莫若就,心莫若和","求无所可用"。盖庄子之所谓"未始有物"者,非诚谓宇宙之无物,特谓物与物之无可分别,乃至我与物之无可分别,故以谓之"未始有物"也。故"未始有物",亦即"未始有我",于是而有"丧我"之教。内能丧我,斯吾心大;外能无物,斯能一一"依乎天理"。"天理"即自然之分理。昧者不察,则认此自然之"天理"为"有物",为物与物有际,于是盈天地间皆物也。物与物相际,于是相闭塞、相排拒,遂使盈天地间无丝毫之间隙。以吾身处于此物际无间隙之中,乃无所往而不遭闭拒,若凡物皆足以伤吾,而吾心乃绝无迴翔之余地,乃绝无自由之伸舒。此庄生之所感以为至苦者。故必至于"目无全牛",然后天地万物,乃豁然开解。外无物际,斯内有心游。凡其所见,则莫非天地间一种自然之分理。依乎其理以游吾心,斯庄子内心修养所企之最高智慧,亦即其最终极之理想所寄也。

尝试论之:外物之窒碍于我,有最难超脱、最难识破者,两大关。一曰"生死",一曰"是非"。人莫不好生而恶死,又莫不好是而恶非;究其实,此二问题者实一问题,盖即"我"与"非我"之问题是也。我与非我之别,自一方面言之曰"是非",又自另一方面言之,则为"死生"。死生之与是非,换言之,实即是一物之"异同"问题也。在庄生之意,苟能于此两关有解脱,是非可以两忘,死生可以一贯;物碍既灭,斯一切皆莫足为我害。心游既畅,斯无往而不自得。于是生亦可养,世亦可处。内篇《齐物论》《大宗师》，是即针对此"是非"与"死生"之两问题而试为之解脱也。由此论之，则庄生之论人生修养，实有"智"过于"勇"之嫌，与孟子之"智""勇"兼尽，显为于风格上大有异趣矣。

抑庄生于此，复若有用力过猛之嫌焉。何以言之？盖庄生之用心，初求能超脱于在外之一切物，而不受其拘碍，乃不期而同时并求超脱于"我"焉。外求无物，内求无我，即其用力之过猛处也。自庄生言之，"我"与"非我"，实为同时并生之两面，故求超脱物，超脱非我，无异即求超脱我。故庄生之初意，在乎忘物忘外，而势之所趋，自不得不忘我忘内。彼既不以"物"为事，乃不期而并不以"我"为事。斯以谓之用力之过猛也。庄子曰：

> 顺物自然，而无容私。（《应帝王》）

又曰：

> 乘物以游心，托不得已以养中。（《人间世》）

庄子盖主"乘顺于外"而非能"有主于中"者。故庄子不喜言"性"，内篇七篇独无"性"字。若曰：一任其性真乎？则庄生实非能任性，乃一任于自然也。"性"与"自然"之辨则正在此。盖言"性"必有己，言"自然"则无己；性禀赋在我，而自然则不在我。必明夫此，乃可以了然于庄生之论"养心"也。

庄生又言曰：

> 形固可使如槁木，而心固可使如死灰乎？（《齐物论》）

又曰：

> 至人之用心若镜。不将不迎，应而不藏，故能胜物而不伤。(《应帝王》)

是则庄子之用心，特欲其如镜，欲其不将不迎，欲其有应而不藏。岂止不藏，抑将无感。无感之应，虽应非应；是即所谓"不以物为事"也。人之用心而洊至于如是，实已类至于一种"无心"之境界矣。故庄子者，乃实以"刳心"为其养心之工夫者也。

庄子言"养心"，尤备于其托为女偊之告南伯子葵。其言曰：

> 南伯子葵问乎女偊曰："……道可得学邪?"……曰："……子非其人也。夫卜梁倚有圣人之才，而无圣人之道。我有圣人之道，而无圣人之才。吾欲以教之，庶几其果为圣人乎! 不然，以圣人之道告圣人之才，亦易矣。吾犹守而告之。参日而后能外天下。已外天下矣，吾又守之七日，而后能外物。已外物矣，吾又守之九日，而后能外生。已外生矣，而后能朝彻。朝彻而后能见独。见独而后能无古今。无古今而后入于不死不生。"(《大宗师》)

此言养心工夫，凡历七境界：先曰"外天下"，次"外物"，次"外生"；又次乃"朝彻"，"见独"，"无古今"，而入于"不死不生"。所谓外天下、外物、外生者，此皆所谓"其知未始有物"也；循此而入于不死不生，斯是非两忘，死生一贯，故谓"物莫之伤"，而彼亦自不肯弊弊焉以物为事矣。达此境界，在其内心亦复有一种大快乐，而其乐亦与孟子之所谓"乐"者不同。故庄子曰：

> 自事其心者，哀乐不易施乎前。(《人间世》)

是在庄生之意，乃实以"无哀乐"为至乐。故曰其异乎孟子之所乐也。

　　庄生之言修养，与孟子尤有一至大之相异焉。盖庄子言修养，其工夫重于舍"心"以归乎"气"，此又与孟子之主由"气"以反之"心"者，先后轻重，适相颠倒。此又两家论人生修养之最相违处也。欲明庄子"心""气"修养轻重先后之辨，则莫如观其论所谓"心斋"者。

　　　　颜回问孔子曰："敢问心齐（斋）。"仲尼曰："若一志！无听之以耳，而听之以心；无听之以心，而听之以气。听止于耳，心止于符。气也者，虚而待物者也。唯道集虚。虚者，心齐（斋）也。"颜回曰："回之未始得使，实自回也；得使之也，未始有回也。可谓虚乎？"夫子曰："尽矣！"

故孟子之论修养，以"养心"为主，而"养气"副之。庄子之论修养，则求以"养心"达至于"养气"。孟子之言气，曰："其为气也，至大至刚以直。养而无害，则塞乎天地之间。"（《公孙丑》）而庄子之言气，则曰："虚而待物"（《人间世》）。盖孟子所谓"气"者，生乎心，而庄子之所谓"气"者，必虚吾心而始见。故孟子喜言"原泉混混"（《离娄》），庄子则曰："得乎环中。"然则孟子之理想人生，为一直线的，由中达外；而庄子之理想人生，乃一圆形，而中心空虚，无一物焉。故庄子之言"心"主"不藏"，不藏则中空无物矣。故曰：

　　　　尽其所受乎天，而无见得，亦虚而已。（《应帝王》）

盖庄子之所谓"所受乎天"者，即气也；若中心藏而见得，则固已遁天而倍情矣。故庄子又曰：

> 徇耳目内通，而外于心知。(《人间世》)

又曰：

> 使日夜无郤，而与物为春，是接而生时于心者也。(《德充符》)

夫耳目者，所由以接外物，然外物之来入吾心，而吾心有知焉以识别之，则曰：此某物之声，此某物之色也。于是万物森列，抑且物各有际，而垣墙屹立，于是遂见其于"我"为不和，为不通；故庄子曰："心止于符。"(《人间世》)盖心之为用，则仅求其符合于一己识别之所知，于是"彼我""是非"纷起，而失其和通之"天"；故必外于心知，斯能一气相通，"彼""我"成和。其日夜接于我前者，乃见其为无间隙、无分际，而内外彼我，同属一气之化。此"化"即"时"也，故曰："接而生时于心。"则将见一片天机，如春气之生物而不已，故曰："与物为春"也。能若是以为见，乃可谓之"见独"。养心至此，则诚如朝日之彻，光明四射，无古无今，不死不生，而所见惟此一"独体"。此独体则时时当前，而吾心则一如明镜也。

故庄子又曰：

> 离形去知，同于大通，此谓坐忘。(《大宗师》)

大通者，"通天下一气耳"。"人之生，气之聚也。"庄子又言之，曰：

> 与造物者为人，而游乎天地之一气。

然则庄生之所欲忘者，乃求自忘其心知，非忘物也。"气"者，虚而待物，而外于心知，则为"未始有物"矣。故曰："吾丧我"，又曰："嗒焉似丧其耦。"（《齐物论》）"丧我"即"坐忘"也。"坐忘"即"丧其心知"之谓也。"丧其心知"，则物我不相为耦，而后乃始得同于大通，而游乎天地之一气矣。此则庄子理想人生之最高境界也。

故循孟子之修养论，而循至于极，可以使人达至于一无上之道德境界；循庄子之修养论，而循至于极，可以使人达至于一无上之艺术境界。庄生之所谓"无用之用"，此惟当于艺术境界中求之，乃有以见其真实之意义也。

循此而深论之，孟、庄两家之分别，实即后世"理""气"二元之所由导也。宋儒之言曰："性即理"，物各有性，则贵乎因物而格，穷理尽性以至于命，其实即孟子"知言集义"之教耳。宋儒又主"心即理"，而其言心则每不免偏主于虚静，其实此即庄子之所言"气之虚而待物"也。故孟子论"心"必及"性"，而庄子论"心"则不及性，而常言"神"。"性"乃实理，"神"则虚灵之因应而已。至明儒王阳明，首倡"良知即天理"之说，是颇有意于弥缝"心即理"与"性即理"之两派，而求绾合以归于一。然阳明之后学，则仍不免偏陷于从虚静中求觅良知本体；其流弊所及，则几同于狂禅。是亦只可谓之是一种艺术境界，而非道德境界也。

庄周之后有老聃。《庄子》书，可谓有甚高之艺术境界，而《老子》书则终陷于功利境界中，而不能自拔。故庄老之别，犹之孟荀之别。荀子虽大儒，其所窥研，亦始终在功利境界中，不能上跻于道德境界也。故治《老子》书者，可以由此而有种种之权术，然终不能进企于艺术境界。盖老子之病，病在不能忘。故《庄子》内篇七篇，屡提一"忘"字，而《老子》书五千言，独无此一"忘"字。盖《老子》书作者，始终不能忘世忘物，此则庄老两家内心意趣相异一至要之点也。

《庄子》外杂篇，其书当尤晚出于《老子》，故颇多兼采老庄。

然其为说，亦间有深得于庄生"忘世""忘物"之微旨而能加以推阐申述者。不知其果有出于庄生之亲笔乎？抑尽出于治庄学者之所演绎乎？今已无可确论。惟治《庄》者，当知内篇与外杂之有别，亦当知内篇与外杂之相通。此下略引外杂篇中语，取其足以与本篇上所论列相发明者，以偶见其一斑；然不求尽备也。抑"辨伪"之与"述义"，体各有当。凡下之所引，要之确然为承续庄周，而与老子异趣；罗而列之，亦可藉以见庄老两家之各有其途辙也。

外篇《达生》曰：

> 醉者之坠车，虽疾不死。骨节与人同，而犯害与人异，其神全也。乘亦不知也，坠亦不知也，死生惊惧不入乎其胸中，故其遻物而不慑。彼得全于酒而犹若是，而况得全于天乎？圣人藏于天，故莫之能伤也。

又曰：

> 津人操舟若神……问焉，曰："操舟可学耶？"曰："可。善游者数能。若乃夫没人，则未尝见舟而便操之也。"……仲尼曰："善游者数能，忘水也。若乃夫没人之未尝见舟而便操之也，彼视渊若陵，视舟之覆犹其车却也。覆却万方陈于前，而不得入其舍，恶往而不暇？……"

又曰：

> 以瓦注者巧，以钩注者惮，以黄金注者殙。……凡外重者内拙。

此《达生》诸条，皆教人以"能忘"也。故曰："死生惊惧不入乎

胸中"，又曰："覆却万方不入其舍。"何以能此？曰"醉"，曰
"忘"。既已忘矣，乃不以之为重，故若"物莫之伤"也。盖庄生之
论人生修养，有一"忘"字诀。"忘"之为用，其要在使人能减轻
外重，使外物加于我之重量，能减至于近无之境，斯其内心自可得
自由之伸舒矣。故曰："外重则内拙。"反言之，即外轻则内巧也。
外轻，故"不肯以物为事"；内巧，故"物莫之能伤"矣。

外篇《知北游》则曰：

> 齧缺问道乎被衣。被衣曰："……女瞳焉如新生之犊，而
> 无求其故。"……被衣大说，行歌而去之，曰："形若槁骸，心
> 若死灰；真其实知，不以故自持；媒媒晦晦，无心而不可与
> 谋，彼何人哉？"

此所谓"无求其故"，即"忘"字真诀也。庄生之所谓"应而不
藏"，"不藏"即"不以故自持"也。"以故自持"则成乎心，成乎
心而心有知，则心止于符，而非能真其实知矣。凡庄生之所谓外天
下、外物、外生，其要亦在乎"无求其故"而已。孟子言"心"，
以赤子喻，庄子亦言"彼且为婴儿，亦与之为婴儿"（《人间世》），
则庄周之意，固不以婴儿为贵。此条独言"牛犊"。牛犊之与赤子、
婴儿，则有辨矣。虽同为一新生，然一有心，一无心；一有我，一
无我。赤子亦可见天性，牛犊则仅以见自然。故一偏于人相，一偏
于物相。牛犊无心，不知求故，庄子之养心，正贵能达于"无心而
不可与谋"。至老子，则是人世间之最善谋者也。

杂篇《庚桑楚》则曰：

> 备物以将形，藏不虞以生心，敬中以达彼。若是而万恶至
> 者，皆天也，而非人也；不足以滑成，不可内于灵台。灵台
> 者，有持，而不知其所持，而不可持者也。不见其诚己而发，

每发而不当；业入而不舍，每更为失。

"灵台"，即心也；惟其不可持，故必舍。"舍"即不藏也。"有持而
不知其所持"，此即"接而生时于心"也。"不虞"则无思也，无谋
也；藏此不虞，乃可生心。《金刚经》："应无所住而生其心"，六祖
从此悟入而开禅宗法门。"不虞生心"，即犹"无所住而生其心"也。
禅宗之与庄子，同为有得于艺术境界之绝高处，此则其从入之门也。

外篇《田子方》有曰：

> 百里奚爵禄不入于心，故饭牛而牛肥，使秦穆公忘其贱，
> 与之政也。有虞氏死生不入于心，故足以动人。宋元君将画
> 图，众史皆至，受揖而立，舐笔和墨，在外者半。有一史后至
> 者，儃儃然不趋，受揖不立。因之舍。公使人视之，则解衣般
> 礴，臝。君曰："可矣，是真画者也。"

宋元君之画史，乃为后世艺术人之最高标格。此种"解衣般礴臝"
之心境，即艺术界之最高心境也。何以得此？曰：爵禄不入于心，
死生不入于心；外天下，外物，外生，使一切不入于心，乃始可以
为此画史也。

此其意，又见于《达生篇》之言梓庆。其言曰：

> 梓庆削木为鐻。鐻成，见者惊犹鬼神。鲁侯见而问焉，曰：
> "子何术以为焉？"对曰："臣工人，何术之有？虽然，有一焉。
> 臣将为鐻，未尝敢以耗气也，必斋以静心。斋三日，而不敢怀
> 庆赏爵禄；斋五日，不敢怀非誉巧拙；斋七日，辄然忘吾有四
> 肢形体也。当是时也，无公朝，其巧专而外滑消。然后入山
> 林，观天性。形躯至矣，然后成。见鐻，然后加手焉。不然则
> 已。则以天合天。器之所以疑神者，其是欤？"

则鲁之梓庆，犹夫宋之画史也。《达生篇》又曰：

> 工倕旋而盖规矩，指与物化，而不以心稽，故其灵台一而
> 不桎。忘足，履之适也；忘要，带之适也；知忘是非，心之适
> 也；不内变，不外从，事会之适也；始乎适，而未尝不适者，
> 忘适之适也。

盖庄生之人生终极理想，夫亦一"适"字可以括之。而其所以达此
之工夫，则曰"无心"，曰"忘"。然而此等境界，其实则是一种艺
术境界也。岂不证于外杂篇之所云，而益见其然乎？

故《田子方》又曰：

> 遗物离人而立于独。

又曰：

> 女奚患焉？虽忘乎故吾，吾有不忘者存。

此"不忘者"即"独"也。外篇《天道》又曰：

> 外天地，遗万物，而神未尝有所困也。

《孟子》之书有之，曰："所存者神，所过者化。"（《尽心》）外天
地，遗万物，即不以故自持，故"所过者化"也；有不忘者存，而
立于独，即"所存者神"也。

《天道》又曰：

> 至人之心，有所定矣。

又曰：

> 一心定而王天下……一心定而万物服。

其实此等境界，施之于艺术则可；施之于人事，则不属道德，即属功利。未有仅一"忘"字，仅一"定"字，而谓可以王天下，服万物者。此盖治老子之说者，不得庄生立言之要旨而戏言之，妄言之，故如是云云也。

要而言之，庄周之学，初意在患乎"外重"，其究乃变而为"内虚"。内既虚，则外重无所加。然而此等境界，以施之艺术，则可谓入圣超凡矣；若以处人事，则亦仅止于周之所谓得"无用之用"者而止。"应帝王"之说，则终为周之空言也。

（此稿作于一九四五年，原题为《孟庄论人生修养之比较观》，曾收入《中国人之宗教社会及人生观》。一九五七年收入香港新亚研究所出版之《庄老通辨》，改今篇名）

庄子外杂篇言性义

　　《庄子》内篇七篇，以及《老子》五千言，皆不言"性"字，至《庄子》外、杂篇始屡言之。此亦外、杂篇较《老子》书尤晚出之一证也。

　　若专就外、杂篇言，杂篇言及"性"字者颇不多，惟《庚桑楚》《徐无鬼》两篇各一二见，《则阳篇》三见，共仅六处；而外篇言及"性"字者不下数十见。明儒王船山有云："外篇文义虽相属，而多浮蔓卑隘之说。杂篇语虽不纯，而微至之语，较能发内篇未发之旨。学者必于杂篇取其精蕴，诚内篇之归趣。"（《庄子解》）其分别外、杂篇极有见。窃意杂篇义多近庄，外篇义多近老。然此皆幸较言之耳。外、杂诸篇，各有深至语，亦各有粗率语，殊难一概而论也。本文姑举外、杂篇言"性"诸条，择要分别说之，然亦不能逐篇逐节一一细辨也。

　　《庚桑楚》有云：

　　　　道者，德之钦也。生者，德之光也。性者，生之质也。性之动谓之为，为之伪谓之失。

今按：外、杂篇言"性"，有一最要之点，厥为常以"德""性"连言。"德""性"皆指天然之禀赋，德之布散陈列（此皆"钦"字义，"钦"假作"廞"。）斯为道，此即《中庸》"率性之谓道"也。"生者德之光"，《易系》："天地之大德曰生"，是谓群生本于天德，故曰"德之光"也。"性者生之质"，是生后乃具此质；"德"在生前，"性"在生后，此为道家义与儒家义之不同处。"性之动，谓之为"，郭象注："以性自动，故称为耳。此乃无为，非有为也。""为之伪谓之失"，陆长庚曰："此是失道失德失仁失义之失，《庄子》分明是《老子》注疏。"今按：此一节文义显出《荀子》后，而《荀子》则微后于《老子》。荀子主性恶，而谓"善者伪也"，清儒为荀子辩护，谓荀子"伪"字即"为"字义，非诚伪义。然则荀子乃谓善不出于自然，而特出于人为也。盖谓"人为"恶者是老子，谓"自然"是恶者是荀子，而老与荀皆失于分别"自然"与"人为"太甚。《庚桑楚》此节，似即从荀子之说而加以驳正，谓"率性而动"者是"为"，此是德之光。此是"自然"之"无为"而"有为"。至于"为"而杂以"人伪"，此始失于自然。然则率性而自然者不得谓之"失"，亦不得谓之"恶"也。然则《庚桑楚》此节，乃针对儒说，而辩护"自然"之非恶者。而《中庸》之书则特提出一"诚"字，谓人为而一本于诚，即为至善而可上达于天矣。是乃针对道家，而辩护"人为"之非恶也。要之《庚桑楚》之与《中庸》，特于"人为"中提出"诚""伪"之辨，知其说之晚出于《老》《荀》，亦思想逐步衍进之一线索也。

《则阳篇》有云：

> 圣人达绸缪，周尽一体矣，而不知其然，性也。

郭象注曰："不知其然而自然者，非性如何？"《则阳》此节主"自然为性"。由自然而达于为圣人，此亦《则阳》本文不主"性恶"

之说也。《则阳》又曰：

> 生而美者，人与之鉴，不告，则不知其美于人也。若知
> 之，若不知之，若闻之，若不闻之，其可喜也终无已，人之好
> 之亦无已；性也。圣人之爱人也，人与之名，不告，则不知其
> 爱人也。若知之，若不知之，若闻之，若不闻之，其爱人也终
> 无已，人之安之亦无已；性也。

然则发于性者，可以不知其然而然；此谓"自然"。自然有此美德，
此种美德，乃可久而无已。此即孟子"行仁义"与"由仁义行"之
辨也。故圣人之仁，圣人之爱人，乃本出于圣人之性，于是人之受
其爱者亦安之。此证仁者爱人，乃人类天性自然之美德。《中庸》
言"性"，特举"诚"字，"悠久"字，"不息不已"字，正与《则
阳篇》此条持论相通。晚周思想自荀子以后，有本于孔孟而会通之
以老庄者，如《中庸》《易系》是也；亦有本于老庄而会通之于孔
孟者，如此举《庚桑楚》《则阳》诸条是也。

《则阳篇》又曰：

> 长梧封人问子牢曰："君为政焉勿卤莽，治民焉勿灭裂。
> 昔予为禾，耕而卤莽之，则其实亦卤莽而报予；芸而灭裂之，
> 其实亦灭裂而报予。予来年变齐，深其耕而熟耰之，其禾繁以
> 滋。予终年厌飧。"庄子闻之，曰："今人之治其形，理其心，
> 多有似封人之所谓。遁其天，离其性，灭其情，亡其神，以众
> 为。故卤莽其性者，欲恶之孽为性，萑苇蒹葭始萌，以扶吾
> 形，寻擢吾性。并溃漏发，不择所出，漂疽疥痈，内热溲膏
> 是也。"

此段陈义极深至。苟为人事未尽，则天性亦难全。如禾谷固有种

性，然必深耕熟耰，始获繁滋。人性亦然。此即孟子所谓："牛山之木尝美矣，苟得其养，无物不长；苟失其养，无物不消也。"故《中庸》有"未发之中"及"发而中节为和"之说，《乐记》有"物交物则好恶无节而天理灭"之说，《易系》有"成性存存，道义之门"之说。然则欲见天性之至善，必有待于人事之修养。今若卤莽灭裂，忽于耕耰教道，则不免即认"欲恶之孽"为性，则崔苇蒹葭，始萌以扶吾形而寻擢吾性矣。可见卤莽灭裂之所得而至者，实似性而非性也。此则必求于人事修养以善尽其天之说也。此皆晚周以下儒、道两家论"性"之相通义。然则《则阳》本文云云，固显为采儒说以会通之于老庄，而其为晚出书可证矣。

《庄子》杂篇言"性"凡六见，《庚桑楚》《则阳》两篇，已具上引。此外《徐无鬼》有云："驰其形性，潜之万物，终身不反"，此亦孟子所云："物交物，亦引之而已矣"，与夫《乐记》所谓"感于物而动，知诱于外，不能反躬"之说之旨也。

至外篇言"性"，有当特加阐发者，如《达生》有云：

> 孔子观于吕梁，县水三十仞，流沫四十里……见一丈夫游之。……问"蹈水有道乎？"曰："……吾始乎故，长乎性，成乎命。……从水之道而不为私焉，此吾所以蹈之也。"……"吾生于陵而安于陵，故也。长于水而安于水，性也。不知吾所以然而然，命也。"

此一节特可与孟子言"性"语相参究。《孟子·离娄篇》有云：

> 天下之言性也，则故而已矣。故者，以利为本。所恶于智者，为其凿也；如智者若禹之行水也，则无恶于智矣。禹之行水也，行其所无事也。如智者亦行其所无事，则智亦大矣。天之高也，星辰之远也，苟求其故，千岁之日至，可坐而致也。

此章孟子言：天下人言性，则仅指其已往之迹，已然之故，而谓之
"性"耳。《达生》所谓"生于陵而安于陵"，此即"故"也。天下
之言性者，则群目此为性矣；实不知此乃后天之习，非必先天之性
也。故人性当诱导使向前，求其能革故而鼎新。若仅求其故以资当
前之利用，则岂不将生于陵则利其安于陵，而不复以为可以长于水
而安于水。如是，则生人之道，将一限于其故，终古而不变。孔子
曰："性相近，习相远"，是生于陵仍可以安于水也。孟子曰："言
尧之言，行尧之行，则亦尧而已矣。"（《告子》）"舜之居深山之中，
与木石居，与鹿豕游。及其闻一善言，见一善行，若决江河，沛然
莫之能御。"（《尽心》）。舜之居深山，侣鹿豕，此亦舜之"故"也；
及其闻善言，见善行，而其心豁然开悟，沛然若决江河，而行其所
不得不行，此始真其本性所固有，如水之必行下，而特有待于智者
之导而行之耳。水无有不下，性无有不善，圣人以"善"导性，以
"善"尽性，此犹禹之导水归海也。此亦因水之性，行其所无事，
所谓"有为而无为"者，亦一任其水性之自然耳。《达生》此节，
以"生于陵而安于陵"为"故"，以"长于水而安于水"为"性"，
分别"性"与"故"而言之，此已分明采纳孟子说法。如此，则性
有故常而可以不限于故常，虽不限于"故常"而仍不失其故常；此
《易系传》所谓"感而遂通天下之故"也。《易系传》又谓："变而
通之以尽利"，"通其变，使民不倦"。又曰："富有之谓大业，日新
谓之盛德。"夫生于陵者岂必长于陵？长于水者岂必不安于水？此
必待圣人之大智，有以察民之故，有以善感而能通天下之故，乃始
能导民于至善而尽其性。尽性则至命矣。如是始可有"盛德""大
业"。《达生篇》作者谓："不知吾所以然而然，命也。""不知吾所
以然而然"，即行所无事，即自然也。自然自有其大常，故天之行
健而不息，而千岁之日至，可坐而致。孟子曰："尽其心者知其性
也，知其性则知天矣。"知天则至命矣，则尽性至命之中，仍包括
有人事。人事未尽，乌得谓已尽性而至命？而人事之尽，又贵能不

违逆于天性与自然。苟其违逆于天性与自然,此乃孟子之所谓"凿"也。"凿"不可有,而"导"不可无。此篇云:"从水之道而不为私",此即善导而不为凿矣。善导之,则善尽之以达于命,而全于自然矣。《达生篇》此节,以"故"与"性"与"命"三者层累言之,亦一贯言之。此与孟子言"性"大旨,正可相通。虽其始乎"故",而长成乎"性"与"命",则究为"故"之当重乎?抑"性"与"命"之当重乎?若果知性与命之当重,则"日新"之与"富有","盛德"之与"大业",亦即天命之自然也。此乃所谓"无为而无不为",而岂蹈常袭故者之所与知乎?亦岂卤莽灭裂者之所能企乎?

《达生篇》又言之,曰:

> 彼将处乎不淫之度,而藏乎无端之纪,游乎万物之所终始。壹其性,养其气,合其德,以通乎物之所造。

盖所谓"性"者,正是万物之所由始,亦是万物之所于终。惟尽性而后能合德,此即所谓"穷理尽性以至于命"也。"至于命",即通乎物之所造矣。通于物之所造,而犹谓之非自然乎?

王船山有云:"《达生篇》于诸外篇中,尤为深至。虽杂引博喻,而语脉自相贯通。且其文词沉邃,足达微言。虽或不出于庄子之手,要得庄子之真者所述。"今按:外篇言"性",亦惟上引《达生》两节较深至,他篇少可比并。然必谓其出庄子手,则未有确证。或是后之治庄学者,又会通之于《孟子》,而始获造此义也。

兹再杂引外篇中他处言"性"者略说之。《天地篇》有云:

> 泰初有无,无有无名,一之所起,有一而未形。物得以生谓之德。未形者有分,且然无间,谓之命。留动而生物,物成生理谓之形。形体保神,各有仪则,谓之性。性修反德,德至

同于初。

此条举"德"为最先,"命"次之,"形"又次之,"性"最后。儒家自孟子以来,尚言"性""命",习为庄老之说者,则举"德"以驾于"命"之上,又举"形"以列乎"性"之先。又主"性修反德,德至同于初",是即同于此无有无名之"无"也。此等语,糅杂儒、道,牵强装点,而实无甚深义旨,故乃陷于模糊惝恍,不可捉摸。使诚有志于修性育德者,真于何处下手乎?此文浅薄,治《庄》《老》者,果于此等处求从入之途,必将茫然不得其所入,又将漫然无所归。然以此文较之《天道》《天运》诸篇,尚为差善。故治《庄》《老》之学者,先贵能分别庄老,又贵能分别《庄子》外、杂诸篇于庄老之外,又贵能就于外、杂诸篇而一一分别之,一一识其深浅高下,以及其是非得失之所在,而后始能会通以观,以求所谓道家之宗趣,以与儒家之说相参究。此贵心知其意,非可刻划穿凿以求。而要之,汗漫混并而一说之者,则鲜乎其可以有得耳。

《缮性篇》有云:

> ……德又下衰,及唐虞始为天下,兴治化之流,澆淳散朴,离道以善,险德以行,然后去性而从于心。心与心识知而不足以定天下,然后附之以文,益之以博。文灭质,博溺心,然后民始惑乱,无以反其性情而复其初。

此文论"性",显与儒义对立。举其要旨,一则分"心"与"性"而对说之,以性属天,以心属人,故荀子曰:"庄子蔽于天而不知人",此等处,正是其流弊。孟子曰"尽心知性",非"心""性"对说,必尊性而斥心也。二则蔑"文"与"博",此乃老子"绝学无忧"之旨耳。孔子曰:"郁郁乎文哉,吾从周。"(《八佾》)达巷党人称孔子博学而无所成名。孟子曰："博学而详说之，将以反说约也。"《中庸》亦言："博学之。""文"与"博"，皆儒义所重，而为庄老道家所不喜。此后宋儒程朱一派亦重文重博，尤以朱子为然，陆王一派则转喜"文灭质""博溺心"之旨。陆王虽称引《孟子》，然孟子并无"反文""反博"之意；其间离合异同，亦学者所当微辨也。三则主"反本复初"。清儒戴震《孟子字义疏证》辨宋学，即由此发端，谓"复初"乃道家义，非孔孟义。此辨甚有见。然如上引《达生篇》"吕梁蹈水之丈夫"一节，则固无此失。四则鄙薄治化，谓"漓淳散朴"，是亦主张"反本复初"之说之引伸所必至也。

今按：《庄子》外杂诸篇言"性"，重要者，大率不出如上举。其间有会通之于儒义而言者，如《庚桑楚》《则阳》《达生》之所说是也；有演绎发挥老子之说而立论者，如《天地》《缮性》两篇之所言是也。其他外篇言"性"诸条，则又大率是《天地》《缮性》两篇之旨。其有"德""性"连文并举者，如《骈拇》云：

> 骈拇枝指，出乎性哉！而侈于德。附赘县疣，出乎形哉！而侈于性。

此条"德"字，指人之同得于天者言，"性"字指人之独得于己者言。此与《天地篇》"性修反德"之语略同义。其谓"出乎形而侈于性"，亦与《天地篇》"物成生理谓形，形体保神，各有仪则谓性"之说可相通。是谓先有"德"，次有"性"，更次始有"形"。此皆牵强立说，分析愈细，所失弥远矣。

又曰：

> 枝于仁者，擢德塞性，以收名声。
> 且夫待钩绳规矩而正者，是削其性也。待绳约胶漆而固

者，是侵其德也。

是亦"德""性"分言。儒家言"性命"，道家言"德性"，若言
"命"，显若有天命之，言"德"则自然而得，更无有命使之得者。
《马蹄篇》有云：

> 同乎无知，其德不离。同乎无欲，是谓素朴。素朴而民性
> 得矣。

"素朴"之语显袭自《老子》。《在宥篇》有云：

> 在之也者，恐天下之淫其性也；宥之也者，恐天下之迁其
> 德也。天下不淫其性，不迁其德，有治天下者哉？昔尧之治天
> 下也，使天下欣欣然人乐其性，是不恬也。桀之治天下也，使
> 天下瘁瘁焉人苦其性，是不愉也。夫不恬不愉，非德也。非德
> 也而可长久者，天下无之。

语若无病，然正是孟子所讥"今天下之言性者，则故而已矣"之类
耳。"不淫其性，不迁其德"，则尚何"盛德""大业"之有？大抵
王船山斥庄老，多着眼在此等处。盖船山固深有得于史学者，故知
人文化成，人性之有待于发展善尽也。《天地篇》有云：

> 大圣之治天下也，摇荡民心，使之成教易俗，举灭其贼
> 心，而皆进其独志，若性之自为，而民不知其所由然。若然
> 者……欲同乎德而心居矣。

此亦以独者归"性"，同者归"德"，辞旨显然。又《天道篇》：

> 夫子亦放德而行，循道而趋，已至矣。又何偈偈乎揭仁
> 义，若击鼓而求亡子焉？意！夫子乱人之性也！

《刻意篇》：

> 水之性，不杂则清，莫动则平。郁闭而不流，亦不能清。
> 天德之象也。

《缮性篇》：

> 彼正而蒙己德，德则不冒，冒则物必失其性也。

又云：

> 古之存身者，不以辨饰知，不以知穷天下，不以知穷德，
> 危然处其所而反其性，己又何为哉？

以上诸条，皆"德""性"连文并举，"德"指其所同得，"性"指其所独禀，故有"修性反德而复初"之语。凡此"德"字之定义，皆本《老子》。若《庄子》内篇七篇中"德"字，皆不涵此义，而与孔孟言"德"转相近。据是知外篇必出于《老子》书之后。

《庄子》外篇既以"德""性"并言，复以"性""命"并言，就其赋授于天者而言之则曰"命"，就其禀受于人者而言之则曰"德"。《老子》书屡言"德"，不言"命"。《庄子》内篇七篇屡言"命"，而非此"性命"之"命"，乃人生所遭遇之谓"命"耳。然则外篇言"性""命"，已借用《孟子》《中庸》义。《中庸》晚出于《孟子》，始言"天命之谓性"，而下引《庄子》外篇语，则似尤出《中庸》后。

如《骈拇》云：

> 正正者，不失其性命之情。
> 不仁之人，决性命之情而饕富贵。
> 吾所谓臧，非仁义之谓也，臧于其德而已矣。吾所谓臧者，非所谓仁义之谓也，任其性命之情而已矣。

此处所谓"性命之情"，若果诚本于道家之义，则应言"德性"，不当言"性命"。而"性命"连文，盖必尤晚出于《中庸》矣。又《在宥》云：

> 自三代以下者，匈匈焉终以赏罚为事，彼何暇安其性命之情哉！
> 天下将安其性命之情，之八者，存可也，亡可也。天下将不安其性命之情，之八者，始脔卷伧囊而乱天下也。
> 故君子不得已而临莅天下，莫若无为。无为也，而后安其性命之情。
> 大德不同，而性命烂漫矣。

《天运》云：

> 三皇之知，上悖日月之明，下睽山川之精，中堕四时之施，其知憯于蛎虿之尾。鲜规之兽，莫得安其性命之情者，而犹自以为圣人，不可耻乎？其无耻也！
> 性不可易，命不可变，时不可止，道不可壅。

今按：后引四语义深至。"时不可止，道不可壅"，则正是"盛德""大业"之所由兴也。若诚知此，又何必主"反本而复初"乎？"性不可易，命不可变"，此二语当善参。若卤莽灭裂而诿谓"性之不可易，命之不可变"，则其语似是实非，盖已不知有大化，而亦惟"故"之求矣。《刻意篇》云："水之性，郁闭而不流，亦不能清"，然则又何以谓德之愈下及于后世而愈衰乎？《天运篇》又言孔子告老子曰："久矣夫，丘不与化为人！"学老庄者，必主"反本复初"，是即"不与化为人"也。若果深究《庄子》七篇与《老子》五千言陈义之相异，则此等偏陷，实多本于《老子》书，而《庄子》内篇固少此失。故老庄之徒凡言"性""命"，往往指其最先之本初言，此皆可谓承袭自老子。厥后惟王船山驳斥之最精到。戴东原亦有见于此，宋儒中则转有误涉老庄以阐孔孟之病。此非细分别而究极言之，则不易得其异同得失之所在也。

《庄子》外篇既以最先之本初言"德"，言"命"，言"性"，故谓：仁义非人性。如《骈拇》云：

> 故意仁义其非人情乎？
> 自有虞氏招仁义以挠天下也，天下莫不奔命于仁义，是非以仁义易其性与？
> 夫属其性乎仁义者，虽通如曾、史，非吾所谓臧也。

《天地》云：

> 跖与曾、史，行义有间矣；然其失性均也。

《天道》云：

> 老聃曰："请问，仁义人之性邪？"

外篇作者误谓仁义非人性，此乃老子"失道而后德，失德而后仁，失仁而后义"之说耳。若果如此说之，则决不能有富有之大业，决不能有日新之盛德。宋儒受其影响，故程伊川谓："性中何尝有孝弟来？"在伊川之意，乃主仁义是性，而孝弟则非性。盖伊川以仁义属于德，孝弟属于事，故谓孝弟是人生以后事，非"性"中所有。此在庄老之徒，耻通于事，尚可如此说之。宋儒主淑世，必求通于事，则何为必分别"事"与"性"而言之乎？朱子分别"理"与"气"，然谓"理必寓于气"，"气必寓有理"；则事上有孝弟，乌得遽谓之非性非理乎？此后亦惟王船山能深辨之。盖船山深于《易》，又深于《老》《庄》，故能微辨其异同得失也。

外篇作者，既主原始本初者是"德"是"性"，而人事行为，皆属后起；又人事行为，可以害德，可以伤性，故遂主即以"身"与"生"言性，盖"身"与"生"亦人最先本初所有也。如《骈拇》云：

> 此数子者，事业不同，名声异号，其于伤性，以身为殉，一也。
>
> 伯夷……盗跖……二人者，所死不同，其于残生伤性，均也。
>
> 若其残生损性，则盗跖亦伯夷已。

《天地篇》亦云：

> 且夫失性有五：一曰五色乱目……二曰五声乱耳……三曰五臭薰鼻……四曰五味浊口……五曰趣舍滑心，使性飞扬。此五者，皆生之害也。

凡此皆即以生与身谓性之说也。若如朱子分别"理""气"，则"生"与"身"属气，"性"属理。果必不得已而为"理""气"分先后，朱子则主理先气后；如道家之言德为先是也。德在身先，性亦在身先，《天地篇》言"身在性先"乃大误。后世道家循此失而益甚，遂以长生之术为"归真返朴""修性保命"之学矣。此尤道家思想之愈歧而愈失其本旨者。亦可谓其说之承袭于《老子》书者，尤深于其承袭于《庄子》之内篇也。

其他外篇言"性"，为本篇所未及称举者，尚可得十许条，然大义不越如上举，故不备列焉。

（一九五六年《东方学报》一卷一期）

老子书晚出补证

余辨《老子》书之晚出，其主要方法，在即就《老子》书，摘出其书中所用主要之字语，一以推究其时代之背景，一以阐说其思想之线索。《老子》书仅五千言，而余就其所用字语，足以证成其书当尤晚出于庄周之内篇，凡见于我先成诸篇之所申述者，无虑已逾数十字数百条以上，则殆已铁案如山矣。然《老子》书所用字语之可证其书之为晚出者，则犹不尽于我先成诸篇之所论，爰再补列，以成兹篇。

一　常

《老子》书常用"常"字，如曰：

> 道可道，非常道；名可名，非常名。（一章）

又曰：

> 道常无为而无不为。（三十七章）

又曰：

> 复命曰常，知常曰明。不知常，妄作凶。知常容。（十六章）

又曰：

> 知和曰常。（五十五章）
> 无遗身殃，是谓习常。（五十二章）

又曰：

> 常德不离，复归于婴儿。……常德不忒，复归于无极。……常德乃足，复归于朴。（二十八章）

是老子心中重视有一"常"可知。今按：孔、墨、孟诸家皆不言"常"，独庄子始曰："化则无常也。"盖庄子喜言天地大化，故曰"无常"，而老子承之，乃转言"有常"；此为思想线索之推进一层。盖以"无常"言化，浅而易见，以"有常"言化，乃深而难知也。若老子先知化有常，而庄子师承之，则决不轻言"化则无常"矣。《荀子》与《老子》书当约略同时而稍后，故亦曰"天行有常"。（《天论》）至《乐记》"道五常之行"，则其言益晚出矣。

昔孔子尚言"仁"，而老子乃曰："天地不仁，以万物为刍狗。圣人不仁，以百姓为刍狗。"（五章）《墨子》主"尚贤"，而《老子》又曰："不尚贤，使民不争。"就思想史进程言，一新观念之兴起，必先有人提出其正面，然后始有人转及其反面。若谓《老子》书在孔、墨前，岂有老子先言"不仁""不尚贤"，而孔子始专主"仁"，墨子又专主"尚贤"之理？然"常"与"无常"，则不得以

268

"正""反"论。盖"化"之一新观点，庄子始提出之。庄子就化而言其无常，老子乃就化而言其有常，则是"深""浅"之异，非"正""反"之别也。否则又岂有老子兼言"有常""不仁""不尚贤"在前，而孔、墨、庄三家，乃各就其一端，而皆颠倒以反言之乎？则《老子》书之晚起于孔、墨、庄三家，而总揽此三家之说之痕迹，亦已甚显无疑矣。

二　同

《老子》书又言"同"，如曰：

> 此两者同出而异名，同谓之玄。（一章）
> 和其光，同其尘，是谓玄同。（五十六章）

今按：《墨子》有《尚同篇》，而辨"同""异"，则其事始于庄周与惠施。然周之言曰："吹万不同。"又曰："子知物之所同是乎？曰：恶乎知之！"又曰："自其异者视之，肝胆楚越也；自其同者视之，万物皆一也。""假于异物，托于同体。"是庄周虽兼言"同""异"，而实偏向于言其异。老子则偏向于求其同。盖言化则异，言同则常，此亦庄老两家意向之不同也。《小戴记·礼运篇》论"大同之世"，《乐记篇》谓："乐者为同，礼者为异"，此等皆较《老子》为尤晚出也。

三　妙

六经、孔、孟不言"妙"，而老子始言之，曰：

> 常无，欲以观其妙。
> 玄之又玄，众妙之门。（一章）

王弼曰："妙者，微之极也。万物始于微而后成。"《庄子》内篇"妙"字惟一见。《齐物论》："夫子以为孟浪之言，而我以为妙道之行。""妙"与"孟浪"对文。崔譔曰："孟浪，不精要。"则"妙"者，正是精微义，细小义。惟庄子"妙"字仅作一形容词用，而《老子》书中"妙"字，则转成为一抽象的专门名词。盖庄子仅注重言大化之迁流不常，而《老子》书乃进一层深求此大化之何自始、何于终、何由出、何所归？谓万物同始于"微"，极微处，即万物之同出处，故曰"玄之又玄，众妙之门"也。《易·说卦传》："神也者，妙万物而为言者也。"此语明出《老子》后。盖"妙万物"即是玄通万物至于其最先极微同出处，此即"神"之功用之所于见也。《中庸》曰："鬼神之为德，其盛矣乎！视之而弗见，听之而弗闻，体物而不可遗。夫微之显，诚之不可掩，如此夫！"此用"微"字，不用"妙"字，要其意则与《易传》相近，同为晚出于《老子》也。

四 和

《论语》："和无寡。"（《季氏》）有子曰："礼之用，和为贵。"（《学而》）又子曰："君子和而不同。"（《子路》）凡言"和"，皆指行事之表现在外者。孟子曰："天时不如地利，地利不如人和。"（《公孙丑》）又曰："伯夷，圣之清者也；伊尹，圣之任者也；柳下惠，圣之和者也。"（《万章》）此诸"和"字，亦皆指行事之表现在外者。至庄周言"和"字始不同。如曰："心莫若和。"（《人间世》）"游心于德之和。"（《德充符》）又曰："不足以滑和。"又曰："使之和豫通而不失于兑。"又曰："德者，成和之修也。"凡此诸"和"字，始指内心言，始指为一种内心之德言。至其指行事表现在外者，如曰："圣人和之以是非。"（《齐物论》）又曰："和之以天倪。"又曰："常和而已矣。和而不唱。"（《德充符》）此所谓"和"，亦与儒家言"和"有别。至老子曰：

和其光，同其尘。（四章）

是"和"与"同"无辨也。此即庄子所谓"和而不唱"，以随同于人为和；是即"为后不为先"，"道者同于道，德者同于德，失者同于失"（二十三章）也。亦即庄子之所谓"彼且为婴儿，亦与之为婴儿；彼且为无町畦，亦与之为无町畦；彼且为无崖，亦与之为无崖"（《人间世》）也。

老子又曰：

万物负阴而抱阳，冲气以为和。（四十二章）

又曰：

含德之厚，比于赤子。……骨弱筋柔而握固，未知牝牡之合而全作，精之至也。终日号而不嗄，和之至也。知和曰常。（五十五章）

此诸"和"字义，乃并为庄子所未及。盖庄子所谓"德之和"，必有一番修养工夫，始可臻此。至老子始不言"德之和"而转言"气之和"。气之和则禀于先天，所由受以成人成物，故赤子转为得"和之至"。是老子之言"和"，即犹其言"精"，此皆由先天所禀赋，而越后转失之者。余曾辨老子言"德"字义与庄周不同；庄子之言"德"，尚近孔孟儒家，至老子始引而指先天。此处辨"和"字，亦其证。故就思想进程言，必是庄在先而老在后，此辨极微妙，学者必深玩焉而后可悟也。至《荀子·天论》，乃曰："万物各得其和以生。"当知《荀子·天论》，即所以驳正老庄，而此语则明承《老子》。试问若《老子》书果远在孔、孟、庄之前，何以于孔、孟、庄三家书，乃绝不见此等影响耶？

五 中

孔孟言"中"字，亦率指其在外有迹象可睹者。如《论语》曰："不得中行而与之，必也狂狷乎！狂者进取，狷者有所不为也。"（《子路》）是"进取"与"有所不为"，各占一偏；"中行"则不偏据也。故曰："过犹不及。"又曰："中庸之为德也，其至矣乎！民鲜能久矣。"（《雍也》）盖"中庸"之德，即指其不陷于过与不及也。《论语》二十篇，绝无指"中"言"心"者。若就心言，当为"忠"；否则径言"心"。《孟子》七篇亦然。孟子曰："中心达于面目"（《滕文公》），"中心"与在外之"面目"对文，不灭心专言"中"也。又曰："胸中正，则眸子瞭焉；胸中不正，眸子眊焉。"（《离娄》）以"胸中"指心，亦不即"中"言心也。又曰："不得于君则热中"（《万章》），朱子曰："躁急心热也。"此乃心觉胸中有热，不得谓心热；是亦不得谓以"中"字代"心"字。孟子又与人辨"仁内义外"，又言"反身而诚"，皆不言"中"。又曰："子莫执中。执中无权，犹执一也。执一贼道。"（《尽心》）又曰："孔子不得中道而与之，必也狂狷乎？"（《尽心》）又曰："中也养不中，才也养不才。"（《离娄》）凡《论》《孟》言"中"字略具是。至庄周，曰："枢始得其环中，以应无穷。"（《齐物论》）此"环中"之"中"字，亦有形象可指，然已作一抽象的专门名词矣。又曰："托不得已以养中"，此"中"字乃以代"心"字，亦可谓是代"气"字。乃与《论》《孟》用"中"字之义远异。

老子曰：

> 多言数穷，不如守中。（五章）

此"中"字何指？或指"环中"之"中"，或指"养中"之"中"；要之语承庄周。庄周以前，则不见此"中"字之用法也。至《中庸》之书乃曰：

> 喜怒哀乐之未发谓之中；发而皆中节谓之和。中也者，天
> 下之大本也；和也者，天下之达道也。致中和，天地位焉，万
> 物育焉。

"中""和"两字，乃占如此重要之地位。学者若熟诵《论》《孟》
《老》《庄》，便知《中庸》此一节用语，全承老庄来，不从孔孟来。
《论》《孟》言心，必言孝弟，言忠信，言忠恕，言爱敬，言仁义，
言知勇，却不言"中""和"；亦不特别重提喜、怒、哀、乐。特别
重提"喜""怒""哀""乐"以言心，其事亦始庄周。《中庸》言
"未发""已发"，亦承庄周。所谓"其发若机栝"，"喜怒哀乐，虑
叹变慹，姚佚启态，乐出虚，蒸成菌"（《齐物论》）是也。其谓
"中节谓和"者，亦指心气之和，与《论》《孟》所言"和"字大不
同。老子曰：

> 天地之间，其犹橐籥乎！虚而不屈，动而愈出。（五章）

《中庸》乃承其意以言"中""和"也，故曰："中"为天下之大本，
"和"为天下之达道。又曰："致中和，则天地位，万物育。"若非
深通《老》《庄》，则《中庸》此一节语，终将索解无从。故知《中
庸》之为书，尤当晚出于《老子》。此由于拈出其书中所用字语，
而推阐申述其观点沿袭之线索，此一方法，即可证成各家思想之先
后，必如此而不可紊也。至《周礼》"大司乐"有中、和、祇、庸、
孝、友之六德，此亦即足征《周礼》之为晚出矣。

六　畜育

庄子仅言"一气之化"；所谓"道"者，即指此一气之化言。

而老子不然。老子曰：

> 生之，畜之，生而不有，为而不恃，长而不宰，是谓玄德。（十章）

又曰：

> 大道泛兮，其可左右。万物恃之而生而不辞，功成不名有。衣养万物而不为主。（三十四章）

又曰：

> 道生之，德畜之，物形之，势成之。（五十一章）

又曰：

> 故道生之，德畜之。长之育之，亭之毒之，养之覆之。生而不有，为而不恃，长而不宰，是谓玄德。（同上）

是谓"道"乃生万物者，"德"乃畜万物、育万物者。此等意想，亦庄生所未有。今按：《中庸》曰："万物育焉。"又曰："赞天地之化育。"又曰："洋洋乎发育万物。"又曰："万物并育而不相害，道并行而不相悖。小德川流，大德敦化，此天地之所以为大也。"此亦见《中庸》之兼承庄周、老子；盖言"化"则本之庄周，言"育"则兼采《老子》也。则其书之尤较晚出于《老子》，又可证矣。《易·系辞传》："天地之大德曰生"，此亦本《老子》，不本庄周。《乐记》："万物育焉"，语与《中庸》同，亦证其同为晚出书也。

七 明

古之言"明"指视，故《论语》曰："视思明。"（《季氏》）又子张问"明"，子曰："浸润之谮、肤受之诉不行焉，可谓明也已矣。"（《齐物论》）又曰："可谓远也已矣。"是"明"为远视。《书》曰："视远惟明"是也。孟子曰："明足以察秋毫之末。"（《梁惠王》）又曰："离娄之明。"又曰："舜明于庶物，察于人伦。"又曰："日月有明，容光必照焉。"（《尽心》）凡《论》《孟》言"明"字率如是。至《庄子》书而"明"字之使用义乃大不同。庄子曰："莫若以明。"（《齐物论》）又曰："为是不用而寓诸庸，此之谓以明。"（《齐物论》）盖孔孟儒家尚言"知"，庄子鄙薄"知"，又谓："为知者殆"，故转而言"明"。盖"知"由学思而得，"明"由天授而来；故庄周又常连言"神明"，曰："劳神明为一，而不知其同也。"盖"神"者，即心知之明，人尽有之也。若分析言之，则"神"降自天，"明"出于人。《庄子·天下篇》谓："神何由降？明何由出？"陆长庚曰："神谓人之本性，降衷于天；具有灵觉，谓之曰明"，是也。

老子承庄周，故亦薄"知"而重言"明"。老子曰：

知常曰明。（十六章）

又曰：

自知者明。（三十三章）
见小曰明。（五十二章）

又曰：

用其光，复归其明。（五十二章）

又曰：

> 是谓袭明。（二十七章）
> 是谓微明。（三十六章）

《中庸》亦重"明"，故曰："不明乎善，不诚乎身矣。"又曰："自诚明，谓之性；自明诚，谓之教。诚则明矣，明则诚矣。"又曰："诚则形，形则著，著则明，明则动，动则变，变则化。"故《中庸》之言"明"，显承老庄而来。故《中庸》称"天"曰"高明"，又曰："极高明而道中庸。""极高明"，即天禀神明也。"道中庸"，此即庄子所谓"不用而寓诸庸"，尽人所有，故曰"以明"也。盖由庄子言之，"知"有大小之别，复有彼我、是非之不齐，"明"则各凭神明天赋，遇用而见，各有所得，可以大通，不由学至也。故《中庸》又曰："尊德性而道问学。"尊德性属"明"，道问学属"知"，是《中庸》之汇通孔、孟、老、庄以为言也。《易·系传》亦屡言"神明之德"，其书晚出而有所袭取于《庄》，与《中庸》同。后之儒者，既莫不重《易》《庸》，因好言此"明"字。不知"明"字实渊源庄老道家，乃《语》《孟》所未有也。然则庄老之学，又安可坚摈而严斥之，必使与孔孟划为截然之两流乎？

又按宋儒如周濂溪《通书》言："静虚动直，明通公溥"，程明道《识仁篇》谓："存久自明"，《定性书》谓："用智则不能以明觉为自然"，此皆尚言"明"。故明道又曰："质美者明得尽，渣滓便浑化；却与天地同体也。"其弟伊川始矫其偏，曰："涵养须用敬，进学则在致知。"伊川重提出"学"字"知"字，实为不失孔孟矩矱。晦庵承伊川之说，而象山、阳明则皆尊濂溪、明道，而不乐伊川、晦翁，则"尚明""尚知"，先秦此一分野，即下逮宋明，犹变相存在也。

八　止

庄子好言"止"，《齐物论》："知止其所不知，至矣。"又《养生主》："吾生也有涯，而知也无涯，以有涯随无涯，殆已。已而为知者，殆而已矣。"此戒人之追逐无涯以为知，而不知止也。庄子又言"休乎天钧"，又言"因是已"（《齐物论》）；"已"与"休"，皆止也。至老子乃独承用此"止"字，故曰：

> 始制有名，名亦既有，夫亦将知止。知止可以不殆。（三十二章）

又曰：

> 知足不辱，知止不殆。（四十四章）

然则非"知"之为殆，乃"有知而不知止"之为殆也。学者试即就上引《庄》《老》此两节语而细籀之，其固为庄先于老乎？抑老先于庄乎？亦可以不烦多证繁引而决矣。

"止"之为义，老子稍前，公孙龙亦言之。其后《大学》又盛言之。故曰：

> 在止于至善。

又曰：

> 知止而后有定，定而后能静，静而后能安，安而后能虑，虑而后能得。

此其所用字语，如"定""静""安""虑"，亦多袭《庄》《老》。故知《大学》亦晚出书，当在《老子》之后也。后之儒者，既尊孔孟，复重《学》《庸》，而深排老、庄；不知《学》《庸》之固已汇通孔、孟、老、庄而为说矣。故知论学之不贵有门户也。

九 曲

老子特用"曲"字，曰：

> 曲则全，枉则直。（二十二章）

则"曲"者一曲，正与大方之"全"为对。《中庸》承用此"曲"字，故曰：

> 唯天下至诚，为能尽其性。……其次致曲。曲能有诚，诚则形，形则著，著则明，明则动，动则变，变则化。唯天下至诚为能化。

尽性即"全"也。致曲能有诚，因能化，此即老子"曲则全"之说。《系辞》上传亦用此"曲"字，曰：

> 范围天地之化而不过，曲成万物而不遗，通乎昼夜之道而知。故神无方而易无体。

注曰："曲成者，乘变以应物，不系一方者也。"此注亦用《老》《庄》。因《易传》本文本用《老》《庄》，若不用《老》《庄》作注，即文义难明也。荀子亦承用此"曲"字，《王制》云："其余虽曲当，犹将无益也。"《解蔽》云："曲知之人，观于道之一隅。"此皆不以"曲"为是。然其用此"曲"字，则明承《老子》书而来。

《小戴记·礼器》云："曲礼三千"，又特有《曲礼》之篇；其实用此"曲"字，则皆晚出也。

一〇　强

孔孟儒义不言"强"，庄子亦不言"强"。老子虽言"曲"，实以求"全"；虽守"柔"，实以求"强"。故曰：

> 知人者智，自知者明。胜人者有力，自胜者强。（三十三章）

又曰：

> 见小曰明，守柔曰强。（五十二章）

《中庸》亦"明""强"连文，显承《老子》。故曰：

> 果能此道矣，虽愚必明，虽柔必强。

又：

> 子路问"强"。子曰："南方之强与？北方之强与？抑而强与？宽柔以教，不报无道，南方之强也；君子居之。衽金革，死而不厌，北方之强也，而强者居之。"

郑玄曰："'抑而强与'，'而'之言，汝也；谓中国也。"是则《中庸》此章，以"南方之强"与"北方之强"对举，即犹以"南方之强"与"中国之强"对举。孟子谓陈良北学于中国，中国之学者未能或之先，此即古人以"北方"谓"中国"之证。《中庸》所谓

"南方之强"，即隐指老子言。老子曰：

> 强梁者不得其死，吾将以为教父。（四十二章）

此即"宽柔以教"也。又曰：

> 报怨以德。（六十三章）

此即"不报无道"也。是则《中庸》之书，明为承《老子》，受《老子》之影响，并已隐指老子而谓其为"君子之道"，而并以谓其胜于北方之中国矣。

抑《论语》有之，曰："野哉由也！"（《子路》）又曰："由也好勇过我。"（《公冶长》）

又：

> 子路曰："君子尚勇乎？"子曰："君子义以为上。君子有勇而无义为乱，小人有勇而无义为盗。"（《阳货》）

又：

> 子路曰："子行三军则谁与？"子曰："暴虎冯河，死而无悔者，吾不与也。必也，临事而惧，好谋而成者也。"（《述而》）

此即《中庸》"子路问强"之所本。然《论语》言"勇"不言强；故知《中庸》言"强"，实近承《老子》，非远本《论语》也。荀子亦时复言"强"，《宥坐》曰："强足以反是独立。"又《小戴记·祭义》："强者，强此者也。"此等皆是儒家之晚出语也。

—— 华文素

孔子曰："郁郁乎文哉！吾从周。"又曰："文之以礼乐。"又曰："文质彬彬，然后君子。"至庄周书，不言"文"而好言"华"；盖意有抑扬从违，故遣辞不得从同也。庄周之言曰："言隐乎荣华。"又曰："张乎其虚而不华也。"此"华"字为《老子》所承用，故曰：

> 前识者，道之华而愚之始。（三十八章）

又曰：

> 处其实，不居其华。（同上）

《尚书·舜典》："重华协于帝"，疏曰："华谓文德，言其光。"是复以"华"为佳辞；是可知《舜典》成书之又晚出于《老子》矣。

《论语》又曰："文王既没，文不在兹乎？天之将丧斯文也，后死者不得与于斯文也。天之未丧斯文也，匡人其如予何？"是孔门儒学之重视于"文"者，可谓甚矣。而老子则曰：

> 绝圣弃知，民利百倍；绝仁弃义，民复孝慈；绝巧弃利，盗贼无有。此三者，以为文，不足，故令有所属。见素抱朴，少私寡欲。（十九章）

所谓"圣知""仁义"，即指孔门儒学而言；"巧利"则犹是战国晚起之事。老子正欲反此三者，其意即欲一反社会之人文演进，而期为"归本返朴"也；故必令此三者有所属。此在孔子亦言之，曰：

"礼云礼云，钟鼓云乎哉！乐云乐云，玉帛云乎哉！"是在孔子当时，正以钟鼓玉帛为文，而孔子求反之于礼乐；是孔子之意，固以礼乐为文也。孔子又曰："先进于礼乐，野人也；后进于礼乐，君子也。如用之，则吾从先进。"（《先进》）是孔子之意，亦犹以礼乐为文为不足，而求令有所属也。孔子以礼乐为文，正合春秋时代之情形，此有一部《左传》之详细记载可以为证。《老子》书以圣知、仁义、巧利三者为文，则求之于春秋时代为不合；必求之于战国晚世，乃见宛符。此亦可证《老子》书之为晚出矣。

《老子》书"素朴"之"素"字，亦见于《论语》。"子曰：'绘事后素。'子夏曰：'礼后乎？'"是也。是孔门之意，正以"礼"为不足，而欲属之于人心忠信之素质也。《老子》书用"素"字，采之《论语》；其用"朴"字，乃其新创。《中庸》："君子素其位而行，不愿乎其外。素富贵，行乎富贵；素贫贱，行乎贫贱；素夷狄，行乎夷狄；素患难，行乎患难。"郑注："素读为傃"，殊属强解。盖"素"乃"本先"之义，朱子易之曰："素，犹现在也。言君子但因现在所居之位而为其所当为。"盖朱子嫌若注为"因其本先所居之位"，则人将疑现在或已不然，故径改"本先"为"现在"，此诚通儒之达解也。"素""朴"二字，遂为此下《吕览》《淮南》诸家所乐用。故凡《老子》书中用字，往往寻之于《论》《孟》《墨》《庄》诸书或不易见，而求之《荀子》《戴记》《易传》《吕览》《淮南》，则遍检而可得。则《老子》书之成书年代，岂不显而易证乎？

一二　宗

《庄子》内篇命题有《大宗师》。又曰："命物之化而守其宗。"（《德充符》）又曰："吾乡示之以未始出吾宗。"（《应帝王》）此"宗"字用法，亦为《老子》书袭用。老子曰：

渊兮似万物之宗。（四章）

又曰：

言有宗，事有君。（七十章）

皆是也。后世喜用此"宗"字，如曰"宗主"，曰"宗匠"，曰"宗旨"，曰"宗门"，曰"宗风"，曰"宗师"，曰"宗极"，曰"宗派"，曰"宗教"；求其语源，实始《庄》《老》。余尝谓中国后世学术思想，若严格剔去庄老两家所创用之字语，则必成为偏枯不起之重症。此例可概其余也。

一三　正贞

孔孟儒家好言"正"。故《论语》曰："齐桓公正而不谲。"（《宪问》）又曰："必也正名乎！"（《子路》）又曰："就有道而正焉。"（《学而》）孟子曰："尽其道而死者，正命也。"（《尽心》）又有"胸中正""胸中不正"之辨。《荀子》亦有《正名篇》《正论篇》。此皆儒义"尚正"之证。至庄周则不认有此"正"，故曰："四者孰知正味"，"四者孰知正色"。又曰："吾谁使正之。"（《齐物论》）然又曰："幸能正生以正众生。"（《德充符》）是庄周心中亦有"正"，惟非儒家孔孟之所谓"正"耳。老子曰：

其无正。正复为奇，善复为妖。（五十八章）

此承庄周，言"正"之无定也。然又曰：

以正治国，以奇用兵。（五十七章）

又曰：

> 我好静而民自正。（五十七章）

又曰：

> 清静为天下正。（四十五章）

是老子心中亦有"正"；然近庄周，不近孔孟，则显然也。

《老子》书又以"贞"易"正"，其言曰：

> 昔之得一者：天得一以清，地得一以宁，神得一以灵，谷得一以盈，万物得一以生，侯王得一以为天下贞。（三十九章）

此处用"贞"字，即"正"也；谓侯王为天下之所从以受正也。《小戴礼·文王世子篇》："万国以贞。"此又明承《老子》"侯王为天下贞"之语来。

《系辞下传》曰：

> 吉凶者，贞胜者也。天地之道，贞观者也。日月之道，贞明者也。天下之道，贞夫一者也。

此"贞"字有"主于一"义，有"常"义。谓吉凶之道，常主于相胜；天地之道，常主于观示；日月之道，常主于有明；天下之动，则常主于一也。此"一"字亦即《老子》书中"昔之得一者"之"一"；"一"即"道"也。天下之动，则一切遵于"道"而动；亦即《中庸》所谓："道也者，不可须臾离；可离非道也。"就其所用之字语，推求其所涵之义蕴，《易系》之与《中庸》，往往可以援

《老子》之书为解而得其相通者。然就孔孟书中，寻其所用字语，乃渺不得其有受老子思想影响之痕迹。此即可以知《老子》书之晚出，其时代当下距《易传》《中庸》不远，而决不能谓其前于孟子；孔子更无论也。

一四 渊

庄周书好用"渊"字，曰："鲵桓之潘为渊，止水之潘为渊，流水之潘为渊。渊有九名，此处三焉。"释德清曰："鲵桓处深泥，喻至静，即初止。止水澄清，万象斯鉴，即天壤之观。流水虽动，而水性湛然，即太冲莫胜，止观不二也。"此庄周之以"渊"喻心也。老子承之，乃曰：

心善渊。（八章）

若非先有庄子，则老子此语殊嫌突兀。于《诗》固有之，曰："其心塞渊。"又曰："秉心塞渊。"《左氏》亦曰："齐圣广渊。"然谓《老子》此语，乃承诗人之咏而来乎？抑承庄周所云云而来乎？精于文理者，亦可微辨而定之矣。

一五 冲

《庄子》书又特用"冲"字，曰："乡吾示之以太冲莫胜。"（《应帝王》）《说文》曰："冲，涌摇也。"庄子以"水"喻心，释德清谓："太冲莫胜，即流水之渊"，其说甚是。《老子》书乃特喜用此"冲"字。曰：

道，冲而用之或不盈，渊兮似万物之宗。（四章）

此处"冲"字"渊"字并用，显见承庄周。谓"冲而用之"者，即

"虚而不屈，动而愈出"也。故老子又称"谷神"，"谷"亦指水流，常动常虚也。又曰：

> 大盈若冲。（四十五章）

"冲"与"盈"对文，则"冲"显有"虚"义；然正以涌摇流动，故虚。此处老子心中，仍指川谷之水以为喻也。故又曰：

> 谷得一以盈。（三十九章）

盖谷之为水，流于山间，犹未达于平地，故其势常动常流常虚，而又能常不枯竭；故老子每喜以"谷"喻道。喻道即以喻心矣。故庄周以"渊"喻心，而老子增之以"谷"喻。是老子思想之益细密也。若谓老子在前，兼以"渊""谷"喻，乃庄周特赏其一而昧弃其一焉，此又无说以通也。老子又曰：

> 万物负阴而抱阳，冲气以为和。（四十二章）

何以谓之"冲气"？盖天地大气，亦常迁化流动，正如川谷之水也。庄周特言此一气之化，而老子详说之，曰："冲气以为和"，斯可谓精妙矣。盖谓此一气以常流动，而有种种配合，遂以成此万物也。《易·系传》亦言之，曰："一阴一阳之谓道。"当知一阴一阳者，此即常动常化，即所谓"冲气以为和"也。今若老子先言"万物负阴抱阳""冲气为和"在前，则还读庄周书，几同嚼蜡；以庄周之大智，而若等于茅塞其心矣。故兼观此"渊"与"冲"之两字之用法，而《庄》《老》两书之先后，亦可即此而定。从来解《老子》书"冲"字，每主以"虚"说之，而不知兼以"动"义说之，其误在不知《老子》书用此"冲"字之来源，乃特源于庄周之书也。

一六　兑

庄周书又特用"兑"字，曰："使之和豫通而不失乎兑。"老子亦承用之，曰：

> 塞其兑，闭其门，终身不勤。开其兑，济其事，终身不救。（五十二章）

王弼曰："兑，事欲之所由生；门，事欲之所由从。"庄子之意，使其心与外和豫悦通而不失之兑，此即"虚"义也。老子曰："塞兑闭门"，即求不失乎兑。然必又知"抱一"，乃始微妙玄通。若专言"塞兑闭门"，则陷落一偏，义不深惬矣。

一七　光

庄子有言："是谓葆光。"此一"光"字，亦为老子所袭用。老子曰：

> 和其光，同其尘。（四章）

《庚桑楚》云："生者，德之光"，即此"光"字的解。"光""尘"对文者，庄子曰："是其尘垢糠秕，犹将陶铸尧舜"，此"尘"字之来源也。《易·坤·文言》曰：

> 坤……后得主而有常，含万物而化光。

此其为晚出于《老子》书，又可就文而见矣。

一八　久

老子言"常"，故亦言"久"。其书曰：

天长地久。天地所以能长久者，以其不自生，故能长生。
（七章）

又曰：

孰能安以久动之徐生？（十五章）

道乃久。（十六章）

有国之母，可以长久，是谓深根固柢，长生久视之道。
（五十九章）

后世道家言"长生久视"，其说实始于老子；在庄子固不尔。故曰："大块载我以形，劳我以生，佚我以老，息我以死。故善我生者，乃所以善吾死。"盖庄子主大化无常，故不言长生，老子主有常，故转期长生也。

又老子曰："道乃久"，此义乃为《中庸》所袭。《中庸》之书曰："至诚无息，不息则久。"又曰："悠久所以成物。"又曰："天地之道，博也厚也，高也明也，悠也久也。"盖《中庸》之所谓"至诚"，即老子之所谓"道"也。《中庸》言天地之道，于博、厚、高、明之外，特添进"悠久"一义。此为于物质观念、形象观念外，特添进一"时间"观念。故《中庸》实承《老子》，而庄子转不然。盖庄子认天地之道为迁化无常，而《老子》《中庸》则认为天地之道为有常而可久也。

又按：《中庸》曰："天地之道，可一言而尽也。其为物不贰，则其生物不测。""不贰"之"贰"字，清儒如王引之、朱骏声，皆考订其为"忒"字之讹。"其为物不忒"，即《老子》之"常德不忒"也。"生物不测"，即《老子》之"复归于无极"也。"无极""不测"，皆"无穷"义；即《中庸》之所谓"悠久不息"也。则

《中庸》此一"忒"字，亦正从《老子》来。

《易系传》亦言"可久""可大"。其言曰："有亲则可久，有功则可大。可久则贤人之德，可大则贤人之业。"盖庄周好言"大"，而特以言大化。至《老子》《中庸》《易系》，始兼言"大"与"久"，而落实到人生事业上。此亦思想线索递转递进之一端。若谓庄周书晚出于《老子》《易传》与《中庸》，则庄周思想之于老子，实为一种堕退、叛离与违失；此又与向来认庄周为推阐老子之说者大背矣。

上举二十二字，又数十条，大体就思想演进线索言，然亦有涉及时代背景者，如第十一节论"此三者以为文不足"之类是也。兹请再就于时代背景有可疑者续论如次。

一九　士

老子曰：

> 古之善为士者，微妙玄通，深不可识。夫唯不可识，故强为之容。豫兮若冬涉川，犹兮若畏四邻；俨兮其若容，涣兮若冰将释；敦兮其若朴，旷兮其若谷，混兮其若浊。孰能浊以静之徐清？孰能安以久动之徐生？保此道者不欲盈。夫唯不盈，故能敝不新成。（十五章）

《老子》书言圣人，其于春秋时代背景不合，已详论在前；而此条言"士"，亦殊可疑。当春秋时，"士"之地位至微末。其先惟齐公子纠公子小白、晋公子重耳出亡，随从之士，因缘际会，跃登要职，崭然露头角。其他则甚少见。下至春秋晚世，晋卿始多养士，而孔子与其门弟子，乃亦多于"士"之品格修养有讨论。然亦曰："不耻恶衣恶食"，"行己有耻"，"不怀居"，"使于四方，不辱君命"，"察言观色，虑以下人"，"见危授命，见得思义"，凡若此类而止。盖"士"之地位，尚不能上与"君子"比。而《老子》书中之"士"，如上举之条，其身分地位，实已相同于《老子》书中之"圣人"。此必"士"之在社会，已甚活跃，受人重视，隐握有领导群伦之势，"士"之意气已甚发舒，而多因此遭意外之祸害，故老子意想古之"善为士"者，其所描述，乃务自深藏，不为人先，不急表现，处浑浊不安之世，而能默运潜移，主宰一切。试问此何尝为春秋中叶孔子以前之所能有？若非老子处战国晚季，处士嚣张之时代，又何来有此等想象与拟议乎？

老子又曰：

> 上士闻道，勤而行之；中士闻道，若存若亡；下士闻道，大笑之。（四十一章）

当知此"上士闻道"之"道"，与孔子"士志于道"之"道"大不同。此统观于《论语》与《老子》两书之论"道"而可知。盖在《论语》，"士"尚为下于"君子"之一流品。"君子"已上侪于贵族，"士"则始藉以进身。此为于春秋晚年之时代背景相切合。而《老子》书中之"士"，则实与"圣人"同为一类知识分子之称号，而"君子"一名，乃不见于《老子》书中。盖庄老皆不喜言"君子"，庄、孟之异，老、荀之别，即可于此一端觇之也。

老子又曰：

> 善为士者不武。（六十八章）

若就春秋言，"士"之进身，实首赖于尚武。孔门六艺有"射""御"；孔子曰："执御乎？执射乎？吾执御矣。"下至墨家，其徒更以有武显；观于禽滑厘与孟胜之俦，可以知墨徒于当时所以获尊显之由来。即李克、吴起、商君，何一不以武事自升进？"士"之可以不武而见尊，此正世运之进，此则在孟、庄之时而始然耳。王弼注《老子》此条，曰："士，卒之帅也。"当知由士而得为卒之帅，此亦已以晚世事为说矣。

凡此皆可证《老子》书之晚出。循此以往，所涉益细，可以例推，不烦再缕举也。

（一九五七年五月《民主评论》八卷九期、

《大陆杂志》九卷八期）

庄老太极无极义

《庄子》内篇《大宗师》始言"太极"。其言曰：

> 道……神鬼神帝，生天生地。在太极之先而不为高，在六极之下而不为深。先天地生而不为久，长于上古而不为老。

"六极"又见于内篇《应帝王》：

> 厌则又乘夫莽眇之鸟，以出六极之外。

是也。又见于外篇《天运》，曰：

> 天有六极五常。

司马彪云："六极，四方上下也。"俞樾曰："此即《洪范》之五福六极。"《天运》乃后起之篇，疑说"六极"当以俞樾说为是。司马之说，移以释《大宗师》《应帝王》则谛矣，未可说此《天运》之"六极"也。《天运篇》又云：

> 充满天地，包裹六极。

此则亦当如司马氏之说。

又有称"八极"，外篇《田子方》：

> 上窥青天，下潜黄泉，挥斥八极，神气不变。

又有称"西极"，《田子方》：

> 日出东方而入于西极。

是也。凡所谓"六极""八极""西极"者，皆远而无所至极义，知《大宗师篇》"太极"与"六极"连文，亦当指空间。下文"先天地生，长于上古"，乃始指时间。

然则又何谓"在太极之先"乎？按郭象注：

> 道之无所不在也，故在高为无高，在深为无深，在久为无久，在老为无老。……且上下无不格者，不得以高卑称也；外内无不至者，不得以表里名也；与化俱移者，不得言久也；终始无常者，不可谓老也。

据是，则《庄子·大宗师》原文，应作"在太极之上"，而后人妄易以"先"字耳。

《庄子》书又屡言"无极""有极"，如曰：

> 其言犹河汉而无极也。（《逍遥游》）
> 若人之形者，万化而未始有极也。（《大宗师》，此语又见

于《田子方》）

　　孰能登天游雾，挠挑无极。（《大宗师》）

　　入无穷之门，以游无极之野。（《在宥》）

　　澹然无极，而众美从之。（《刻意》）

　　精神四达并流，无所不极。（《刻意》）

　　彼其物无测，而人皆以为极。（《在宥》）

　　道物之极，言默不足以载；非言非默，议有所极。（《则
阳》）

然则《庄子》书言"极"字，皆至极义，非有其他深解。庄子又屡言"无穷""无竟""无端""无涯"，皆犹其言"无极"，特见遥邃之趣。

　　至《老子》书言"无极"，曰：

　　知其白，守其黑，为天下式。为天下式，常德不忒，复归于无极。（二十八章）

王弼注："不可穷也"；则此亦"无穷"之常义。又曰：

　　祸兮福之所倚，福兮祸之所伏，孰知其极？（五十八章）

　　无不克，则莫知其极。（五十九章）

　　善用人者为之下，是谓不争之德，是谓用人之力，是谓配天，古之极。（六十八章）

盖老子尚古，故谓"古之极"，其淳朴之德足以配天也。则《老子》书用"极"字，亦皆常义，非有深解也。

　　"极"字之具有玄义，实始《易系辞》："易有太极，是生两仪。"《释文》："太极，天也。"此实本《庄子·大宗师》"太极之

上"一语来。然庄子言"太极""六极",犹其言天地上古,此本常语;而《易系辞》之"太极""两仪",则渐染有玄义,而成为一专名。又《易系》云"三极之道",指天、地、人为"三极",此"极"字亦不能作常义解。于是乃始有《洪范》之"皇极"。知《洪范》决为晚出书,疑当在《老子》后,或更出《易系》后也。

后人言"太极""无极",其大义则显本《易系·洪范》。"太极""无极"皆成一玄名,而此玄名,又若为宇宙间所实有。虽其语源固出于《庄》《老》,然其涵义则实创自儒家也。此亦后起儒家汇通庄老道家言而增成其"形上"之一境界之一例,为治中国思想史者所当注意。凡以见中国后起思想,颇多会合儒、道而另辟一新境界。若必剔除庄老道家义,而专从儒家孔孟原始义,则不能有此等观念与境界之开出也。

(此稿作于一九五五年冬)

庄老与易庸

"五四"运动后，一般人好讲辩证法，因之有人说《庄》《老》《易》《庸》都带西方辩证法的气息，讲对立，讲变化。今按：辩证法万变无穷，中国言变，则只在一常道中。此讲先《庄》，次《老》，最后《易》《庸》，分三次第来讲。

一　庄子

从"死生"与"物我"讲起，此为智识上"时""空"之两大限界，庄子归纳，称之曰："彼""是"。庄子说：

> 物无非彼，物无非是；自彼则不见，自知则知之。故曰：彼出于是，是亦因彼。彼是，方生之说也。虽然，方生方死，方死方生；方可方不可，方不可方可；因是因非，因非因是。（《齐物论》）

人生根本不能脱离"时""空"之有限性。在此时空限界之这一边的是"我"与"生"；庄子称之曰"是"。在此时空限界之那一边的是"物"与"死"；庄子称之曰"彼"。因此有是必有彼，有彼必有是，"彼""是"同时并起，而且平等存在。在此，则此曰"是"，在彼，则彼曰"是"；"彼""是"双方又可以对等互易。但人之情感知识，常见此为"是"而可好，彼为"非"而可恶。其实此"非"与"恶"之情识，早已侵越了知之界限，而闯进我们所不可知之对面去。我们对知识界之那一面，既本无所知，又何从认其为"非"而可恶？此种错误，是只知依照着人生界而起。人类每每喜欢把人生界来推概宇宙界，喜欢把"有限"来推概"无限"。此非庄子之所谓"以有涯随无涯"，实乃以"无涯随有涯"。我们若能改就"无限"的立场，依照宇宙界，则根本将无此分别，无此限界。但宇宙界中既确有此人生界，而我们则站在人生界立场，便易于承认有这一面。但我们也该从宇宙界的立场来同时承认有那一面。如是则在无限界中之有限界，变成无处无时不"是"，抑且无处无时不"可好"。《庄子》说：

> 是以圣人不由，而照之于天，亦因是也。（《齐物论》）

若由纯乎"天"的立场，即宇宙界的立场，则根本无"彼""是"之分。现在是站在人生界中而同时采用宇宙界的看法，则此人生界将无时不是"是"，无处不是"是"。故《庄子》说："亦因是也。"纯乎人生界的知识范畴，因乎是而有非，因乎非而有是；纯乎宇宙立场，则并无"是""非"之分。现在是把人生界妥当安放在宇宙里，则可以各有其"所是"，而不必各有其"所非"。此亦是一种"因是"；但与"因是因非"之"因是"不同。一面是因有所是而有所非，因有所非而有所是。此则只因其"所是"而不再有"所非"。如是则一切皆"是"，更无有"非"。故庄子说：

> 物固有所然，物固有所可；无物不然，无物不可。……恢恑憰怪，道通为一。其分也成也，其成也毁也；凡物无成与

毁，复通为一。……通也者，得也。适得而几矣，因是已。
（《齐物论》）

人生界有得必有失，有是必有非，有好必有恶，其实是误在其"有
所知即有所不知"上。庄子的理想人生，是只有得而更无所失。此
种"得"，乃人生界从宇宙中之所得，庄子称之为"适得"。适得是
一种无心于得之得。并不是先有所好所是后之得，而是"偶然适
得"。所得的便是"是"。"因是已"，"已"是即此而止，即其所适
得而止。不再从所得侵越到所未得，而横生一种好恶是非之妄见。
所得为"生"，生即是是，却不就此认"死"即是非。所得为
"我"，我即是是，却不就此认"物"即是非。因"死""生""物"
"我"，同样在此宇宙界中，同样是一"天"。这一种境界，庄子称
之为"天与人不相胜，是之谓真人。"（《大宗师》）他又说："有真
人而后有真知。"

二　老子

　　道家有庄老，等于儒家有孔孟，这是中国思想史里两大主要骨
干。上面讲庄子，没有提及道家关于"道"字的观念，现借《老
子》书来讲"道"字。老子说：

　　有物混成，先天地生……吾不知其名，字之曰道；强为之
名曰大。大曰逝，逝曰远，远曰反。（二十五章）

这是说，"道"先天地而有，道是绝对的，又是循环的。宇宙一切都由道
出，道是运行向前的，但它向前到某一限度又会回归。老子又说：

　　致虚极，守静笃，万物并作，吾以观复。夫物芸芸，各复
归其根。归根曰静，是谓复命。复命曰常，知常曰明。不知

常，妄作凶。（十六章）

"大道"运行不息，但必反本复始，归根回原，所以是至动而至静。此种运行既有常轨，故可信。老子又说：

> 反者道之动，弱者道之用。……强梁者不得其死。（四十、四十二章）

"道"之运行，常向其相反处：强便转向弱，弱又转向强；成便转向败，败又转向成。人心好强好成，"道"则无所存心。天地间一切现象的变动，其起始常甚微，但到后则甚明。人若懂得"微"与"明"的道理，则自知所以自处。故曰："柔弱胜刚强。"反之，过于刚强，或不得其死。老子又说：

> 知其雄，守其雌，为天下谿。……知其白，守其黑，为天下式。……知其荣，守其辱，为天下谷。（二十八章）

人若喜雄、白、荣，便该守雌、黑、辱。雌、黑、辱有获得雄、白、荣之道。若牢居在雄、白、荣的位上，反而要堕入雌、黑、辱的境遇了。庄子是豁达豪放人，事事不在乎。老子是一谨小慎微者，步步留心，处处在意。他说：

> 我有三宝，持而保之：一曰慈，二曰俭，三曰不敢为天下先。慈故能勇；俭故能广；不敢为天下先，故能成器长。（六十七章）

此三宝中，"俭"与"不敢"，最见老子真情；"慈"则最多只像是一种老年之爱，世故已深，热情血性都衰了，譬如哄小孩般。这一意态，仍是他所说"天地不仁""圣人不仁"之冷静意态。他是一精于打算的人，遂主张"无为"，他说：

> 圣人无为，故无败；无执，故无失。民之从事，常于几成而败之。慎终如始，则无败事。是以圣人欲不欲，不贵难得之货；学不学，复众人之所过；以辅万物之自然而不敢为。（六十四章）

老子认为"无为"可以长生，可以治国，可以用兵，可以交与国，取天下。可见老子思想，最自然，还是最功利的。最宽慈，还是最打算的。虽竭力主张尚法自然，尊道贵德，而求达于"天人合一"之境界，究竟他太精于打算了，似乎"精细"更胜过了"博大"。故庄子讲"是非"，境界高；老子讲"得失"，境界浅。此后黄老之学，变成权谋术数，阴险狠鸷，尤非老子之所及料。

三 易、庸

以上讲老子思想，提出一个"天人合一"，即人生界与宇宙界合一，文化界与自然界合一的一种新观点。此一问题，本是世界人类思想所必然要遭遇到的唯一最大主要问题。春秋时代人的思想，颇想把宇宙界暂时撇开，来专一解决人生界诸问题，如子产便是其代表。孔子思想，虽说承接春秋，但在其思想之内在深处，实有一个极深邃的"天人合一观"之倾向，然只是引而不发。孟子性善论，可说已在"天""人"交界处明显地安上一接榫，但亦还只是从天过渡到人，依然偏重在人的一边。庄子要把"人"重回归到"天"，然又用力过重，故荀子说其"蔽于天而不知人"（《解蔽篇》）。但荀子又把"天"与"人"斩截划分得太分明了。老子始提出"人法地，地法天，天法道，道法自然"之明确口号，而在修身、治国、平天下一切人生界实际事物上，都有一套精密的想法。

较之孟子是恢宏了，较之庄子是落实了，但较之孔子，则仍嫌其精明有余，厚德不足。而且又偏重在自然，而放轻了人生文化之比重。《易传》与《中庸》，则要弥补此缺憾。《中庸》说：

> 天命之谓性，率性之谓道，修道之谓教。

把"自然"扣紧在"人性"上，把"道"扣紧在"人文教化"上，这是把孟子来会通到庄老。《易传》说：昔者圣人之作《易》也，将以顺性命之理。是以立天之道，曰：阴与阳；立地之道，曰：柔与刚；立人之道，曰：仁与义。

这仍是把孔孟"仁""义"来会通庄老之"天地""自然"。顺性命之理，即是顺自然。人道中之仁义，即是天道中之阳阴，地道中之刚柔。此即是"道法自然"。故曰：

> 观变于阴阳而立卦，发挥于刚柔而生爻，和顺于道德而理于义，穷理尽性以至于命。

此处特提"穷理"一观念，极重要。《易传》所谓"穷理尽性以至于命"，即孟子所谓"尽心可以知性，知性则知天矣"，即孔子所谓之"下学而上达"。

道家观念重于"虚"，虚而后能合天。儒家则反身内求，"天"即在"人"之中，即就人文本位充实而圆满之，便已达天德，便已顺天命，更不必舍"人"求"天"。《易传》之"穷理尽性"，亦即是《中庸》之"致中和"。《中庸》曰：

> 喜怒哀乐之未发，谓之中；发而皆中节，谓之和。中也者，天下之大本也；和也者，天下之达道也。致中和，天地位焉，万物育焉。

"中"即是人之性，"致中和"即是尽性穷理。何以说"致中和"即能"天地位，万物育"呢？《易传》曰："天地之大德曰生。"天地之生，在于有"阴""阳"之分；人道之生，在于有"夫""妇"之别。《中庸》曰：

> 君子之道，造端乎夫妇；及其至也，察乎天地。

夫妇之合，本乎人性，而夫妇有别，又于别中见和。别生敬，和生爱；别生义，和生仁。夫妇之道，即是"仁义""爱敬"之道，此见人道即天道，人生界即是宇宙界。

《易传》《中庸》，一面认为人道本身就是天道，此义当溯源于孔孟。但另一方面也常先从认识天道入手来规范人道，此法则袭诸庄老。但庄老言"天道"，只就现象言，《易传》《中庸》则不肯就象言象，而要在现象中来籀绎出此现象所特具而显著的"德性"；此一点，与庄老发生绝大歧异。《易传》里所注重的"法象"观念，显然渊源于老子，但有一极大不同点。老子只指出此现象之常对立，常反复，仅就现象来描述现象。《易传》则就此现象而指出其一种无休无歇不息不已之"性格"，故曰："天行健，君子以自强不息。""健"乃天行之象之一种特性，一种本身内在固具之"德"。《中庸》也说：

> 至诚无息。不息则久，久则征，征则悠远，悠远则博厚，博厚则高明。博厚所以载物也，高明所以覆物也，悠久所以成物也。博厚配地，高明配天，悠久无疆。

《中庸》又于"健行不息"中说出一个"至诚"来。若非至诚，如何能健行不息呢？《易传》指出此道之"健"，《中庸》则指出此至健之道之至诚之"德"。惟其至诚而健，故能不息；惟其不息，故能博厚高明悠久而成其为天地，成其为道。

我们若把西方的哲学观点来衡量批评庄老与《易》《庸》，他们都是主张根据宇宙界来推及人生界的。庄老宇宙论，可说是唯物的，他们对"物"的观念，注重在其流动变化，是"气化的一元论"。《易》《庸》并不反对此观点，只从天地万物之流动变化中，指出其内在固有之一种性格与特征，是"德性的一元论"。此种"德性一元"的观点，为中国思想史中之特创。《易》《庸》即运用此观点来求人生界与宇宙界之合一，所谓"天人合一"。因此《易》《庸》不失为儒家孔孟传统，而终与庄老异趋。

庄老都认为宇宙间一切事象，全是对立的。《易传》与《中庸》则不同，他们似认为一切对立，都不是截然的。在对立的两极端之间，还有一段较宽较长的中间过程，此即儒家所谓"中道"。这一新观点，也是庄老强调了宇宙事象是一切相对立的这一观念之后，而始提出的。《易传》说：

> 《易》之为书也，原始要终，以为质也。六爻相杂，惟其时物也。其初难知，其上易知，本末也。初辞拟之，卒成之终。若夫杂物撰德，辩是与非，则非其中爻不备。

此说人生界一切事理，主要的不在两头，而在其中段。我们须认识得此中间过程而应付得宜，始是本末始终，一以贯之。故说："阴阳合德，天下之理得而成位乎其中矣。"《中庸》也说：

> 舜其大知也与！舜好问而好察迩言。隐恶而扬善，执其两端，用其中于民，其斯以为舜乎！回之为人也，择乎中庸；得一善，则拳拳服膺，而弗失之矣。

当知善不专在极端处，而在"中庸"处。"好问好察迩言"，便是舜之乐取于人以为善。择乎中庸，并不是教人在两极端上同样打一折扣。所谓"中庸之道"，根本不认有截然两端之对立；看若对立，而其间实有一相通相和之中性存在，故曰：

君子和而不流，强哉矫！中立而不倚，强哉矫！

"中"处即是其"和"处，即是此两端之交互通达而合一处。《中庸》说："天地之大也，人犹有所憾。"人若要站在一极端上，实无此极端可站。试问天地是否算得上"至善"？除却像西方宗教里的上帝是至善以外，便只有"中庸之道"可算得至善。因为中庸之道是"庸德之行，庸言之谨"。《中庸》又说："君子之中庸也，君子而时中；小人之反中庸也，小人而无忌惮也。"论是非，不是截然对立之两敌体，但要在此混然一体中，明辨"是""非"，所以要博学、审问、慎思、明辨、笃行。惟天地间并无截然对立的"是""非"；若使有，则在其终极处，所谓"其初难知，其上易知"。人类永远在"下学而上达"，永远在过程中。所以《易》卦终于"未济"。若站在终极处，则天地灭绝，更无演进，更无变化。就理论上言，应求出此两端；就实践上论，则很难遇见此两极端。所以说"执其两端，用其中于民"。"用"即是实践。在人世间的实践，则既非上帝，也非魔鬼。善恶、是非之辨，往往是中间过程之相对，而非两极之绝对。如是则理论与实践，也便成为两极端，我们仍须"执两用中"，把"理论"与"实践"之两极端中和起来，一以贯之。这是儒家《中庸》的辩证法。这一番理论，较之庄老所言，又进了一步。其实《易》《庸》思想，《论语》《孟子》均已说及，只是引而未发，必得经过庄老一逼，始逼出《易传》与《中庸》来。

（一九五一年六月香港新亚文化讲座演讲稿，收入《新亚文化讲座录》。一九五七年收入《庄老通辨》时重加增修）

下卷

记魏晋玄学三宗

魏晋之际，玄学再兴，言其派别，大率可分三宗：一曰王、何，二曰阮、嵇，三曰向、郭。之六家者，世期相接，谈议相闻，而其思想递嬗转变之迹，乃如陂陀之委迤，走于原隰，循势所趋，每降愈下。颓波曲折，殊有可得而微论者。

一

王弼之学，原于荆州。时称刘表之在荆州也：广开雍泮，亲行乡射，设俎豆，陈磬彝，鸿生巨儒，朝夕讲诲，虽洙泗之间，学者所集，方之蔑如。深愍末学远本离质，乃令诸儒改定五经章句，删划浮辞，芟除烦重，赞之者用力少，而探微知机者多。（严辑《全三国文》卷五十六《刘镇南碑》）又谓其开立学官，博求儒士，使綦毋闿、宋忠等撰定《五经章句》，谓之"后定"。（《三国志》裴注引《英雄记》）《隋书·经籍志》刘表有《周易章句》五卷，梁有宋忠注《周易》十卷。弼父业乃刘表外孙，则弼之《易》学，远有端绪。其兼通《老子》，亦时风率然。荆州既儒雅所萃，而别驾刘先以好黄老著。钟会与王弼同时，其父钟毓，即为《周易》《老子训》。会稚年，四岁授《孝经》，七岁诵《论语》，八岁诵《诗》，十

307

岁诵《尚书》，十一岁诵《易》，十二岁诵《春秋左氏传》《国语》，十三岁诵《周礼》《礼记》，（《三国志·钟会传》裴注引会作其母传）此可窥当时士族家教之一斑。然会之自称："涉猎众书，特好《易》《老子》"，即此可征时尚。意弼之于会，学业涂辙，亦无大异。弼方弱冠，造吏部郎裴徽，徽问弼曰："夫无者诚万物之所资也，然圣人莫肯致言，而老子申之无已者何?"弼曰：

> 圣人体无，无又不可以训，故不说也。老子是有者也，故恒言无，所不足。

然则当时固不许老子为圣人，此裴徽、王弼之所同也。特王弼说圣人，即以老子之所称尚于"无"者说之，故曰："圣人体无，老子是有者，恒言无，乃其所不足。"是弼之视老子，固犹下于圣人一等矣。盖弼之尊孔，乃是承续前传，而内实宗老，则亦衰世风情之大趋，此其所以开启后学也。弼既注《易》，又注《老》，殆谓《老子》义通《周易》；此其所尊，固犹在儒，而特以《老子》义通之，尚非背儒而尊老也。

《世说注》引《文章叙录》，谓："自儒者论以老子非圣人，绝礼弃学，何晏说与圣人同，著论行于世。"又引《魏氏春秋》云："何晏善谈《易》《老》。"此亦进老子于儒门，意径与王弼略似。《世说》云："何平叔注《老子》始成，诣王辅嗣；见王注精奇，乃神伏曰：若斯人可与论天人之际矣！因以所著为《道德》二论。"是王、何二人论学宗旨相同也。《世说》又曰："王弼未弱冠，往见晏；晏闻弼名，因条向者胜理，语弼曰：此理仆以为理极，可得复难否? 弼便作《难》，一坐人便以为屈。"然《魏氏春秋》又云："弼论道约美不如晏，然自然出拔过之。"则王、何在当时，固是并驾齐驱，一时瑜亮，不得谓晏之必屈于弼也。

《晋书·王衍传》谓："魏正始中，何晏、王弼等祖述老庄立论，以天地万物皆以无为（按此处疑衍一'为'字）为本。无也者，开物成务，无往不存者也；阴阳恃以化生，万物恃以成形，贤者恃以成德，不肖恃以免身。故无之为用，无爵而贵矣。"窃谓王、何之学，论其传统大趋，则犹是儒学也。而两人乃独标"无"字以为天地万物之本者，此缘两汉以来，儒生言经籍，率羼以阴阳五行，谓天地万物，皆本原于"五天帝"，五天帝递相主令，而宇宙万物灿然分别；东汉王充以下，此义遂成诤点。王、何援"无"说经，正以荡涤汉儒"阴阳谶纬"之谬悠。至于后世流荡不反，崇尚"虚无"，固不得尽以归罪二人也。

孙盛之评王《易》曰："《易》之为书，穷神知化。弼以附会之辨，而欲笼统玄旨，故其叙浮义则丽辞溢目，造阴阳则妙赜无间。至于六爻变化，群象所效，日时岁月，五气相推，弼皆摈落，多所不关。虽有可观者焉，恐将泥于大道。"（《三国志》裴注引）此乃孙氏犹守汉儒旧辙，故无契于弼之"得意忘象"，"得象忘言"，刊落芜秽，直造渊微之深旨耳。

王弼既以天地万物为原本于"无"，何晏申其说，创为《圣人无喜怒哀乐论》，钟会等皆述之；而弼独与不同。谓：

圣人茂于人者，神明也；同于人者，五情也。神明茂，故能体冲和以通无；五情同，故不能无哀乐以应物。然则圣人之情，应物而无累于物者也。今以其无累，便谓不复应物，失之多矣。（《三国志·钟会传》裴注引何劭为《王弼传》。）

辅嗣此论，遥与北宋程伯子"定性"之旨扶同，则乌见其为独祖老庄，背离儒统乎？

何晏，魏之宗戚，幼有夙惠。七岁在魏宫，魏武奇爱之，欲以为子。晏画地自处其中，人问之，曰："何氏之庐也。"年壮仕进，心存魏室，死于曹爽之难；殆亦忠节之士。尝著五言诗以言

志,曰:

> 双鹤比翼游,群飞戏太清。常恐失网罗,忧祸一旦并。岂
> 若集五湖,顺流唼浮萍。逍遥放志意,何为怵惕惊。

此犹阮嗣宗之《咏怀》矣。盖在当时,如夏侯太初、何平叔,皆非
不知祸难之方临;其不能引身而退,亦自有难言者。乃为易世史臣
之所诬蔑,宋叶正则、清钱大昕皆白其冤。(叶说见《习学记言》,
钱说见《潜研堂集·何晏论》)余考其学,盖亦儒家之矩矱。晏所
集《论语注》,本由五人同撰:孙邕、曹羲、荀顗、郑冲与晏而五。
邕学诣不详,(《通典》七十八仅存孙邕"合朔有违错"一节,在其
领太史令时。)羲,爽之从弟。旧史于爽、晏多诋毁,独于羲无贬
辞;谓爽数与晏等纵酒作乐,羲深以为忧,数谏止之。又著书三
篇,陈骄淫盈溢之致祸败,辞旨甚切;不敢斥爽,托戒诸弟。今惜
其文不传。或羲自戒弟,而史臣曲谓之斥爽。其谓爽、晏数纵酒而
羲数谏,亦未必尽可信。晏与羲既同撰《论语集解》,同道之朋,
岂必一骄淫而一检括?今羲文存者有《至公论》(见严辑《全三国
文》卷二十),主厉清议以督俗,明是非以宣教;谓私情难统,至
公易行。则其纳交平叔,岂果比私之偶然哉?其《申蒋济叔嫂服
议》,与何晏《难蒋济叔嫂无服论》(《全三国文》卷三十九)持义
正反,要之皎然皆儒学传统,则无疑也。顗,彧子,佐命晋室,位
至太尉。《晋书·顗传》,称其性至孝,与扶风王骏论"仁""孝"
孰先,又难钟会"《易》无互体",见称于世。又云顗明三礼,知朝
廷大仪。则顗亦守儒统者。何劭为《荀粲传》,云粲诸兄并以儒术
论议,而粲独好言"道"(见《三国志注》引);亦顗为儒家之一
证。史又称顗无质直之操,惟阿意苟合于荀勖、贾充间;此顗之所
得以成其为佐命之元老也。冲亦晋室佐命,史称其清恬寡欲,耽玩
经史,遂博究儒术,及百家之言。高贵乡公讲《尚书》,冲执经亲

授。证冲亦守儒业。史又称冲以儒雅为德，莅职无干局之誉。又曰：冲虽位阶台辅，而不预世事。此亦冲之得获自全于易代之际者也。《论语集解》，由此五人同撰，知何晏在当时，亦自确然守儒者之业。其表谏齐王，谓："善为国者必先治其身，治其身者慎其所习。是故为人君者，所与游必择正人，所观览必察正象；放郑声而弗听，远佞人而弗近；然后邪心不生，而正道可弘。"（《三国志·齐王芳纪》）此岂非卓然儒家之正论乎？故知史臣诬辞，不尽可据。今观《集解》所申，大抵朴遫有畔岸，亦未见其尽为离经远道之怪辞也。

《集解》集诸家善说，有不安者颇为改易，然不甚多；抑不知其果为晏一人之辞否？今考其释"性"与"天道"（《公冶长》："夫子之文章可得而闻，夫子之言性与天道，不可得而闻。"）曰：

> 性者，人之所受以生者；天道者，元亨日新之道也。深微，故不可得而闻也。

此以自然日新说天道，较之汉儒未为短劣。其释"知我者其天乎"（《宪问》）曰：

> 圣人与天地合其德，故曰唯天知己也。

其释"一贯"（《卫灵公》）曰：

> 善有元，事有会。天下殊途而同归，百虑而一致；知其元，则众善举矣。故不待多学，一以知之也。

此与弼之注《易》，辞旨略同，殆晏自有取于弼也。其释"天命"，释"大人"，释"圣人之言"（《季氏》）曰：

> 顺吉逆凶，天之命也。大人即圣人，与天地合其德者也。
> 深远不可易，则圣人之言也。

其释"德不孤"（《里仁》）曰：

> 方以类聚，同志相求。

其释"利、命与仁"（《子罕》）曰：

> 利者，义之和也。

凡此诸条，皆《集解》自下己意，而多引《易传》。此证平叔、辅嗣，均主以《老子》通《周易》，即以《周易》阐儒义。所为"祖述老庄，以天地万物为原本于无"者，其宏旨密意，正可于此觇之。又其释"不迁怒"（《雍也》）曰：

> 凡人任情，喜怒违理。颜渊任道……怒不过分，怒当其理，不移易也。

平叔初主"圣人无喜怒哀乐"，此殆闻辅嗣陈论胜己，故乃改而从之也。至其释"学如不及"（《泰伯》）曰：

> 学自外入，至熟乃可长久。

此颇近嵇康《难张辽叔自然好学论》。然曰"至熟乃可长久"，则显循儒统，异乎老氏之"绝学无忧"。其释"志道据德" （《述而》）曰：

> 道不可体，故志之；德有成形，故可据。

其释"回也屡空"（《先进》）引一说曰：

> 空犹虚中。

此等皆以《庄》《老》说儒书。然自《易》《庸》以来，儒、道相引，渊源固已有自；即下逮宋儒，言若此类，犹复不少。固不足以摘此疵病，必谓其离逆儒门也。

二

阮籍、嵇康之学，则颇与王、何异趣。辅嗣注《易》，平叔解《论语》，皆显遵儒辙，阮、嵇则菲薄经籍，直谈《庄》《老》；此一异也。王、何喜援《老子》，少及庄周，阮、嵇则庄老并称，而庄周尤所尊尚；此二异也。故嗣宗为《达庄论》（严辑《全三国文》卷四十五），深笑搢绅之徒，诵乎六经之教，习乎吾儒之迹者，而曰：

> 彼六经之言，分处之教也；庄周之云，致意之辞也。

然嗣宗尚有《通易论》《乐论》，其于六籍儒学，虽意存轩轾，固未割绝鄙弃。而叔夜尤激荡，乃曰：

> 每非汤武而薄周孔。

又曰：

> 少加孤露，母兄见骄；不涉经学，……又读《庄》《老》，

重增其放。

又曰：

> 老子、庄周，是吾师也。（《与山巨源绝交书》）

既尊奉庄老，而又明斥儒籍。又曰：

> 宁如老聃之清静微妙，守玄抱一乎？将如庄周之齐物变化，洞达而放逸乎？（《卜疑》，见严辑《全三国文》卷四十七。）

见当时于老子、庄周，亦尚分别而观，而嵇、阮意径，则宁于庄周为尤近。此皆其与王、何之所为异趣也。

向秀、郭象继起，始以注《庄》名家。向秀有《庄子隐解》二十卷，郭象有《庄子注》三十三卷，回视辅嗣注《易》，平叔解《论语》，轨趣显殊矣。然向、郭之与嵇、阮，其间亦有辨。向之解《庄》，其书已逸，大体当与郭旨相近。今秀集有《难嵇叔夜养生论》（严辑《全晋文》卷七十二）一篇，颇可窥嵇、向两家之异趣。向曰：

> 人受形于造化，与万物并存，有生之最灵者也。异于草木……殊于鸟兽。……有动以接物，有智以自辅。……若闭而默之，则与无智同，何贵于有智哉？有生则有情，称情则自然。若绝而外之，则与无生同，何贵于有生哉？且夫嗜欲，好荣恶辱，好逸恶劳，皆生于自然。夫天地之大德曰生，圣人之大宝曰位。崇高莫大于富贵。然富贵，天地之情也……此皆先王所重，关之自然，不得相外也。……或睹富贵之过，因惧而

314

背之，是犹见食之有噎，因终身不餐耳。……夫人含五行而生，口思五味，目思五色，感而思室，饥而求食，自然之理也。但当节之以礼耳。今五色虽陈，目不敢视；五味虽存，口不得尝；以言争而获胜则可，焉有勺药为茶蓼，西施为嫫母，忽而不欲哉？苟心识可欲而不得从，性气困于防闲，情志郁而不通，而言养之以和，未之闻也。……圣人穷理尽性，宜享遐期，而尧、舜、禹、汤、文、武、周、孔，上获百年，下者七十，岂复疏于导养耶？顾天命有限，非物所加耳。且生之为乐，以恩爱相接，天理人伦，燕婉娱心，荣华悦志，服飨滋味，以宣五情，纳御声色，以达性气，此天理之自然，人之所宜，三王所不易也。今若舍圣轨而恃区种，离亲弃欢，约己苦心，欲积尘露以望山海，恐此功在身后，实不可冀也。……背情失性，而不本天理也，长生且犹无欢，况以短生守之耶！

向之言如此。是盖以"顺世随俗"为"自然"也。秀《别传》称其"进止无固必，而造事营生业，亦不异常"，则其为人居可知。至于阮、嵇，则非超世绝俗，意终不快，亦决不即认为"自然"，此其轨趣之所由相悬隔也。

惟其以"超世绝俗"者为"自然"，故嵇、阮之所想象而追求者，常见为奔放腾踔，不可羁制。阮之言曰：

弘修渊邈者，非近力所能究矣。灵变神化者，非局器所能察矣。……鸾凤凌云汉以舞翼，鸠鹧悦蓬林以翱翔。螭浮八滨以濯鳞，鳖娱行潦而群逝。斯用情各从其好，以取乐焉。……夫人之立节也，将舒网以笼世，岂樽樽以入网？方开模以范俗，何暇毁质以适检？若良运未协，神机无准，则腾精抗志，邈世高超。……观吾子之趋，欲炫倾城之金，求百钱之售；制造天之礼，拟肤寸之检；劳玉躬以役物，守臊秽以自毕；沈牛

贵则贱者不怨，无富则贫者不争。

则又乌睹所谓"崇高莫大乎富贵"耶！

故曰：

> 汝君子之礼法，诚天下残贼乱危死亡之术耳！而乃目以为
> 美行，不易之道，不亦过乎？……吾将抗志显高，遂终于斯，
> 禽生而兽死，埋形而遗骨，不复反余之生乎！

故曰：

> 必超世而绝群，遗俗而独往，登乎太始之前，览乎沕漠之
> 初。虑周流于无外，志浩荡而自舒。……细行不足以为毁，圣
> 贤不足以为誉。

此则嗣宗之所志存也。

嗣宗志气横轶，而叔夜则思理周至；二人者，性趣不同，然其
以超世脱俗为蕲向则一也。叔夜之言曰：

> 所以贵知而尚动者，以其能益生而厚身也。然欲动则悔吝
> 生，知行则前识立。……二者不藏之于内而接于外，只足以灾
> 身，非所以厚生也。夫嗜欲虽出于人，而非道之正，犹木之有
> 蝎，虽木之所生，而非木之宜也。

又曰：

> "富与贵，是人之所欲"者，盖为季世恶贫贱而好富贵也，
> 未能外荣华而安贫贱，且抑使由其道而不争，不可令其力争，

故许其心竞；中庸不可得，故与其狂狷；此俗谈耳，不言至人
当贪富贵也。……夫不虑而欲，性之动也；识而后感，智之用
也。性动者，遇物而当，足则无余。智用者，从感而求，倦而
不已。故世之所患，祸之所由，常在于智用，不在于性
动。……君子识智以无恒伤生，欲以逐物害性，故智用则收之
以恬，性动则纠之以和。使智止于恬，性足于和，然后神以默
醇，体以和成，去累除害，与彼更生。……性气自和，则无所
困于防闲；情志自平，则无郁而不通。……凡若此类，上以周
孔为关键，毕志一诚。下以嗜欲为鞭策，欲罢不能。驰骤于世
教之内，争巧于荣辱之间，以多同自减，思不出位。使奇事绝
于所见，妙理断于常论，以言变通达微，未之闻也。(《答向子
期难养生论》)

凡此皆叔夜之所以答向难。叔夜思理精密，其所持辨，颇足为道家
别辟新闱。盖嗣宗之于庄周，得其神情之纵放，叔夜则得其文理之
密察。叔夜之于道家，可谓能从事于科学之推阐，嗣宗则文学之歌
咏也。叔夜"养生"之论，盖自东汉晚季神仙方术既衰，而期重赋
之以科学理论之根据者。故叔夜之言曰：

推类辨物，当先求之自然之理。理已定，然后借古义以明
之耳。今未得之于心，而多恃前言以为谈证，自此以往，恐巧
历不能纪。(《声无哀乐论》)

叔夜之意，盖主于观大化之自然，悟妙理于方新，而不乐于古经典
效墨守。故其《难张辽叔自然好学论》，谓：

六经以抑引为主，人性以从容为欢。抑引则违其愿，从容
则得自然。然则自然之得，不由抑引之六经；全性之本，不须

犯情之礼律。

又曰：

> 今子立六经以为准，仰仁义以为主，以规矩为轩驾，以讲论为哺乳；由其途则通，乖其路则滞；游心极视，不睹其外，终年驰骋，思不出位。

此乃叔夜之所深诮也。故曰：

> 以多自证，以同自慰，谓天地之理，尽此而已。（《养生论》）

盖"循俗"之与"尊古"，事若异而情则一。叔夜所谓"思不出位"，嗣宗所讥"若群虱之处裈中"，皆不能摆脱羁轭以赴新趋。嵇、阮虽一骋想象，一精思辨，性气互异。然其于世俗从同之境，莫不思冲决网罗，奋迅翱翔以为快。此等意境，实为得庄周"逍遥"之真髓，而显然与周孔儒统，拘拘然求自靖自献于人间世者有辨。此则嵇、阮之所以有异于王、何，而亦向、郭之所以复异于嵇、阮也。

三

向秀解《庄》，书今不传，然郭注俱在，寻其大意所宗，率不离向秀之难嵇康者近是。当时谓象窃秀注为己有，此殆未必直钞其文字；义解从同，即谓之"窃"矣。故《晋书》谓："今有向、郭二书，其义一也。"今读郭注，颇多破庄义以就己说者，而其说乃颇有似于向秀之难嵇康。则郭之窃向，其狱自定矣。如《逍遥游》，庄生寄趣在鲲、鹏，嵇康所谓：

> 方将观大鹏于南溟，又何忧于人间之委曲？（《卜疑》）

而象反其意，谓：

> 小大虽殊，而放于自得之场，则物任其性，事称其能，各当其分，逍遥一也。岂容胜负于其间哉？

又曰：

> 庄子之大意，在乎逍遥游放，无为而自得，故极小大之致，以明性分之适。达观之士，宜要其会归，而遗其所寄，不足事事曲与生说。

彼不悟：蜩与学鸠之"决起而飞，枪榆枋而不至，则控于地而已"者，岂果亦有当于庄生之所谓"逍遥"者耶？故庄生特称藐姑射之神人，以鄙薄尧舜之为治，而郭注又故反之。谓：

> 此皆寄言耳。夫神人即今所谓圣人也。夫圣人虽在庙堂之上，然其心无异于山林之中，世岂识之哉？徒见其戴黄屋，佩玉玺，便谓足以缨绂其心矣；见其历山川，同民事，便谓足以憔悴其神矣。岂知至至者之不亏哉！

此即向子期所谓"崇高莫大乎富贵；此皆先王所重，关之自然，不得相外"也。在庄周则放之惟恐不旷，在向、郭则敛之惟恐不促；在庄周则扬之惟恐不远，在向、郭则牵之惟恐不迩。向秀《思旧赋》谓："嵇康、吕安，其人并有不羁之才，然嵇意远而疏，吕心旷而放，其后各以事见法。"向盖惩于嵇、吕之疏放，乃转而为平近。盖嵇、阮亦激于平叔、太玄之无妄罹难，而亟思高飞远扬。叔夜有言：

> 危邦不入，所以避乱政之害。（《难张辽叔宅无吉凶摄生论》）

又曰：

> 阮嗣宗口不论人过，吾每师之而未能及。至性过人，与物无伤，惟饮酒过差耳。至为礼法之士所绳，疾之如雠，幸赖大将军保持之耳。吾不如嗣宗之贤，而有慢弛之阙……久与事接，疵衅日兴，虽欲无患，其可得乎！（《与山巨源绝交书》）

则彼之思长林而志丰草，夫岂得已！《别传》称其《与山巨源绝交书》，"亦欲标不屈之节，以杜举者之口"。又《世说》："王戎称之，曰：与嵇康居二十年，未尝见其喜愠之色"，《别传》称之为，"方中之美范，人伦之胜业"。斯其谨慎自守，凛栗自保，亦云至矣；而犹罹杀身之祸。向秀则又鉴于叔夜仲悌之无罪婴祸，而复愿回就樊笼，以冀自免也。魏晋之际，学术思想之转变，固莫不与朝局相影响。其情可悯，其志可悲。若至郭象，任职当权，薰灼内外，当时即为素论所非，是又不得与前数子者并。盖自向秀之所论，颓波逶迤，必自达于如郭氏之所为，是亦不足深怪也。

史称向秀随计入洛，文帝问曰："闻子有箕山之志，何以在此？"秀曰：

> 以为巢许狷介之士，未达尧心，岂足多慕？

帝甚悦。考《世说》注，钟会之廷论嵇康，曰："今皇道开明，四海风靡，而康上不臣天子，下不事王侯；轻时傲世，不为物用。无益于今，有败于俗。今不诛康，无以清洁王道。"叔夜遂以见诛。方钟会之访嵇，正在大树下锻，向秀为之佐鼓排。嵇既见诛，则向秀之对晋文，其情宛然矣。今郭注《逍遥游》"尧让天下于许由"一节谓：

> 治之由乎不治，为之出乎无为也，取于尧而足，岂借之许由哉？若谓拱默乎山林之中，而后得称无为者，此庄老之谈，所以见弃于当涂；当涂者自必于有为之域而不反者，斯之由也。

又曰：

> 若独亢然立乎高山之顶……守一家之偏尚……此故俗中之一物，而为尧之外臣耳。

向、郭之言若此，无怪当时在朝当涂者亦群慕庄老矣；此固向、郭之功也。史称："向为《隐解》，发明奇趣，振起玄风。读之者超然心悟，莫不自足一时。"又云："王衍每云：听郭象语，如悬河泻水，往而不竭。"王夷甫之徒，固当深赏向、郭之论。故曰："圣人忘情，最下不及情。情之所钟，正在我辈。"虽位居宰辅之重，而心不以经国为念，惟思自全。其见石勒，则曰："少不豫事"，意求自免，因劝勒称尊号。盖此辈皆以巢、许自况，而混迹廊庙，则宜乎其闻向、郭之论，而释然皆有以自足。此正如嵇含所讥："借玄虚以助溺，引道德以自奖，户咏恬旷之辞，家画老庄之象"，又曰："画真人于刻桷之室，载退士于进趣之堂，可谓托非其所"者也。王戎尝经黄公酒垆下过，顾谓后车客曰："吾昔与嵇叔夜、阮嗣宗酣畅于此；竹林之游，亦预其末。自嵇、阮云亡，吾便为时之所羁绁。今日视之虽近，邈若山河。"以向、郭上拟嵇、阮，真所谓

"视之虽近，邈若山河"矣。王衍问阮修老庄圣教同异，对曰："将无同。"衍大善，辟为掾，世谓之"三语掾"。昔王弼、何晏，以《老子》书上通儒术，今王衍之徒，乃以儒术下同老庄；推波助澜，凡以奖借而助成之者，则向、郭也。

　　向、郭解《庄》义既大行，及于东晋，乃始有纠其失者，则为方外之佛徒。《世说》载："《庄子·逍遥篇》，旧是难处，诸名贤所可钻味，而不能拔理于郭、向之外。支道林在白马寺中，将冯太常共语，因及《逍遥》。支卓然标新理于二家之表，立异义于众贤之外，皆是诸名贤寻味之所不得。后遂用支理。"刘孝标注引向、郭"逍遥"义曰：

　　　　夫大鹏之上九万，尺鷃之起榆枋，小大虽差，各任其性。苟当其分，逍遥一也。然物之芸芸，同资有待；得其所待，然后逍遥耳。惟圣人与物冥而循大变，为能无待而常通。岂独自通而已，又从有待者而不失其所待。不失则同于大通矣。

支氏《逍遥论》曰：

　　　　夫逍遥者，明至人之心也。庄生建言大道，而寄指鹏鷃。鹏以营生之路旷，故失适于体外；鷃以在近而笑远，有矜伐于心内。至人乘天正而高兴，游无穷于放浪。物物而不物于物，则遥然不我得；玄感不为，不疾而速，则逍然靡不适。此所以为逍遥也。若夫有欲当其所足，足于所足，快然有似天真，犹饥者一饱，渴者一盈，岂忘蒸尝于糗粮，绝觞爵于醪醴哉？苟非至足，岂所以逍遥乎？

刘氏曰："此向、郭之注所未尽。"盖支遁之所异于向、郭者，向、郭言"无待"，而支遁则言至足。至足本于无欲；欲无欲，则当上追嵇、阮，以超世绝俗为尚。而向、郭以来清谈诸贤，则浮沉富贵之乡，皆支遁所谓"有欲而当其所足，快然有似乎天真"也。游心不旷，故遂谓尺鷃大鹏各任其性，一皆逍遥矣。及闻夫支氏之论，遂不得不谓其"卓然标新理于二家之表"。《世说》："王北中郎（坦之）不为林公所知，乃著论《沙门不得为高士论》，大略云：'高士必在于纵心调畅。沙门虽云俗外，反更束于教，非情性自得之谓也。'"盖当时名士所谓情性自得者，其内心不忘俗，浅薄率如是。然亦有僧徒趋附名士，曲说阿俗者。《世说》："愍度道人始欲过江，与一伧道人为侣，谋曰：'用旧义，往江东，恐不办得食。'便共立'心无'义。既而此道人不成渡，愍度果讲义积年。后有伧人来，先道人寄语云：'为我致意愍度，无义哪可立？治此权计救饥耳，无为遂负如来也。'"此亦可证真佛学与当时名士谈趣实不能同，而亦藉可见向、郭以来所谓当时诸贤内心之所存矣。自此以往，庄老玄理，遂不得不让位于西来之佛法。此其异同，固不在庄老与佛法间，乃在于向、郭以来诸贤之说庄老者，至是已不复足以餍切人心也。

（一九四五年昆明《中央周刊》）

王弼郭象注易老庄用理字条录

一

昔程伊川有"性即理也"之语，朱晦庵承之，乃谓"天即理"。《论语》"获罪于天"，《集注》亦解作"获罪于理"，大为清儒所讥。陆王改主"心即理"。要其重视"理"字，则程朱、陆王无大别。故宋学亦称"理学"。然考先秦古籍"理"字，多作分理、条理、文理解，亦或作治理言，实未尝赋有一种玄远的抽象观念，有形上学之涵义；如宋儒所云云也。清儒戴东原《孟子字义疏证》，辨此甚详尽。《孟子·告子》上篇：

> 心之所同然者，何也？谓理也，义也；圣人先得我心之所同然耳。故理义之悦我心，犹刍豢之悦我口。

戴氏之说曰：

> 六经孔孟之言，以及传、记、群籍，理字不多见。（孟子）举理以见心能区分，举义以见心能裁断。

> 明理，明其区分也；精义，精其裁断也。
>
> 自宋以来，始相习成俗，理为如有物焉，得于天而具于
> 心，因以心之意见当之。

此戴氏谓"理"字在中国思想界，赋与以一种形上学之最高抽象涵义，其事实始于宋人也。窃谓戴氏之说是已；然其间实有一段甚长之演变，固亦非直至宋儒，乃始重视此"理"字。且宋儒所提此理字之涵义，亦非前无所承，全由特创也。

窃谓"理"字观念之重要提出，其事实始于道家。庄子与孟子同时，其书亦曾用"理"字。《养生主》有曰：

> 官知止而神欲行，依乎天理……因其固然。

"天理"二字，始见于此。《韩非》曰："理者，成物之文。"成玄英疏："天理，天然之腠理。"《庄子》书重论自然，喜言万物，故其书中用"理"字，虽仅此一见，而后起治道家言者，不期而多用理字；如《庄子》外杂篇，及《吕览》《韩非》《淮南》皆是。此一宗也。

其又一宗为晚出之儒家，亦由会通道家义，而屡用此"理"字；如《荀子》《易传》《小戴记》皆是。此为又一宗。《荀子·非相篇》有曰：

> 类不悖，虽久同理。

此实为先秦诸子言"理"字之最扼要者。盖言及理字，必偏主于事物，事物有类可分，乃始有理可指也。清儒焦循说之曰："理者，分也。各有分焉，即各有宜也。"物理通于事理则曰"宜"；事之宜不宜，亦由分类而见。《老子》书始提"象"字。象即今语之"抽

象"，此即荀卿分类之说之所由承也；故《荀卿》书亦屡言象字。此皆其思想递嬗痕迹之可见者。

《易·说卦传》有曰：

> 圣人之作《易》也，将以顺性命之理。

又曰：

> 和顺于道德而理于义，穷理尽性以至于命。

《说卦传》亦后出书。"道德"连文始《老子》，"和顺"二字，为庄老所爱用，而儒家袭取之，故荀卿及《小戴礼》皆多用"和顺"字。"性命之理"，则亦谓人与万物所禀受之天性，各有其分理可寻也。

《小戴礼·乐记篇》有曰：

> 乐也者，情之不可变者也；礼也者，理之不可易者也。

郑玄注：

> 理，犹事也。

今按：《乐记篇》又谓："乐由中出，礼自外作。"又曰："乐者为同，礼者为异。"盖谓出于中者为同，作于外者为异也。"作于外"乃就事物言，故曰："万物之理，各以类相动。"盖物各有分，斯即物各有理也。其分各可归类，以类相动，则"理"见于事矣。郑注"理，犹事也"，实为后人"理""事"对言一观念之始起也。

《乐记篇》又曰：

> 人生而静，天之性也；感于物而动，性之欲也。物至知知，然后好恶形焉。好恶无节于内，知诱于外，不能反躬，天理灭矣。夫物之感人无穷，而人之好恶无节，则是物至而人化物也。人化物也者，灭天理而穷人欲者也。

郑玄注：

> 理，犹性也。

盖人之性亦分赋自天，故人性亦有其自然之分限。此种自然之分限，即所谓"天理"。若人不能反躬自节，而外骛物欲以求穷极，则越乎其所赋之分限，而天理灭矣。"灭天理"，即谓违失其性，故郑氏以"性"注"理"；此又为后人"性""理"两字互释之原本也。

又按，《荀子·正名篇》：

> 志轻理而不重物者，无之有也。

上引《乐记》语，似实本此。"重物"即是"穷人欲"也。荀子又曰：

> 礼义文理，所以养情也。

又曰：

> 心之所可，中理，则欲虽多，奚伤于治？……心之所可，失理，欲虽寡，奚止于乱？

荀子特以"理""欲"对文，而《乐记》增成之为"天理""人欲"。盖理见于外，故曰"天"；欲起于中，故曰"人"。荀子之所谓"中理"，即《中庸》之所谓"中节"也。"喜怒哀乐发而皆中节"，即荀子所谓"情得其养"也。故《中庸》虽不言"理"字，而实与《荀子·乐记》大义相通也。

至西汉董仲舒《春秋繁露·同类相动篇》有曰：

> 气同则会，声比则应。……非有神，其数然也。……明于此者，欲致雨则动阴以起阴，欲止雨则动阳以起阳。故致雨非神也，而疑于神者，其理微妙也。相动无形，则谓之自然。其实非自然也，有使之然者也。

此又以"理""数"互言。盖理见于分，分之最易见者莫若数，故理之最易征而知者，亦莫明于"数"也。仲舒始以"数""理"观念代替先秦道家之"自然"观念，谓宇宙间一切事象、物质之变化，其背后皆有一种"数"与"理"之作用引生而推动之。盖凡事物之同类者，积至于某程度、某数量，即可引起某种变化，此乃自然之理，实即一种"使之然"之理也。仲舒此说，盖由荀卿"类不悖，虽久同理"之观念引衍而出。仲舒之所谓"使之然之理"，亦即郑玄之所谓"事理"与"性理"也。故可谓"理"字之观念，至汉儒而又有新发展。而此种新观念之展出，大体实仍自道家思想之系统下引衍而来，此亦甚为显白也。

惟特别重视此"理"字，一再提出，以解说天地间一切自然之变化，而成为思想上重要之一观念，则其事当始于魏晋间之王弼与郭象。弼注《周易》与《老子》，象注《庄子》，乃始时时提出此"理"字，处处添入"理"字，以解说此三书之义蕴。于是遂若缺此一字，天地间一切变化，皆将有无从解说之苦。此一"理"的观念之郑重提出，若谓于中国思想史上有大功绩，则王、郭两家当为其元勋；亦不得谓宋儒绝不受王、郭之影响。此下特就弼注《老》《易》，象注《庄子》，遇其以"理"字为说者，为之逐条录存，以证吾说。此实为治中国思想史者一重要大题目也。

二

王弼注《易》，括其大义于《周易略例》。首《明象》，即谓："物无妄然，必由其理。"又曰："统之有宗，会之有元。"此即一切统会之于"理"也。物不妄然，必由理而然，此即董仲舒"理使之然"之说也。故其注文，常多特增"理"字。如《乾卦》："乾元用九，天下治也"，注：

> 能全用刚直，放远善柔，非天下至理，未之能也。……夫识物之动，则其所以然之理，皆可知也。

此谓天下一切物之动，皆有其"所以然之理"，而统其宗、会其元者，则为"至理"也。又《坤卦》："六五：黄裳元吉"，注：

> 体无刚健，而能极物之情，通理者也。以柔顺之德，处于盛位，任夫文理者也。

此以"理"为"文理"，又称"极物之情，故能通理"，戴东原《孟子字义疏证》说"理"字，都如弼此注。又《讼卦》："九四：复即命，渝安贞，吉。"注：

> 若能反从本理，变前之命，安贞不犯，不失其道，为仁由己，故吉从之。

此谓一切事有"本理"，即固然之理也。此"理"字地位，已超

"命"字上。不仅孔孟重视命，即庄周内篇亦重视命，此后宋儒始以"天理"观念代替"天命"观念；弼之此注，已启其端。又《豫卦》："六二：介于石，不终日，贞吉"，注：

> 明祸福之所生，故不苟说；辩必然之理，故不改其操；介如石焉，不终日明矣。

此谓"理有必然"也。所以然之理，本然之理，与必然之理，为"理"字涵义三大纲，王弼均已举出，皆承董仲舒"使之然之理"以为言也。而就其统宗会元者言，则为"至理"。此后宋儒言"理"，亦无逃此范围矣。又《噬嗑卦》："九四：噬乾胏，得金矢，利艰贞，吉"，注：

> 噬乾胏而得刚直，可以利于艰贞之吉，未足以尽通理之道也。

此所谓"通理之道"，即上所谓"极物之情"也。理相通，故得统宗会元而寻其至理也。又《睽卦》："睽，君子以同而异"，注：

> 同于通理，异于职事。

此条最当注意；厥后以"理""事"对立，唐代华严宗最畅其旨，而语实本此。郑玄注《礼》，谓"理，犹事"，盖不能如弼之此注之畅析也。何以谓"同于通理"？此即《略例》所谓："统之有宗，会之有元"，既天下事皆统会于一理，则众理自通，不得不同。按《周易》本文："天地睽而其事同也，男女睽而其志通也，万物睽而其事类也"，则所同者在事，所通者在志，而弼注则谓事由分职而异，理由共通而同；其越出正文，自辟新解，岂不甚显！又《解卦·初六象传》："刚柔之际，义无咎也"，注：

> 或有过咎，非其理也。义犹理也。

今按："义"就行事者之立场言，"理"就事之本身言，故义可说为无咎，理则无所谓无咎也。弼之此解，显非《易》文原义。此与朱子解"获罪于天"作"获罪于理"，更何异乎？又《夬卦·初九象传》："不胜而往，咎也"，注：

> 不胜之理，在往前也。

今按：《易》文本义，谓事不可胜而往为咎，弼转增"理"字释之，谓不胜之理，在于往前；此亦清儒所讥"增字诂经"之一例也。又《丰卦象传》："雷电皆至，丰；君子以折狱致刑"，注：

> 文明以动，不失情理也。

按王弼言"理"，或以"事""理"对举，或以"情""理"连称；其《周易略例》首《明象》，即专言"理"，次《明爻通变》，即专言"情"。一切人事，"情""理"二字足以尽之，此弼注《易》之大旨。清儒戴震、焦循颇喜言"情理"，章学诚则转言"事理"；其实弼之注《易》，已兼举之。若就《周易》上下经本文论，惟"黄中通理"语一见"理"字，而弼注用"理"字如上举，凡九处。盖古人注书，非尽随文训诂；亦有特创新解，越出所注本书范围，而卓然自成一家言者。弼之注《易》，亦可谓是弼之一家言也。

三

又按皇侃《论语集解义疏》引王弼注，虽只鳞片爪，亦时见

"理"字。兹举其要者。《里仁》"吾道一以贯之"章，弼曰：

> 贯，犹统也。夫事有归，理有会，故得其归，事虽殷大，可以一名举；总其会，理虽博，可以至约穷也。

此注与《周易略例·明象》所谓"统之有宗，会之有元"，显然异语相足。"会之有元"，即指理之可会通归一也。《论语》本言"道"，而弼注转言"理"。大率言之，唐以前人多言"道"，宋以后人多言"理"；以"理"的观念代替出"道"的观念，此在中国思想史上为一大转变。王弼可谓是此一转变之关捩也。弼又曰：

> 忠者，情之尽也；恕者，反情以同物者也。未有反诸其身而不得物之情，未有能全其恕而不尽理之极也。能尽理极，则无物不统；极不可二，故谓之一也。

"理极无二"，即为后来竺道生顿悟义所本，亦即犹宋儒濂溪之言"太极"也。故王弼言"理"，既为释家辟路，亦为宋儒开先。而清儒戴、焦言"理"，则尤与弼之此条意近。

又《述而》"子温而厉，威而不猛，恭而安"章，王弼曰：

> 温者不厉，厉者不温；威者不猛，猛者不威；恭者不安，安者不恭；此对反之常也。若夫温而能厉，威而不猛，恭而能安，斯不可名之理全矣。故至和之调，五味不形；大成之乐，五声不分；中和备质，五材无名也。

今按：此条尤见弼之援老释孔，汇通儒、道之深致。老子曰："道可道，非常道；名可名，非常名。"因凡可名者皆有对反，苟有对反，则非大通。故大道必无名，以其会归合一，更无对反也。自汉以下，渐以"理"字代"道"字；此一转变，至弼而大定。魏晋间人好言"名理"，即犹老子言"名"与"道"也。"理极无二"，即犹老子以"一"说"道"也。会归合一，始为大道，始是至理，而遂不可复名矣。弼此条又以"中和"释"至理"；此后释家及宋儒，遂群尊《中庸》，亦可谓由弼启之也。

又《子罕》"大哉孔子，博学无所成名"章，王弼曰：

> 譬犹和乐，出乎八音乎！然八音非其名也。

此亦以《老子》书之"无名"，释《论语》之"无名"也。古人言"理"皆主其"分"，弼之言"理"更主其"和"。会通合一则和矣。和则更无物物之分，将惟见其为一理也。然则晦翁之以"天"释"理"，岂不与弼之说有相似乎？

又《阳货》"性相近习相远"章，王弼曰：

> 不性其情，焉能久行其正？此是情之正也。若心好流荡失真，此是情之邪也。若以情近性，故云性其情。情近性者何？妨是有欲。若逐欲迁，故云远也；若欲而不迁，故曰近。但近性者正，而即性非正；虽即性非正，而能使之正。譬如近火者热，而即火非热；虽即火非热，而能使之热。能使之热者何？气也，热也。能使之正者何？仪也，静也。

今按：弼之此条，谓"即性非正，而能使之正"，"即火非热，而能使之热"，此其意，殆已隐涵一种"体""用"观念之分别；特未明白剖言之耳。盖火即体也，热即用也。弼又言"性使之然"，此犹言"理使之然"也。则言"理""事"即犹言"体""用"，此皆在魏晋当时人观念中已露其端倪，而特未能如后人之剖划透彻耳。又弼曰："能使之热者气"，则在魏晋人观念中，显尚不如朱子时之

"理""气"两分，严明剖别，而转陷于"以死人骑活马"之讥。然则言辩之演进，亦有愈后愈精而转失之者，此亦治思想史者所应知也。

四

弼之注《老子》，亦多平添"理"字以为说者。如其注"人之所教，我亦教之"云：

> 我之教人，非强使人从之也，而用夫自然，举其至理。顺之必吉，违之必凶。故人相教，违之必自取其凶也。（四十二章）

此条不用"大道"字，而用"至理"字。《老子》书明言"道"，弼注必改言"理"，此正弼注之越出原书而自有其贡献之所在也。又"理"与"自然"并举，即为自然之理。庄老言"自然"，而弼注改用"理"字，其事可谓始于董仲舒，然不得不谓其至于王弼，而此一观念始臻显白也。又如注"不出户，知天下，不窥牖，见天道"云：

> 事有宗而物有主，途虽殊而其归合也，虑虽百而致一也。道有大常，理有大致，执古之道，可以御今；虽处于今，可以知古始；故不出户窥牖而可知也。（四十七章）

"常""道"字为《老子》书所固有，"理"字为弼注所新增。"途殊同归，虑百致一"，此弼援《易》注《老》也。宋儒晁说之谓："弼本深于《老子》，而《易》则末矣。其于《易》，多假诸《老子》之旨，而《老子》无资于《易》者。其有余、不足之迹断可见。"今按：晁之此说，似犹不知弼之注《老》，乃亦假诸其《周易略例》

之所得也。以余观之，弼之注《周易》，其功尚远出于其注《老子》之上。晁氏曰："呜呼！学其难哉！"则诚矣其难矣。又如其注"圣人不行而知，不见而名"云：

> 得物之致，故虽不行而虑可知也；识物之宗，故虽不见而是非之理可得而名也。（四十七章）

然则弼之言"理"，有"所以然之理"，有"本然之理"，有"必然之理"，有"是非之理"；此皆越出《老子》本书以为说也。《吕览·离谓篇》："理也者，是非之宗也。"此为弼言"是非之理"之所本。

又按：《老子》五千言无"理"字，而弼注平添"理"字为说者如上举。观其注《周易》注《老子》，即知其对于"理"的一观念之重视矣。

五

弼之后有嵇康，亦治《庄》《老》，而最善持论，其集中亦常言及"理"字，然尚可谓其乃自抒己见；至郭象注《庄子》，乃亦处处提及"理"字，一似弼之注《老》《易》，而犹有甚焉。兹再逐条列举如下：

《逍遥游》：

> 大物必自生于大处，大处亦必自生此大物，理固自然，不患其失，又何厝心于其间哉？

此谓"理"属自然，而又必然也。弼之注《老》，已屡提"自然"字，又以"理"与"自然"并举。象之注《庄》，乃益畅发"自然"之义，而始显明提出"自然之理"一语，则弼注所未及也。

又：理有至分，物有定极，各足称事，其济一也。

弼始言"事理"，象又足之以"物理"。"理有至分"，宋儒谓之"理一分殊"；"物有定极"，宋儒则谓"一物一太极，万物一太极"。此皆从王弼"统宗会元"之说来。然则乌得谓王、郭言"理"与宋儒理学，在思想进展上，乃一无关涉乎？

又：理至则迹灭矣！顺而不助，与至理为一，故无功。

"至理"字袭王弼。"理""迹"对言，理属形而上，迹则形而下；则犹弼之"理""事"并举也。

又：但知之聋瞽者，谓无此理。

又：推理直前，而自然与吉会。

"推理直前"，语似宋儒。

又：小大之物，苟失其极，则利害之理均。用得其所，则物皆逍遥也。

《齐物论》：

凡物云云，皆自尔耳，非相为使也，故任之而理自至矣。

董仲舒始言物有"使然之理"，此为儒家义；郭象言物物各有"自然之理"，更无使之然者，为道家义。其言理虽殊，其重理则一也。

又：理无是非，而或者以为有。

又：至理尽于自得。

又：至理无言。

又：万物万形，同于自得，其得一也。已自一矣，理无
所言。

又：物物有理，事事有宜。

此条极似晦庵。晦庵《大学注》本云："物，事也"，其《格物补
传》乃云："即凡天下之物，莫不因其已知之理而益穷之"，此
"物"字亦可作"事"解。事理物理，理本相通，始是至理。而宋
儒言理，远同魏晋，亦于此可见矣。

又：夫物之性表，虽有理存焉，而非性分之内，则未尝以
感圣人也；故圣人未尝论之。

按象言"物物有理"，此与程朱意合；谓"理非性分之内者，未尝
以感圣人"，则与程朱意异。故象谓"至理尽于自得"，惟专重于性
分之内，程朱则主"格物穷理"以尽性而至命，则必由统宗会元而
达。由此以观，可谓伊川、晦翁较近王弼，而郭象之言，则似较近
明道也。

又：将寄明齐一之理于大圣，故发自怪之问以起对也。

又：务自来而理自应耳，非从而事之也。

"理应"之说，亦始王弼，而极为宋儒所乐道。

又：物有自然，理有至极，循而直往，则冥然自合。

"理有至极"，即太极也；物之"自然"即理，是犹"性即理也"
之意。

> 又：是非死生，荡而为一，斯至理也。至理畅于无极，故寄之者不得有穷也。

"至理畅于无极"，即犹云"无极而太极"也。推郭意，似主性分之内即是一"无极"；亦即"物物一太极"义也。

> 又：卒至于无待，而独化之理明矣。

郭象既言"自然之理"，又言"独化之理"，此皆王弼所未及也。戴氏《孟子字义疏证》申明"理"字古义，亦未尝及此等处。凡此皆郭象所新创也。

> 又：明斯理也，将使万物各反所宗于体中，而不待乎外。

《养生主》：

> 养生者，理之极也。
> 又：忘善恶而居中，任万物之自为，闷然与至当为一，故刑名远己，而全理在身。

"全理"字亦象新创；"全理在身"，仍即"物物一太极"义也。

> 又：夫养生非求过分，盖全理尽年而已矣。
> 又：尽理之甚，既适牛理，又合音节。

"尽理"即穷理也；牛亦有理，即凡天下之物，莫不有理也。

> 又：直寄道理于技耳。

《庄子》书只言"道"，象注特增"理"字。

> 又：未能见其间理。
>
> 又：但见其理间也。
>
> 又：司察之官废，纵心而顺理。

"纵心顺理"，极似宋儒语。

> 又：不中其理间也。
>
> 又：理解而无刀迹。

"理间"与"理解"字，为戴氏《疏证》所主；此即所谓"文理"，乃"理"字之古义。至王、郭与宋明儒所重言之"理"，则断非此"文理"一义所能限。读者通观此文之前后，自知宋儒言"理"，亦非尽宋儒所首创也。

> 又：嫌其先物施惠，不在理上住，故致此甚爱也。
>
> 又：指尽前薪之理，故火传而不灭。

《人间世》：
依乎天理，推己信命，若婴儿之直往也。
> 又：当理无二。

"当理无二"语，亦极似宋儒；竺道生顿悟义，由此入。

> 又：不得已者，理之必然者也。
>
> 又：事有必至，理固常通，故任之则事济。
>
> 又：理无不通，故当任所遇而直前耳。

又：不复循理。

又：任理之必然者，中庸之符全矣，斯接物之至者也。

象之注《庄》，颇好言"中庸"字；而《中庸》之书，亦特为宋儒所乐道。知王、郭之与宋儒，其间固多相近可通之处也。

又：顺理则异类生爱，逆节则至亲交兵。

此条"顺理"与"逆节"对文，故余谓《中庸》之言"中节"，即犹荀卿之言"中理"也。郭言"顺理"，则犹庄子之所谓"约分"也。

又：付之自尔而理自生成，生成非我也。

理自生成，则可谓有"生成之理"，实即"自然之理"也；此义为后来王船山所乐道。

又：性命全而非福者，理未闻也。

《德充符》：

夫我之生也，非我之所生也。则一生之内，百年之中，其坐起行止，动静取舍，性情知能，凡所无者，凡所为者，凡所遇者，皆非我也；理自尔耳。

此条与晦翁"天即理也"之说，遥相符会。其实亦即"自然之理"也。

又：人之生也，理自生矣，直莫之为而任其自生。

又：华薄之兴，必由于礼，斯必然之理。

又：欲以直理冥之，冀其无迹。

"直理"字，又象新创。

又：自然之理，行则影从，言则响随。……故名者，影响也；影响者，形声之桎梏也。明斯理也，则名迹可遗。

魏晋时人好言"名理"，而象之注《庄》，则独少言"名理"字。据此条，知象之言"理"，远较其同时好言"名理"者为深至矣。似象此意，实自王弼所谓"不可名之理"来也。

又：其理故当，不可逃也。故人之生也，非误生也；生之所有，非妄有也。天地虽大，万物虽多，然吾之所遇，适在于是，则虽天地神明，国家圣贤，绝力至知，而弗能违也。故凡所不遇，弗能遇也；其所遇，弗能不遇也；凡所不为，弗能为也；其所为，弗能不为也。故付之而自当也。

此条由理通命，其所谓"命"，乃指一切遭遇言。《庄子》此处本文正言"命"，象注乃转由"命"而推本之于"理"，此即朱子"天即理也"之说。而朱子言"命"，亦多指遭遇言。从此等处参入，可悟魏晋与宋儒说理，正有许多相近可通处也。

又：苟知性命之固当，则虽死生穷达，千变万化，淡然自若，而和理在身矣。

按《易·说卦传》言："穷理尽性以至于命"，象之此条近之。王、郭盖皆求以《老》《庄》会通之于儒说者，宋儒乃不期而与之近。

> 又：此四者，自然相生，其理已具。
>
> 又：既禀之自然，其理已足。……物无妄然，皆天地之会，至理所趣。

据此条，知象之言"理"，实本原于弼。惟谓其理已足，不待乎外而可尽，此则为郭象注《庄》之特著精神处也。

> 又：未明生之自生，理之自足。
>
> 又：生理已自足于形貌之中，但任之则身存。

按宋儒必言"天地之性"，必主"格物穷理"，而郭主理自足于本身，此其异。"生理"字亦象新创。此后王船山好言"生理"，乃转近郭义。

《大宗师》：

> 天地万物，凡所有者，不可一日而相无也。一物不具，则生者无由得生；一理不至，则天年无缘得终。然身之所有者，知或不知也；理之所存者，为或不为也。故知之所知者寡，而身之所有者众；为之所为者少，而理之所存者博。

此条极有深趣。象之所阐，重在"至理自足"，此所以越出王弼，而自成为一家言也。

> 又：理固自全，非畏死也。
>
> 又：理当食耳。

按此处本文仅谓"其食不甘"，而象注以"理当食耳"为说；试问与朱子注《论》《孟》横添"理"字处，又复何异乎？

  又：寄之至理，故往来而不难。

  又：人生而静，天之性也。感物而动，性之欲也。物之感
    人无穷，人之逐欲无节，则天理灭矣。

此条原本《乐记》，而《乐记》此语特为宋儒所乐引；又可证王、
郭之与程朱，实自有其相近可通处也。

  又：本至而理尽矣。

此仍"统之有宗，会之有元"义。惟孔孟统会之于"天"，老庄统
会之于"道"，王、郭则统会之于"理"。而郭象则尤主以一己性分
之内者为本。程朱则可谓又自王、郭而求重反之孔孟。后世尊程
朱，斥王、郭，是为未脱门户之见，实未足以与语夫思想演进之条
贯也。

  又：人之有所不得而忧娱在怀，皆物情耳；非理也。

明道言："人能于怒时遽忘其怒，而观理之是非，亦可见外诱之不
足恶。"又曰："明理可以治惧。"怒与惧皆物情而非理，此义象已
先言之。

  又：自然之理，有积习而成者。

此条有深趣。后惟王船山时发此旨。

  又：死生犹寤寐耳；于理当寐，不愿人惊之。

"于理当寐"四字，极似宋儒语。

又：适足捍逆于理以速其死。

又：理有至极，外内相冥。……乃必谓至理之无此。是故庄子将明流统之所宗，以释天下之可悟。

明道谓"性无内外"，即"理冥内外"也。

又：遗物而后能入群，坐忘而后能应务。愈遗之，愈得之。苟居斯极，则虽欲释之，而理固自来。

此又与宋儒"虚""实"之辨、"主一"之说甚相似。

又：以自然言之，则人无小大；以人理言之，则侔于天者可谓君子矣。

"人理"字，《庄子·渔父篇》有之；此条以"人理"与"自然"对文，亦"理一分殊"也。宋儒不喜用"人理"字，因理既统宗会一，则不宜再分"天""人"也。

又：尽死生之理，应内外之宜者，动而以天行，非知之匹也。

按此条近宋儒"德性之知"与"闻见之知"之辨。

又：天下之物，未必皆自成也。自然之理，亦有须冶锻而为器者。

此条有深趣，船山最喜于此等处深说之。

又：任之天理而自尔。

又：嫌其有情，所以趋出远理。

《应帝王》：

应不以心而理自玄符，与变化升降而以世为量，然后足为物主，而顺时无极。

按《庄子》内篇七篇，"理"字惟《养生主》"依乎天理"语一见，而象注用"理"字者如上举共七十条。可见象之自以"理"字说《庄》，此即郭象注《庄》之所以为一家言也。

六

《庄子》外杂篇用"理"字始稍多，而象注用"理"字处更多，兹再逐条录之如下：

《骈拇》：

令万理皆当，非为义也，而义功见焉。

"万理"字，亦郭创。

《马蹄》：缺。

《胠箧》：缺。

《在宥》：

赏罚者，圣王之所以当功过，非以著劝畏也。故理至则遗之，然后至一可反也。

又：当理无悦，悦之则致淫悖之患矣。

"当理无悦"语，似宋儒。

> 又：神顺物而动，天随理而行。

按此处本文为"神动而天随"，象注横增"理"字，乃谓"天随理而行"，以此较之朱子注《大学》"格物"为"穷格万物之理"，其为增字诂经，不尤甚乎？其谓"天随理而行"，较之朱子"天即理也"之说，"理"字之地位，亦不啻更高一级矣。

> 又：理与物皆不以存怀，而闇付自然，则无为而自化矣。
> 又：事以理接，能否自任。应动而动，无所辞让。

此处本文为"接于事而不辞"，象注："事以理接"，此"理"字显是于原旨外添出。

《天地》：

> 一无为而群理都举。

按本文："通于一而万事毕"，象注以"群理"易"万事"。"群理"字，亦新创；"群理"犹云"万理"也。

> 又：夫至人，极寿命之长，任穷理之变。……故云厌世而上仙也。

按本文："千岁厌世，去而上仙"，象注乃谓因其"任穷理之变"，故厌世。盖任理则无欲，因曰"厌"；象意如此，岂不可与宋儒立论相通？

> 又：亦不问道理，期于相善耳。

《天道》：

> 伦，理也。

> 又：各司其任，则上下咸得，而无为之理至矣。

"无为之理"，即"自然之理"也；亦新创。

> 又：言此先后，虽是人事，然皆在至理中来，非圣人所作也。

"人事皆在至理中来"，此即"理事无碍，事事无碍"也。

> 又：物得其道，而和理自适。
>
> 《天运》：
>
> 故五亲六族，贤愚远近，不失分于天下者，理自然也。
>
> 又：仁孝虽彰，而愈非至理。
>
> 又：非作始之无理，但至理之弊，遂至于此。
>
> 又：弊生于理，故无所复言。

按："至理之弊"，"弊生于理"，皆宋儒所不言。

> 《刻意》：
>
> 泯然与正理俱往。

"正理"字亦新创。

> 又：任理而起，吾不得已也。
>
> 又：天理自然，知故无为乎其间。

按：此处本文为："去知与故，循天之理"，云"循天之理"，则所重犹在天；云"天理自然"，则所重转在理。

　　　　又：理至而应。

按：此处本文曰："不豫谋"，注云："理至而应"，为深一层说之。

　　《缮性》：

　　　　二者交相养，则和理之分，岂出他哉？

按本文："和与恬交相养，而和理出其性。"

　　　　又：道故无不理。

按本文："道，理也。"

　　　　又：无不理者，非为义也，而义功著焉。

按本文："道无不理，义也。"

　　《秋水》：

　　　　知其小而不能自大，则理分有素，跂尚之情，无为乎
　　其间。

"理分"字，象特创。象注又屡言"性分"，宋儒"性即理"之说，
象注已寓。

　　　　又：物有定域，虽至知不能出焉，故起大小之差，将以申
　　明至理之无辨也。
　　　　又：以小求大，理终不得；各安其分，则大小俱足矣。
　　　　又：应理而动，而理自无害。

按本文："动不为利"，象注："应理而动"，转入正面。

　　又：理自无欲。

本文曰："不贱贪污"，象注转深一层说之。"理自无欲"语，大似宋儒。

　　又：任理而自殊。

本文曰："不多辟异"，象注特增"理"字，而用意特重于分殊，故曰"任理而自殊"矣。

　　又：夫天地之理，万物之情，以得我为是，失我为非；适性为治，失和为乱。

按本文："是未明天地之理，万物之情者也。""情""理"兼称，似为王弼注《易》之所本。

　　又：达乎斯理者，必能遗过分之知，遗益生之情，而乘变应权。

按本文："知道者必达于理，达于理者必明于权。"

　　又：穿落之，可也。若乃走作过分，驱步失节，则天理灭矣。

按本文："落马首，穿牛鼻，是谓人；故曰：无以人灭天。"注文以"天理"代"天"字，此犹朱注《论语》"获罪于天"云"天即理也"之先例也；惟象此处所谓"天理"，重节限义，仍是重于理之分。

《至乐》：

> 未明而慨，已达而止，斯所以诲有情者，将令推至理以遣累也。

按本文："自以为不通乎命，故止也。"注以"理"字代"命"字。

> **又**：斯皆先示有情，然后寻至理以遣之。若云我本无情，故能无忧，则夫有情者，遂自绝于远旷之域，而迷困于忧乐之竟矣。

按：王弼主圣人有情，故不能无哀乐以应物，惟应物而能无累于物耳；郭象承之，而足之以"理遣"。

《达生》：

> 性分各自为者，皆在至理中来，故不可免也。

此即程子"性即理"之说。

> **又**：任其天性而动，则人理亦自全矣。

此又"性即理"之义。人理全即是天理全，郭注一贯注重分殊，此乃郭之一家言也。

> **又**：守一方之事，至于过理者，不及于会通之适也。鞭其后者，去其不及也。

此条又是以"中庸"说"理"。

> 又：欲赡则身亡。理常俱耳，不问人兽也。

此条俨似宋儒语。

> 又：忧来而累生者，不明也；患去而性得者，达理也。

此亦"性即理"之义。

《山木》：缺。
《田子方》：缺。
《知北游》：

> 物无不理，但当顺之。

按本文："果蓏有理。"

> 又：志苟寥然，则无所往矣。无往焉，故往而不知其所
> 至。有往焉，则理未动而志已惊矣。

按本文："寥已吾志，无往焉而不知其所至。"注特增"理"字。

《庚桑楚》：

> 意虽欲为，为者必败，理终不能。
> 又：理自达彼耳，非慢中而敬外。

按本文："敬中以达彼"，注特增"理"字。

又：天理自有穷通。

按本文："若是而万恶至者，皆天也，而非人也。"注文以"理"释"天"，即是以"理"代"命"也。

又：善中则善取誉矣，理常俱。
又：平气则静，理足顺心，则神功至。

《徐无鬼》：
反守我理，我理自通。

按本文："反己而不穷"，注文以"理"释"己"。"我理"字，特创。有"天理"，有"人理"，有"我理"，此皆理一分殊也。

又：至理有极，但当冥之，则得其枢要。

按本文："冥有枢"，注特增"理"字为说。

又：若问其大摧，则物有至分，故忘己任物之理，可得而知也。奚为而惑若此也？

按本文："阖不亦问是已，奚惑然为？"

《则阳》：
物理无穷，故其言无穷，然后与物同理也。

按本文："与物同理。"

《外物》：

此言当理无小，苟其不当，虽大何益？

按本文：鱼乞水，而注以"不当理"说之；此"理"是分限义。

> 又：情畅则事通，外明则内用，相须之理然也。
> 又：当通而塞，则理有不泄而相腾践也。
> 又：通理有常运。

按本文："天之穿之，日夜无降。"注"通理"字袭自王弼；此又是以"理"释"天"之例。

> 又：自然之理，有寄物而通也。

按本文："大林丘山之善于人也，亦神者不胜。"

《寓言》：

理自尔，故莫得。

按本文："莫得其伦"，《天道篇》注："伦，理也。"然此处注语甚曲强，盖象自好以"理"说《庄》，未必与《庄》书原义触处可通也。

> 又：理必自终，不由于知，非命如何？

按本文："莫知其所终，若之何其无命也。"注以"理"释"命"。

> 又：不知其所以然而然，谓之命；似若有意也。故又遣命

之名，以明其自尔，而后命理全也。

按本文："莫知其所始，若之何其有命也？"注谓"命"若有意，即非自然，故以"理"释"命"，而谓是"命之理"。"命理"字，特创。此可与以"理"释"天"各条同参。象既畅发"自然"之旨，故不好言"天"言"命"，而专提出"理"字。王弼注《易》，已曰："天，形也。"王、郭两家，所以必言"自然"言"理"者，其意居然可见。此为魏晋、宋明所以重言"理"字一大原因，作者已另文阐发。此不详。

　　又：理必有应，若有神灵以致也。

按本文："有以相应也，若之何其无鬼也？"注文以"理"说事物之应，又以"神灵"字代出"鬼"字，较《庄》书原文，遥为深允矣。若《寓言》作者先悟得此，必不云"若之何其无鬼矣"。此亦可见思想进展之迹，而郭注有超出《庄子》原书者，亦即此等处而可睹。

　　又：理自相应，相应不由于故也，则虽相应而无灵也。

按本文："无以相应也，若之何其有鬼邪？"原意：天下事，有相应，亦有无相应，故若有鬼，若无鬼。注文以"理"说之，则理无不相应，故此条本文明说"无以相应"，而注文必说成"理自相应而不由于故"。"不由于故"，则属自然矣。自然相应，故曰"自然之理"。既不由天命，亦非由鬼神。王弼之注《易》，郭象之注《庄》，特提出一"理"字，其在中国思想史上之贡献，诚不可没，看此条更显。

　　又按：董仲舒论"同类相动"，谓："其理微妙，实非自然"，此分"自然"与"理"而两言之也。郭象此注，则并"自然"与

"理"而一言之。故郭象特提出"自然之理"一语，不得不谓是象之特创也。

> 又：推而极之，则今之所谓有待者，率至于无待，而独化之理彰矣。

"独化之理"，亦即"自然之理"，此乃"理"字之深趣。虽可与"分限之理"相通，而不当以"分限"尽"独化"。此乃郭象注《庄》之特著精神处也。明乎此，则戴氏《疏证》所释古书"理"字本义用以驳击宋儒者，洵为浅之乎其说"理"矣。盖戴氏不仅不识宋儒，乃亦不识王、郭。专恃训诂家法，终不明得理趣，此又郭象之所以不喜言"名理"也。郭象不喜言名理，此即郭注之所为深有得于《庄》学之精神也。

《让王》：缺。

《盗跖》：缺。

《说剑》：缺。

《渔父》：

> 夫孔子之所放任，岂直渔父而已哉？将周流六虚，旁通无外，蠕动之类，咸得尽其所怀，而穷理致命，固所以为至人之道也。

《列御寇》：

> 理虽必然，犹不必之，斯至顺矣，兵其安有？

按本文："圣人以必不必，故无兵。"

> 又：理虽未必，抑而必之，各必其所见，则众逆生。

按本文："众人以不必必之，故多兵。"注文以"理"代"必"字。

夫既云"理所必然",圣人亦岂犹"不必之"乎?宋儒所以异乎孔孟者,孔孟常言"天命",天命不可必,而宋儒喜言"天理",理则必然。故宋儒说"理",转若有"固""必"之嫌。今象以"顺理"释原文之"不必",其为曲说甚显。盖既主一切以"理"说《庄》书,宜有其扞格而难通。而注文之所以自成为一家之言者正在此。此又学者所不可不深玩也。

《天下》:

> 民理既然,故圣贤不逆。

按本文:"皆有以养,民之理也。""民理"语,犹"人理"。

> 又:谓自苦为尽理之法。

按本文:"以自苦为极","极"字岂可解作"尽理之法"乎?而注文必如此说;此其所以成为一家言也。

> 又:骈调之理然也。

按本文:"上说下教,虽天下不取,强聒而不舍者也",亦安不得一"理"字。

> 又:惟圣人然后能去知与故。循天之理,故愚知处宜,贵贱当位,贤不肖袭情。而云无用贤圣,所以为不知道也。

按本文:"故曰:至于若无知之物而已,无用贤圣。"注文谓惟圣人始能"循天之理",然则圣人固非块然为无知,于是有晦翁"致知在格物"之说。

又：常与道理俱，故无疾而费也。

按本文："其行身也，徐而不费"，注文横增入"道""理"字。

又：委顺至理则常全，故无所求福，福已足。

按本文："人皆求福，己独曲全。"象以"顺理"解"曲全"，亦曲强。

又：理根为太初之极，不可谓之浅也。

按本文："以深为根"，语本明显，而注文必以"理"字说之，乃有"理根"之语。"理根为太初之极"，即谓宇宙万物皆出于理，是即濂溪《太极图说》之先声矣。

又：至顺则全，近逆则毁，斯正理也。
又：其言通至理，正当万物之性命也。

按本文："以卮言为曼衍，以重言为真，以寓言为广；独与天地精神往来，而不敖倪于万物"，安不上"理"与"性""命"字。注文则谓"至理正当万物之性命"，亦与宋儒程朱相吻合。

又：膏粱之子，均之戏豫，或倦于典言，而能辨名析理，以宣其气，以系其思，流于后世，使性不邪淫，不犹贤于博弈者乎？

按此指惠施"历物"之意以下及于"辨者言"，当时即目之为"名理"。以辨名为析理，此象之所不喜也，故此注言之如此。

　　按外杂篇郭注用"理"字者如上举，共七十六条。其正文本见
"理"字者，已随条备列，较之注文，比数不足十一；此外则皆郭
注所横增也。此外《庄子》外杂篇本文，尚有言及"理"字处，然
非王、郭及宋儒言"理"之主要义，此不备引。顾后人独知宋儒以
"理"说孔孟，却不知王、郭以"理"说《易》《老》《庄》，何也？
今若谓提出此"理"字之一概念，在中国思想史上有其不可磨灭之
价值，则王、郭两家，实先于宋儒，而又为其前所未逮；此功实不
可没。余故备列两家原文，以供治中国思想史者之参证焉。

　　　　　　　　（一九五五年八月《新亚学报》一卷一期。
　　　　　　　　一九五七年收入《庄老通辨》时又有增添）

王弼论体用

王弼之在中国思想界，有两大贡献：一为其首先提出"理""事"对立之概念；此已详于别篇。又一则为其首先提出"体""用"对立之概念；此为本篇之所欲论。自此以往，曰"理""事"，曰"体""用"，每一思想家，几无不受此两概念之影响。而此两概念，实可谓皆由王弼首先提出，则弼之为功于中国思想界者，亦即此可见矣。

《世说·文学篇》载：

> 王辅嗣弱冠诣裴徽，徽问曰："夫无者，诚万物之所资；圣人莫肯致言，而老子申之无已，何邪？"弼曰："圣人体无，无又不可以训，故言必及有。老庄未免于有，恒训其所不足。"

"体无"之说，屡见于弼之注《老子》。《老子》曰："三十辐共一毂；当其无，有车之用。"弼注曰：

> 毂所以能统三十辐者，无也；以其无能受物之故，故能以无统众也。

又曰：

> 木埴壁所以成三者，而皆以无为用也。言无者，有之所以
> 为利，皆赖无以为用也。

又曰：

> 凡有之为利，必以无为用。

又曰：

> 道以无形无为，成济万物；从事于道者，与道同体，故曰
> 同于道。

"无形无为"，道之体也；"成济万物"，道之用也。"体""用"对立
之概念，就于上举弼注诸条，岂不已跃然甚显乎？

而其尤显著者，则在其注《老子》"上德不德"章。其注曰：

> 何以尽德？以无为用；以无为用，则无不载也。

又曰：

> 虽盛德大富，而有万物，犹各得其德；虽贵，以无为用，
> 不能舍无以为体也。

此为"体""用"两字连用成一概念之至显然者。宇宙万物，莫不
以"无"为体，既皆不能舍"无"以为体，故亦必以"无"为用；

此弼注之意也。

又曰：

> 下此已往，则功用之母。

又曰：

> 苟得其为功之母，则万物作焉而不辞也。

"功用之母"，亦指"无"言。盖"母""子"之喻，《老子》书所本有，弼又易之以"体""用"；体之生用，亦犹母之生子。然而"体用"一概念，较之"母子"之喻，遥为深微矣。此思想衍进，有转后而转精微之一例也。

又按：皇侃《论语义疏·泰伯篇》"兴于诗，立于礼，成于乐"章引王弼曰：

> 喜怒哀乐，民之自然，应感而动，则发乎声歌。所以陈诗采谣，以知民志。既见其风，则损益具焉。故因俗之制，以达其礼也。矫俗检刑，民心未化，故又感以声乐，以和神也。若不采民诗，则无以观风。风乖俗异，则礼无所立。礼若不设，则乐无所乐。乐非礼则功无所济。故三体相扶，而用有先后也。

此又为"体""用"二字对立连用成为一概念之甚为明显之一例。盖谓诗、礼、乐三体之各有其用也。

今按：王弼"体用"之概念，实应始于其注《易》。盖《周易》六十四卦三百八十四爻皆言"体"，亦莫不皆言"用"；弼深于《易》，其注《易》语中用"体"字用"用"字，难可胜数。兹姑举其体用二字连用者，如"乾元用九，乃见天则"，注：

> 九，刚直之物，惟乾体能用之。

如"泰九二：包荒，用冯河，不遐遗，朋亡，得尚于中行"，注：

> 体健居中，而用乎泰；能包含荒秽，受纳冯河者也。

如"同人九五：同人先号咷而后笑，大师克相遇"，注：

> 体柔居中，众之所与；执刚用直，众所未从。

"谦初六：谦谦君子，用涉大川，吉"，注：

> 能体谦谦，其唯君子！用涉大难，物无害也。

"解彖：解之时大矣哉"，注：

> 难解之时，非治难时，故不言用。体尽于解之名，无有幽隐，故不曰义。

"困九二：困于酒食，朱绂方来，利用享祀，征凶无咎"，注：

> 居困之时，处得其中。体夫刚质，而用中履谦。应不在一，心无所私，盛莫先焉。

"未济九二：曳其轮，贞吉"，注：

> 居未济之时，处险难之中，体刚中之质，而见任与，拯救
> 危难，经理屯蹇者也。用健拯难，靖难在正，而不违中，故曳
> 其轮贞吉也。

此皆"体""用"二字连用并举也。惟《易》之为书，主于人事修
为，吉凶趋避，故有体用相违，体不当用者；此则"体""用"犹
可分别，各自为一概念。至《老子》书言"自然"，自然则有体自
有用，于是体用乃合成一概念。王弼盖为移注《易》之"体""用"
字以注《老子》，遂开后世之体用概念也。此事若难于确证，然固
可微辨而知。

抑其事亦非诚无可证也，请再举韩康伯之注《系辞传》连用
"体""用"二字者如下：

> 道，寂然天体，不可为象；必有之用极，而无之功显。

观于此条，岂非韩氏以辅嗣之注《老子》注《系传》乎？此处之言
"体""用"，即犹宋明儒所谓"即用见体"也。

又曰：

> 君子体道以为用也。

又曰：

> 圣人虽体道以为用，未能至无以为体，故顺通天下，则有
> 经营之迹也。

今按：韩氏"体道""体无"之辨，显本王弼；然实无当于《老
子》，亦复无当于《周易》。《老子》言道，无形无名；惟其无形无

名而确有此道，故王弼特为安一"体"字；是已。此之谓"道体"。
是宇宙间确有此道，非可谓确有此"无"也。《易系传》："神无方
而易无体。"实则宇宙间确有此易之体，惟其无形，故谓之"无
体"；是即所谓"形而上"也。做知王弼"体无"之说，实无当于
《老子》《周易》之本意也。韩氏又曰：

> 圣人，功用之母，体同乎道；盛德大业，所以能至。

韩氏用"功用之母"语，此又显然袭取弼之注《老》者以注《系
传》也。

然则王弼移《周易》之言体用者以注《老子》，而韩康伯复以
弼之以"体""用"注《老子》者转以注《周易》，其事岂不信而有
征乎？而后世之言体用，此一概念之最先成立，当始于王弼，亦信
而有据矣。

（此稿作于一九五七年夏）

郭象庄子注中之自然义

一

道家尚自然，此义尽人知之。然道家书莫先于《庄子》，而《庄子》内篇言及自然者实不多。《德充符》："常因自然而不益生。"《应帝王》："顺物自然而无容私焉。"仅两见。似庄子心中，"自然"尚未成一特定之观念。庄子之所谓"自然"，不过曰顺物之自为变化，不复加以外力，不复施以作为而已。其后《老子》书始屡屡言自然，曰："百姓皆谓我自然。"（十七章）曰："希言自然。"（二十三章）曰："道法自然。"（二十五章）曰："莫之命而常自然。"（五十一章）曰："以辅万物之自然而不敢为。"（六十四章）全书五千言，"自然"字凡五见。其言自然，已有渐成一特定名词之象；如云"道法自然"是也。然寻其所谓"自然"之含义，则犹近《庄》书，无大异致。《庄子》外杂篇，应尤后于《老子》，然外、杂共二十六篇，"自然"字亦仅六见。《天运》："应之以自然。""调之以自然之命。"《缮性》："莫之为而常自然。"《秋水》："知尧舜之自然而相非。"《田子方》："无为而才自然矣。"《渔父》："自然不可易也。"则"自然"二字，在先秦道家观念中，尚未成熟确立，因亦不占重要之地位可知。

下至汉初《淮南王书》，乃始盛言"自然"。曰："天下之事不可为也，因其自然而推之。"曰："脩道理之数，因天地之自然，则六合不足均。"曰："萍树根于水，木树根于土；鸟排虚而飞，兽蹠实而走；蛟龙水居，虎豹山处；天地之性也。两木相摩而然，金火相守而流；员者常转，窾者主浮；自然之势也。"又曰："春风至则甘雨降，生育万物，莫见其为者而功既成矣。秋风下霜，倒生挫伤，莫见其为者，灭而无形。木处榛巢，水居窟穴；禽兽有芃，人民有室；陆处宜牛马，舟行宜多水；匈奴出秽裘，干越生葛缔；各生所急以备燥湿，各因所处以御寒暑，并得其宜，物便其所。由此观之，万物固以自然，圣人又何事焉？"（以上皆见《原道》）又曰："舟浮于水，车转于陆，此势之自然也。"（《主术》）又曰："人性各有所修短，若鱼之跃，若鹊之驳，此自然者，不可损益。"（《修务》）凡此所说，谓万物皆有自然之宜，不须复加以外力，不须更施以作为，则仍庄老旧谊也。然其论涉及天地生物，尽属自然，此纵可谓是庄老旧谊之所包，而确切提出此"自然"二字，以造化为自然，则不得不谓是《淮南》之新功矣。

其后王充《论衡》亦喜言"自然"，特著《自然篇》。大意谓："天地合气，万物自生；犹夫妇合气，子自生矣。天覆于上，地偃于下，下气烝上，上气降下，万物自生其中间矣。当其生也，天不须复与也；由子在母怀中，父不能知也。物自生，子自成，天地父母，何与知哉！"此亦复以造化为"自然"，而较之《淮南》所言，益为明白肯定。《庄》书言有"造物者"，又曰"有生于无"，"物出于道"，至《淮南》《论衡》始主"万物自然而生"之说，此不可谓非道家思想之又一进步也。

二

又后王弼注《老子》，乃始承续《淮南》《论衡》，而畅发自然

义，后世遂谓庄老盛言自然；实由王弼之故也。今条举弼注之称及
"自然"者如次：

"有无相生，难易相成，长短相较，高下相倾，音声相和，前
后相随"（二章），注：

> 此六者，皆陈自然，不可偏举之名数也。

"是以圣人处无为之事"（二章），注：

> 自然已足，为则败也。

"天地不仁，以万物为刍狗"（五章），注：

> 天地任自然，无为无造，万物自相治理，故不仁也。

"虚而不屈，动而愈出"（五章），注：

> 天地之中，荡然任自然，故不可得而穷，犹若橐籥也。

"专气致柔，能婴儿乎"（十一章），注：

> 言任自然之气，致至柔之和，能若婴儿之无所欲乎？

"及吾无身"（十三章），注：

> 归之自然也。

"孰能浊以静之徐清，孰能安以久动之徐生"（十五章），注：

此自然之道也。

"信不足焉，有不信焉"（十七章），注：

> 夫御体失性，则疾病生；辅物失真，则疵衅作；信不足焉，则有不信；此自然之道也。

"百姓皆谓我自然"（十七章），注：

> 自然，其端兆不可得而见也，其意趣不可得而睹也。

"少则得，多则惑"（二十二章），注：

> 自然之道，亦犹树也，转多转远其根，转少转得其本。

"希言自然"（二十三章），注：

> 无味不足听之言，乃是自然之至言也。

"道法自然"（二十五章），注：

> 道不违自然，乃得其性，法自然也。法自然者，在方而法方，在圆而法圆，于自然无所违也。自然者，无称之言，穷极之辞也。……道顺法自然，天故资焉。

今按，《老子》本义：人法地，地法天，天法道；道至高无上，更无所取法，仅取法于道之本身之自己，如此而止，故曰"道法自然"。非谓于道之上，道之外，又别有"自然"之一境也。今弼注：

"道不违自然",则若道之上别有一自然,为道之所不可违矣。又弼注屡言"自然之道",则又若于人道、地道、天道之外,又别有一自然之道兼贯而总包之矣。故弼注之言"自然",实已替代了《老子》本书所言之"道"字,而弼不自知也。

"善行无辙迹"(二十七章),注:

> 顺自然而行。

"善闭无关键,善结无绳约"(二十七章),注:

> 因物自然,不设不施。……因物之性,不以形制物也。

是弼既以自然言道,又以自然言性也。庄老皆不言性,弼之以"自然"言性,此乃弼之扶会儒义以为说也。

又"复归于婴儿"(二十八章),注:

> 婴儿不用智,而合自然之智。

"为者败之,执者失之"(二十九章),注:

> 万物以自然为性,故可因而不可为也,可通而不可执也。

"圣人去甚、去奢、去泰"(二十九章),注:

> 圣人达自然之至性,畅万物之情,故因而不为,顺而不施。除其所以迷,去其所以惑,故心不乱而物性自得之也。

"道常无为",(三十七章)注:

顺自然也。

"建德若偷"（四十一章），注：

因物自然，不立不施。

"人之所教，我亦教之"（四十二章），注：

用夫自然，举其至理，顺之必吉，违之必凶。

是弼注又以"至理"为"自然"也。以至理为自然，此又弼之扶会儒义以为说也。及于宋儒，乃始极言"性理"，然不悟其弥近于庄老；此皆由王弼开其端。故王弼之深言"自然"，实于中国思想史有大贡献，固不仅有功于老氏之五千言也。

又"大巧若拙"（四十五章），注：

大巧因自然以成器，不造为异端，故若拙也。

"知者不言"（五十六章），注：

因自然也。

"治人事天莫若啬"（五十九章），注：

农人之治田，务去其殊类，归于齐一也。全其自然，不急其荒病。

"其神不伤人"（六十章），注：

> 神不害自然也。物守自然，则神无所加。

"学不学，复众人之所过"（六十四章），注：

> 不学而能者，自然也。

"非以明民，将以愚之"（六十五章），注：

> 愚谓无知守真，顺自然也。

"天之道，损有余而补不足，人之道则不然"（七十七章），注：

> 与天地合德，乃能包之如天之道。如人之量，则各有其
> 身，不得相均。如惟无身，无私乎自然，然后乃能与天地
> 合德。

弼之此注，是即以"天地"为自然也。以天地为自然，虽此后宋
儒，亦多采酌其说，莫能自外也。

故《老子》书言"自然"，仅凡五见；而王弼注《老子》用
"自然"字，共二十七条。其说以道为自然，以天地为自然，以至
理为自然，以物性为自然，此皆《老子》本书所未有也。然则虽谓
道家思想之盛言"自然"，其事确立于王弼，亦不过甚矣。

王弼既言"自然"为"无称之言"，"穷极之辞"，又其注"谷
神玄牝"一章云：

> 门，玄牝之所由也；本其所由，与太极同体，故谓之天地
> 之根也。欲言存邪，则不见其形；欲言亡邪，万物以之生；故
> 绵绵若存也。

此明言万物有所从出，有所自生，而其所从出所自生者，乃为不可名言之一境，王弼则称此一境曰"极"；此"极"则明是"自然"。故《老子》书明言"道生万物"，而弼注则转成为"自然生万物"，此一说乃为其后向秀、张湛所沿袭。

三

《列子·天瑞篇》："生物者不生，化物者不化"，张湛注：

> 庄子亦有此言，向秀注曰：吾之生也，非吾之所生，则生自生耳。生生者岂有物哉？故不生也。吾之化也，非物之所化，则化自化耳。化化者岂有物哉？无物也，故不化焉。若使生物者亦生，化物者亦化，则与物俱化，亦奚异于物？明夫不生不化者，然后能为生化之本也。

此谓庄子亦有此言，今已逸。或指《庄子》书有同此意之言，而向秀之说，则显与王弼大同。彼盖认有一"不生不化"者为生化之本；此不生不化之本身，则决非一物。既非一物，则为无物。既无物矣，而犹认以为万物生化之本，此则仍是王弼"以无为有之本"之旧谊也。故何晏《道论》亦曰："有之为有，待无以生"，亦此旨也。然此说实有病。若曰："道生万物"，或曰："物待道而生"，或曰："万物以自然生"，则较近庄老原义也。

张湛又引向秀注《庄子》有云：

> 同是形色之物耳，未足以相先也；以相先者，惟自然也。

此明谓自然先万物，是即以"自然"代替老子之所谓"道"。王弼以"自然"为"无称之言，穷极之辞"；"穷极"犹云"太极"，即所谓"有物先天地"也；"无称之言"，则"无形本寂寥"也。循此言之，则宋儒"无极而太极"之说，亦可谓其本实始于王弼也。

会此诸义，则王弼、向秀殆同认为"自然生万物"，而又以"自然"为"无"，故转成为"无生万物"也。夏侯玄曰："天地以自然运，圣人以自然用，自然者道也，道本无名，故老氏强为之名。"然则"道"也，"无"也，"自然"也，此三名相通，可以互训，此为魏晋诸家说庄老之通谊，而其首启之者则弼也。

四

惟郭象注《庄》，其诠说"自然"，乃颇与王弼、何晏、夏侯玄、向秀、张湛诸家异。大抵诸家均谓"自然生万物"，而郭象独主"万物以自然生"；此两义显有辨。郭象所持，若与《淮南》《论衡》之言较近。然《淮南》《论衡》仅就当前之生生化化者言之，并未由此上窥天地万物创始之最先原因，并未论及宇宙形成之第一原理。换辞言之，《淮南》《论衡》，乃并未在形而上学之理论上主张"宇宙万有皆以自然生"之说。故苟涉及宇宙原始，天地创造，则仍须回到《庄》《老》"道生万物""有出于无"之旧说。而所谓"自然"者，仅亦为"道"与"无"之一新名而已。此即王弼、何晏、夏侯玄、向秀、张湛诸家之所持。必至郭象注《庄》，乃始于此独造新论，畅阐"自然"之义，转用以解决"宇宙创始""天地万物一切所从来"之最大问题；彻始彻终，高举"自然"一义，以建立一首尾完整之哲学系统。就此一端言，郭象之说"自然"，实有远为超越于《庄》《老》旧谊之外者。若复以郭象之说，回视《淮南》《论衡》，将见二书所陈，肤薄平近，盖由其未能触及此"宇宙创始"之基本问题而予以解答；必俟郭象之说，始为创成一"宇宙乃自然创始"之一完整系统，而有以沟通《庄》《老》与《淮南》《论衡》之隔阂。故亦必俟有郭象之说，而后道家之言"自然"，乃始到达一深邃圆密之境界，后之人乃不复能驾出其上而别有所增胜。故虽谓中国道家思想中之自然主义，实成立于郭象之手，亦无不可也；虽谓道家之言"自然"，惟郭象所指，为最精卓，最透辟，为能登峰造极，而达于止境，亦无不可也。

郭象注《庄》，其义有承袭向秀而来者，余论魏晋玄学三宗已发之。至其所独自创新，而为有大贡献于中国道家思想之演进，而不复为向秀之所及者，则为此文之所欲发也。请再条举而申论之如次：

郭象言"自然"，其最精义，厥谓万物皆自生自化，更无有"生万物"与"化万物"者。其言曰：

> 无既无矣，则不能生有。有之未生，又不能为生，然则生生者谁哉？块然而自生耳。自生耳，非我生也。我既不能生物，物亦不能生我，则我自然矣。自己而然，则谓之天然。天然耳，非为也。故以天言之……所以明其自然也。……故物各自生而无所出焉，此天道也。（《齐物论》"夫吹万不同而使其自己也"注）

此处郭象特提"自然"二字，谓物各自生而无所出，即谓"物以自然生"也。

故郭象又曰：

> 天地万物，变化日新，与时俱往，何物萌之哉？自然而然耳。（《齐物论》"日夜相代乎前，而莫知其所萌"注）

此处仍提"自然"二字，谓一切日新之化，皆由自然。故万物皆以自然生，亦以自然化，此实郭象注《庄》一绝大之创论，而为王弼、向秀诸人所未及也。

此所谓"自然生"与"自然化"，郭象又称之曰"独化"。其言曰：

> 死者，独化而死耳，非夫生者生此死也。
>
> 生者亦独化而生耳。
>
> 独化而足。
>
> 死与生各自成体。
>
> （《知北游》"不以生生死，不以死死生，死生有待耶，皆有所一体"注）

此处提出"独化"二字以释"自然"；自然即独化也，独化即自然也。《庄子》书言造化，万物之外，似为有一造化者；又言物化，则物与物犹若有"彼""我"之分，如庄周之化蝴蝶，蝴蝶之化庄周是也。盖谓此物化为彼物，彼物又化为另一物，所谓"万化而未始有极"也。郭象之所谓"独化"，与此异其趣。盖循"独化"之言，则不仅无所谓"造化者"，亦不复有一物之化而为他物；天地之间，一切皆独尔自化。此纯纯常常之大化，乃可节节解断，各足圆成；前不待后，后不待前；彼不因我，我不由彼。在此天地间，则可谓"无独不化"，亦"无化不独"；万形万有，莫不各尔独化。就字义言："独"即"自"也，"化"即"然"也；自然之体，惟是独化。混而同之，则万物一体；分而别之，则物各成体，同是一独，同是一化，故谓之"独化"也。

若再进一层言之。"独化"又曰"独生"。其言曰：

> 独生而无所资借。（《知北游》"昭昭生于冥冥，有伦生于无形，精神生于道"注）

无所资借而独生，即无所待而独化也；惟其独生独化，乃始谓之"自然"。"自"者，超"彼""我"而为"自"；"然"者，兼"生""化"而成"然"。读者只就郭注与《庄子》原文两两比读，即知郭象注义实非《庄》书原文之所能范围。而郭象之所谓"自然"，亦非《淮南》、《论衡》、王弼、向秀之所谓"自然"之所能规限也。

五

郭象既主万物以独生独化为自然，乃不复肯认"有生于无"之旧谊。有生于无之说，其实乃非庄老之本谊，惟《庄》书外杂篇时有之；下逮魏晋，王弼、向秀诸家始畅言之。故王弼曰："凡有皆始于无。"又曰："万物始于无而后生。"此为王弼之新义。至郭象，始明白加以反对。此实郭象注《庄》所由杰出，自成为一家言之所在也。故《庄子》杂篇《庚桑楚》之言曰：

> 天门者，无有也。万物出乎无有，有不能以有为有，必出乎无有，而无有一无有，圣人藏乎是。

此明谓万物出乎无有也。而"无有"则永为一无有，故万物虽有，而实仍是一无有；如是则天地万物乃彻头彻尾在"无"之中，圣人所藏，亦藏乎此"无"之中而已。此乃《庄子》外杂篇，混杂《庄子》内篇义与《老子》五千言义而说成其如此；而郭象之注则不然。其言曰：

> 死生出入，皆欻然自尔，未有为之者也；然有聚散隐显，故有出入之名。徒有名耳，竟无出入，门其安在乎？故以无为门。以无为门，则无门也。

《庚桑楚篇》明谓"出乎无有"，故曰"以无为门"。以无为门，犹老子之所谓"玄牝"也。"玄"，同也。万物同出一门，故无可名之。无可名之，斯强名之曰"玄牝"；非无门也。非无门，即非无所出。而《庚桑楚》乃竟谓万物出于"无"，此显并非《老子》书之本意。郭象乃曰：以无为门，即是无门。无门则无玄牝；无玄牝，则万物无所从出。故郭象之谓"无门"，即独生独化之义也。故曰：徒有"出""入"之名，竟无出入。无出入，则无前后，无彼我，而各成其独。万物既独化无所出，又乌得谓之"出于无"？

故《庚桑楚篇》明谓"有必出乎无有"，而郭象释之曰：

> 此所以明有之不能为有而自有耳，非谓无能为有也。若无能为有，何谓无乎？

此为貌若曲护《庄》书，而实明背《庄》书也。《庚桑楚》明曰："有必出乎无有"，而郭注则曰："有者自有"；此其异。故曰郭注明背《庄》书也。《庄》书又曰："无有一无有"，而郭象释之曰：

> 一无有则遂无矣……则有自欻然生，明矣！

所谓"无有一无有"者，既是无矣，则永远是无，毕竟是无。永远无毕竟无，则又何从生有？郭象乃谓今既明明"有"矣，则"有"之欻然自生，而不从"无"生，亦明矣。故《庚桑楚》谓"圣人藏乎是"者，本谓其藏乎此"无"之体，而郭象则释之曰：

> 任其自生而不生生。

"任其自生"，即任其独化，任其自然也；任其自然，任其自生，此则是藏于"有"，非藏于"无"矣。自生自化，明明有此生化，不得谓无生无化也；"自然"，明其有此"然"，不得谓"无然"也。故《庄子》外杂篇常爱言"无"，而郭象则否。其言曰：

> 夫一之所起，起于至一，非起于无也。（《天地》"一之所起，有一而未形"注）

378

此又明违"有生于无"之说。既曰"起于至一","至一"即有此至一，亦即独也；"起于至一"，即犹云"独化"矣。宋儒周濂溪《太极图说》，谓"无极而太极"，陆象山大非之，以为只应云"太极"，不应云"无极"；周、陆之异，亦犹郭象与《庄》书之辨也。

抑且不仅此而已，郭象又言之曰：

> 非惟无不得化而为有也，有亦不得化而为无矣。是以夫有之为物，虽千变万化，而不得一为无也；不得一为无，故自古无未有之时而常存也。（《知北游》"无古无今，无始无终"注）

又曰：

> 天地常存，乃无未有之时。（《知北游》"古犹今也"注）

《庄》书本谓"无有一无有"，则天地万物彻头彻尾是一"无"；郭象乃谓天地常存，竟无"未有"之时，则天地万物彻头彻尾惟一"有"。郭象此说殆亦有所本，乃本之其同时裴𬱟"崇有"之旨也。史称裴𬱟著《崇有论》，王衍之徒攻难交至，并莫能屈。郭象与王衍踪迹颇亲，其录及裴𬱟"崇有"之新义，正见郭象左右采获之用思精密也。裴𬱟曰："至无者无以能生，故始生者自生也，自生而必体有。"此"自生"字，明为郭象所袭；"体有"之说，则正与王弼之言"体无"相对反。裴𬱟之语，虽仅此数言，然郭象之注《庄》，则亦仅阐发此数言之大旨而已。是郭象之注《庄》，不仅袭取于向秀，乃亦采酌自裴𬱟。能会相反之论，融造相成之趣，若纯以思想家立场言，则复何害乎其有所袭取乎？

六

《庄子》外杂篇言"天地万物生于无"，郭象既破之矣；外杂篇又常言"道生万物",郭象亦非之。其言曰：

> 谁得先物者乎哉？吾以阴阳为先物，而阴阳者即所谓物耳。谁又先阴阳者乎？吾以自然为先之，而自然即物之自尔耳。吾以至道为先之矣，而至道者乃至无也。既以无矣，又奚为先？然则先物者谁乎哉？而犹有物无已，明物之自然，非有使然也。(《知北游》"有先天地生者物耶，物物者非物，物出不得先物也，犹其有物也，犹其有物也无已"注)

《知北游篇》"物出不得先物"，取以明先物者乃"道"，郭象则谓虽"至道"亦不得先物。何者？至道即至无也；故道之不得先物，犹无之不得先物也。然"至道""至无"之说，其实则并不可持。老子曰："有物混成，先天地生。"又曰："失道而后德。"不得谓"失无而后德"也。老子主"抱一"，亦不言"抱无"。故谓"至道"为"至无"之说，实非庄老之本谊也。向秀之言曰："明夫不生不化者，然后能为生化之本。"又曰："以相先者，惟自然也。"会此两言，是向秀之意，即以"自然"为不生不化，而为生化之本；则若在生化之先，乃有此一不生不化之"自然"。其说实更不可持。故向秀虽亦言"自生"之义，然其言明而未融，不如郭义之圆通。故郭之为说，谓"无不能生有"，此可以纠正《庄子》外杂篇与王弼、向秀之失；至以"至道"谓"至无"，则亦实非乎庄老之始义也。

故在《庄》书有明白赞道之辞，而郭象之注又明白非之者。《知北游》曰：

> 天不得不高，地不得不广，日月不得不行，万物不得不昌，此其道与！(《知北游》)

而郭象曰：

言此皆不得不然而自然耳，非道能使然也。

在郭象之意，若名之曰"道"，则犹似有一"主宰运使之者"之义；今曰"自然"，曰"不得不然"，则万物之外，更无此一主宰运使之"道"以使之然者存乎其先，故曰："此皆不得不然而自然"。此"不得不然而自然"者，与其称之曰"道"，则不如称之曰"理"。盖"理"者，自存于物之内，非别存于物之外也。故郭之注《庄》，喜言"理"，而宋儒承袭之；此亦郭象注《庄》在中国思想史上有绝大贡献之一端也。

《知北游》又曰：

> 万物皆往资焉而不匮，此其道与！

郭象曰：

> 还用物，故我不匮；此明道之赡物，在于不赡，不赡而物自得，故曰："此其道与！"言至道之无功，无功乃足称道也。

此亦曲护《庄》而明背《庄》之说也。物之自然，既非道使之然，故曰："至道无功"；然万物既各自自然，则何必又往资于道？道既无功，亦何可资？故曰：是曲护之而明背之也。

又《知北游》曰：

> 道不当名。

郭象曰：

> 有道名而竟无物，故名之不能当也。

此又曲护之而明背之也。老子曰："道可道，非常道。"此固谓有一不可名之"常道"矣。故《知北游》所谓"道不当名"，此非谓道之无有，乃谓有此道而不当赋以名而名之也。而郭象之意，似若谓非有道而不当名，乃竟无道可名也。而今则竟有"道"名，是无此物而强为之名，故名终不能当。庄老之言"无"，大体谓其无形无常而不可名，则"无"者指"无形无名"言，非竟是一无也。故谓无不能名，则已有此无；此无可名者，则"道"也。在郭象则谓竟无此"无"，故曰"至道乃至无"矣。

于是在《庄》书有备极称扬于"道"者，如曰：

> 道有情有信，无为无形；可传而不可受，可得而不可见；自本自根，未有天地，自古以固存。神鬼神帝，生天生地。……豨韦氏得之以挈天地，伏羲氏得之以袭气母……

此一节见于《庄子》内篇《大宗师》，然此节亦出后人羼入，疑非内篇本有。此一节乃备极称扬于"道"者，而郭象之注又明非之，曰：

> 无也，岂能生神哉？不神鬼帝而鬼帝自神，斯乃不神之神也；不生天地而天地自生，斯乃不生之生也。故夫神之果不足以神，而不神则神矣；功何足有，事何足恃哉！

此在《庄》书明曰："道神鬼神帝，生天生地"，而郭象则必谓鬼神自神，天地自生，鬼神天地皆自然也。既已皆自然矣，又何待资借于道乎？故郭象曰：

> 道无能也；此言得之于道，乃所以明其自得耳。自得耳，道不能使之得也。我之未得，又不能为得也。然则凡得之者，

外不资于道，内不由于己，掘然自得而独化也。

《庄》书明言豨韦氏、伏羲氏以下皆以"得道"而然，而郭象则必转谓其皆由于"自得"。由于自得，则外不资于道，内不由于己；即独化，即自然也。于此"自然""独化"之外，则更非别有一"道"以化之，以使之然者。故又曰：

> 物皆自得之耳。(《齐物论》"咸其自取，怒者其谁耶"注)

"自得"犹云"自生自化"，亦即"自然"也。故既言"自然"，即不待复资借于道，故曰道无能，又无功也。

郭象又曰：

> 知"道"者，知其无能也。……则何能生我？我自然而生耳。(《秋水》"北海若曰：知道者必达于理"一节注)

故自然则不资借于道；道既无能，亦无足贵。故《秋水》："河伯曰：然则何贵于道耶?"郭象释之曰：

> 以其自化。

此谓万物之自化即道，见于万物"自化"之外，不复有"道"之存在也。今一依郭象之说，则不仅"无"不能生物，即"道"亦不能生物，皆由物之自生自化，自得自然。则天地万物，宇宙终始，彻上彻下，皆一"自然"也。故郭象之序《庄子》亦曰：

> 上知造物无物，下知有物之自造也。

"造物无物"，亦即无道；"有物自造"，即物之自然也。

七

于《庄》书又有言"物之相生"者，如《知北游》曰：

> 万物以形相生；故九窍者胎生，八窍者卵生。

"以形相生"，此亦物化之粗迹。由此形生彼形，即非"独化"，即非"自生"。故郭象释之曰：

> 言万物虽以形相生，亦皆自然耳。故胎卵不能易种而生，明神气之不可为也。

此条虽不明驳《庄》书，然亦非确守《庄》意。故曰："虽以形相生，亦皆自然。"苟是自然，即非以形相生矣。《淮南》《论衡》正是目"以形相生"者为"自然"，而郭象则以"独化"为"自然"。既言"独化"，即非"相生"。若必主万物"以形相生"，则必推至万形以前之第一形，即万形所从生之最先形；此在《庄子》外杂篇则曰"形形"者。《知北游》曰：

> 知形形之不形乎？

成玄英疏："能形色万物者，固非形色也。"此盖谓自有一形形者，而此形形者实非"形"。然虽非形，而实自有一非形而能形形者在，此即《庄》书之所谓"道"与"无"也。向秀所谓"不化不生，然后能为生化之本"者，亦即是也。盖一切生与化皆有形，独此不生不化者，则虽形形而实非形也。而郭象于此复非之，曰：

> 形自形耳；形形者竟无物也。

《知北游》之所谓"形形者不形"，此仅谓其"不形"，非谓其"竟无"也。然则此"不形"者繫何？曰：即"造化"是已。今曰"形自形"，则一切物皆自造自化，别无造化之者；别无造化之者，故以"至道"为"至无"。"至道"且无，然后见万物之自然也。故在《庄》书，则万物尽属"有"，而万物之外之先，尚若有一所谓"无"与"道"者为之主。而郭象则谓天地间只此一有，只此万形万有；于此万形万有之外之先，不再有所谓"至道"与"无"之存在。若以此后宋明理学家用语释之，盖《庄》书犹谓"流行"之后有一"本体"，而郭象则主"即流行即本体"，"流行"之外不复再有一"本体"。此乃《庄》书与郭象注两者间一绝大之异趣也。

《庄子》外篇《知北游》又曰：

> 物物者与物无际，而物有际者，所谓物际者也。不际之际，际之不际者也。

"物物者"即至无与至道。"至无""至道"之与"万有""万物"，其间更无崖畔际限；而万有万物之间，则互有其崖畔际限焉。万物同本于至道与至无，而不害其相互间之各自有其崖畔际限，此所谓"不际之际"也。物之与物，其相互间，虽各有其崖畔际限，而实同本于至道与至无之一体，此所谓"际之不际"者也。《知北游》篇原意本如此，而郭象之解又不然。其言曰：

> 明物物者无物，而物自物耳。物自物耳，故冥也。物有际，故每相与不能冥。然真所谓际者也。不际者，虽有物物之名，直明物之自物耳，物物者竟无物也，际其安在乎？

此处郭注所再三言之者，厥为"物物者之无物"。此犹谓流行之后别无本体，万物无所从出，无所由来。故"至道"即"至无"，生化皆自然也。物之相与，皆各有际，而相互间终不能冥。不能冥，即所谓"灿然"也。然若就其"自生""独化"者言之，则天地间只是一自一独，只是一生一化，而又何际之可分乎？此郭象言"自然"之深趣也。

八

《庄》书常言"无"，常言"道"，又常言"天"。凡《庄》书之言及"天"者，郭象亦每以"自然"释之，故曰：

> 天者，自然之谓也。（《大宗师》"知天之所为者，天而生也"注）

又曰：

> 凡所谓天，皆明不为而自然。（《山木》"仲尼曰：有人，天也，有天，亦天也"注）

故在《庄》书，往往以"天"与"人"对立；天与人之对立，犹"道"与"物"之对立也。在郭象则物外无道，人外无天；"天"即"人之所不为而自然"之义。故曰：

> 天也者，万物之总名也。（《齐物论》"夫吹万不同而使其自己也"注）

又曰：

> 天地者，万物之总名也。天地以万物为体，而万物必以自
> 然为正。自然者，不为而自然者也。（《逍遥游》"乘天地之正，
> 御六气之辩"数语注）

在庄老之意，则若谓万物以"天"为体，以"道"为体，以"无"
为体；惟天与道与无，乃始得谓之为"自然"。而郭象则谓天地以
"万物"为体，"自然"者即万物之自然。故曰：

> 自然生我，我自然生，故自然者，即我之自然，岂远之
> 哉？（《齐物论》"非彼无我，非我无所取，是亦近矣"注）

又曰：

> 万物万情，趣舍不同，若有真宰使之然也。起索真宰之朕
> 迹而亦终不得，则明物皆自然，无使物然也。（《齐物论》"若
> 有真宰，而特不得其朕"注）

有真宰使之然，此真宰即"天"也；亦即"道"，即"无"。此皆真
宰之异名也。然苟有真宰，即非自然。所谓"自然"者，必谓其无
有使之然者也。无有使之然，则无"道"，无"天"，无"真宰"，
而仅此一"自然"矣。

九

惟其物皆自然，而无有使之然者，故乃有"无待"之义。无待
之义，犹之自然，亦郭象注《庄》一主要义也。其言曰：

> 造物者，有耶？无耶？无也，则胡能造物哉？有也，则不
> 足以物众形。故明乎众形之自物，而后始可与言造物耳。……

故造物者无主，而物各自造。物各自造而无所待焉，此天地之
正也；故彼我相因，形景俱生，虽复玄合，而非待也。明斯理
也，将使万物各反所宗于体中，而不待乎外。外无所谢，而内
无所矜，是以诱然皆生而不知所以生；同焉皆得而不知所以得
也。……则万物虽聚而共成乎天，而皆历然莫不独见矣。故罔
两非景之所制，而景非形之所使，形非无之所化也。则化与不
化，然与不然，从人之与由己，莫不自尔，吾安识其所以
哉？……若乃责此近因，而忘其自尔，宗物于外，丧主于内，
而爱尚生矣。(《齐物论》"恶识所以然，恶识所以不然"注）

在郭象之意，天地间万有万形，一切皆自尔独化，各足无待。"无
待"即"自然"也。若此必待夫彼，即非此之自然；若彼必待于
此，则又非彼之自然也。故曰：自尔独化而不相待。

一〇

此"自尔独化，各足无待"者，由其外而言之则曰"理"。郭
象曰：

夫我之生也，非我之所生也；则一生之内，百年之中，其
坐起行止，动静趣舍，性情知能，凡所有者，凡所无者，凡所
为者，凡所遇者，皆非我也。理自尔耳。而横生休戚乎其中，
斯又逆自然而失者也。(《德充符》"游于羿之彀中，中央者，
中地也，然而不中者命也"注）

郭象既曰物各无待而自然，又恐人之误会其意，而谓物之皆可由其
自我为主宰也；不知虽我亦不得为主，乃始为真自然。故特提出一
"理"字，而曰："皆非我也，理自尔耳。"盖若以"我"为自然，
则"万""我"各别，自然不成一体；以"理"为自然，则一理大

通，自然至一。此其深意，不可不辨也。

故郭象又曰：

> 人之生也，理自生矣；直莫之为，而任其自生，斯重其身而知务者也。(《德充符》"吾唯不知务而轻用吾身，吾是以亡足"注)

谓"理自生"，明其非我自生。凡此郭象之所谓"理"者，由《庄》书言之，则或谓之"天"，或谓之"命"。谓之天，谓之命，亦皆明其不由我主。惟既谓之"天"或"命"，则又疑乎若有一物焉，超乎我与物之外，而行乎我与物之中，以为我与物之主宰，而我与物则皆此主宰所运使。今易以称之曰"理"，则我与物之"自尔独化""各足无待"者显矣。此郭注之微旨也。

此"自尔独化各足无待"者，由其内而言之则曰"性"。郭象曰：

> 言自然则自然矣，人安能故有此自然哉？自然耳，故曰性。(《山木》"人之不能有，天性也"注)

性乃自然，而非我然；故象之言"自然"，必归之"性"与"理"。此乃破"我"之深旨。自然非人与物之所能有，即谓其非我所能有也。非我所能有，此乃"自然"之深趣。厥后宋儒言："天即理"，而清儒戴震非之，谓其言"理"也："为如有物焉，得于天而具于心。"若诚如象所释，则无可有戴氏之非难矣。

裴頠《崇有》之言曰："生而可寻，所谓理也。理之所体，所谓有也。有之所须，所谓资也。资有攸合，所谓宜也。择乎厥宜，所谓情也。识智既授，虽出处异业，默语殊涂，所以宝生存宜，其情一也。"郭象之旨，则复与裴頠不同。盖裴頠重于由外言之，故以识智为尚，以资宜为归，而主言情择。郭则本内言之，故主"率性"也。

————

"率性而动"则谓之"无为"。郭象曰：

> 无为之言，不可不察也。夫用天下者，亦有用之为耳。然
> 自得此为，率性而动，故谓之无为也。今之为天下用者，亦自
> 得耳。……然各用其性，而天机玄发，则古今上下无为，谁有
> 为也？（《天道》"上必无为而用天下，下必有为为天下用，此
> 不易之道也"注）

"无为"之与"有为"，在《庄》《老》之书，本分别言之，今郭象则
谓率性而动，即有为，即无为；二者一以贯之矣。万有万形皆本自
然，即皆率性，则天下古今上下皆无为也，于何复有"有为"？故曰：

> 工人无为于刻木，而有为于用斧；主上无为于亲事，而有
> 为于用臣。臣能亲事，主能用臣；斧能刻木，而工能用斧。各
> 当其能，则天理自然，非有为也。……故各司其任，则上下咸
> 得，而无为之理至矣。（《天道》"古之人贵夫无为也一节"注）

治《庄》《老》者每以刻木为"有为"，今郭象乃以刻木为"无为"，
运斧为"有为"；此一分辨，亦有其不得已之苦衷。盖仅曰刻木，
则若伤木之性；今曰运斧，则不得谓是伤斧之性，而运斧即刻木
矣。宋儒继起，乃曰："我写字一心在字上，却非要字好。"因要字
好乃有为，而一心在字上，则仍是无为，非有为也。《庄》书《天
道篇》原谊，在上者当无为，在下者当有为；今郭象又易其说，谓
各司其任，各当其能，即有为，即无为。于是无为非真无为；乃率
性当理，无背自然，而各有所自得之谓"无为"矣。盖"有为"在

我，"无为"在理，苟能破我而从理，则一切之为皆出自然，更不须辨无为与有为也。

故郭象又曰：

> 无为之体大矣，天下何所不为哉？故主上不为冢宰之任，则伊、吕静而司尹矣；冢宰不为百官之所执，则百官静而御事矣；百官不为万民之所务，则万民静而安其业矣；万民不易彼我之所能，则天下之彼我静而自得矣。故自天子以下至于庶人，下及昆虫，孰能有为而成哉？是故弥无为而弥尊也。（《天道》"则功大名显而天下一也"一节注）

自郭象言之，则万物率性而动，当理而为，皆即各足自得，皆即自然无为，而实则一切皆有为矣。故曰："无为之体大矣，天下何所不为哉？"鸢飞鱼跃，与上下察，飞与跃皆有为也，然皆不出于鸢与鱼之欲为此飞与跃，而皆出于鸢与鱼之天性之自然而为此飞与跃。则此即"无为"矣。故"无为"者，非真无为，乃君子之无人而不自得，乃一任其自然，率性而为之之谓"无为"也。

故郭象又曰：

> 足能行而放之，手能执而任之，听耳之所闻，视目之所见，知止其所不知，能止其所不能，用其自用，为其自为，恣其性内，而无纤芥于分外，此无为之至易也。……率性而动，动不过分，天下之至易也。……然知以无涯伤性，心以欲恶荡真，故乃释此无为之至易，而行彼有为之至难……此世之常患也。（《人间世》"福轻乎羽，莫之知载"注）

故"无为"者，由郭象言之，即约守乎其性分之内，而自用自为之谓。"性分"者，约之弥小，通之弥大；故"独化"即自然之全体，

"无为"虽约乎各自之本分，而其体则实弥纶古今上下，而无乎不周遍也。

故郭象又曰：

> 物各自然，不知所以然而然，则形虽弥异，其然弥同也。（《齐物论》"乐出虚，蒸成菌"注）

古今上下，万有万物，一通乎"无为"，大同乎"率性"，共本乎"自然"，乃以合成此一"天"。故至约者，即所以为大通。而至易者，乃可以成其至难矣。

故郭象又言之曰：

> 人之生也，形虽七尺，而五常必具。故虽区区之身，乃举天地以奉之。故天地万物，凡所有者，不可一日而相无也。一物不具，则生者无由得生；一理不至，则天年无缘得终。然身之所有者，知或不知也；理之所存者，为或不为也。故知之所知者寡，而身之所有者众；为之所为者少，而理之所存者博。……知之盛也，知人之所为者有分，故任而不强也；知人之所知者有极，故用而不荡也。故所知不以无涯自困，则一体之中，知与不知，阎相与会而俱全矣。斯以其所知养所不知也。（《大宗师》"知人之所为者，以其知之所知，以养其知之所不知，终其天年而不中道夭者，是知之盛也"注）

夫若是，故人之所知有涯，而所不知者无涯；人之所为有限，而所不为者无限。抑且"知"由"不知"出，"为"由"不为"来；不知何以能知？不为何以有为？欻然知，欻然为。所知虽有涯，所为虽有分，而皆自不知出，由不为来。"知"与"为"，乃与"不知""不为"者闇会而俱全，斯谓之"率性"；斯之谓"循理"；斯之谓"自然"。故自然率性而循理，斯可无为矣。此所谓"无为"者，非贵夫无知与不为，乃约其知与为于性分之所能知与其所当为，而一任夫自然之理耳。故有为即无为，无为即有为；此实"天人合一"之最高义也。

然则郭象之言"自然"，言"无为"，其意乃近于儒家之言"率性"与"循理"。"率性"即"循理"；"性"与"理"皆属天，而于人乎见。故郭象又言之，曰：

> 为为者不能为，而为自为耳；为知者不能知，而知自知耳。自知耳，不知也。不知也，则知出于不知矣。自为耳，不为也。不为也，则为出于不为矣。

故人能约其性分之所至以循乎天理，斯人而即天矣。前之如《中庸》，后之如宋明儒，其于"性""理""道""命"之渊旨，凡所阐发，岂不郭象之注《庄》，多有与之暗相扶会乎？惟儒家之义，多主从"道问学"以进企乎圣智之"高明"与"精微"，而郭象之说，转似主于"尊德性"，以下逮于群众之广大与中庸；此则其异也。

郭象又曰：

> 为出于不为，故以不为为主；知出于不知，故以不知为宗。是故真人遗知而知，不为而为；自然而生，坐忘而得；故知称绝而为名去也。（《大宗师》"知天之所为者，天而生也"注）

知称绝，为名去，一任乎自然，即儒家所谓"一本乎天"也。一本乎天，即一本乎性命之理也。故郭象又曰：

> 无为者，非拱默之谓也；直各任其自为，则性命安矣。（《在宥》"无为也而后安其性命之情"注）

又曰：

> 物之生也，非知生而生也，则生之行也，岂知行而行哉？
> 故足不知所以行，目不知所以见，心不知所以知，俛然而自得
> 矣。（《秋水》"夔怜蚿，蚿怜蛇"一节注）
> 乘万物，御群才之所为，使群才各自得，万物各自为，则
> 天下莫不逍遥矣。（《秋水》"为大胜者唯圣人能之"一节注）

故郭象之所谓"无为"者，乃万物之各自为；故无为即自然也，自
然即自得也；"自得"即率性而动，率性而动即无待也。此皆郭象
之说之首尾一体，本末一条，自成其为一家之系统也。若以"自然
论"为郭象思想之体，则"无为论"乃郭象思想之用；合此二者，
而通观之，斯郭象一家议论之体用备见矣。

一二

今再综述郭象自然论之大义。盖天地间万形万化之生之有，皆
不自无生，不自无有；亦不自道生，不自道有；复不自天生，不自
天有。皆万形万化之自然生，自然有。一切万形万化皆自然生，自
然有，故先后不相待而成，彼我不相制而得；故无所用其"知"与
"故"，"作"与"为"。"知"亦自然而知，"为"亦自然而为，"能"
亦自然而能，"得"亦自然而得；此之谓"物之性"，此之谓"物之
理"，即此之谓"物之自然"。亦可谓此即是"物之天"也。然宇宙
本体其终为一虚无乎？曰：固至实大有而非虚无也。然则天地运行
其有所定命乎？曰：此又至变"极化"而未有所定命也。然则天地
间一切万有万形，其如一机械乎？曰：此又各自独生独化，互不相
待，各自圆成具足，不成其为一机械也。然则天地之间，其复何有
乎？曰：惟此性，惟此理，惟此不已之生生化化，互不相待而各足
圆成。至异也，亦至同也。人之于其生也，实无所别择，无所祈

向，则惟有任性而动，当理而为，自然顺化，一循乎天而止。此郭象注《庄》之大义也。故郭象之说，若未背乎《庄》而实有超乎《庄》之外者。昔人竞谓其注《庄》窃之于向秀，而忽于其自有所独创，则亦非也。

然郭象之说，辨矣而未能谓之是。唐《权载之文集·送浑沦先生游南岳序》，述浑沦言："郭氏注《庄》，失于吻合万物，物无不适，然则桀骜饕戾，无非遂性，使后学者懵然不知所奉。"此从其说之影响于人文界者言。又宗密《原人论》，斥迷执，谓："道法自然，万物皆是自然生化，则石应生草，草或生人。且天地之气，本无知也，人禀天地之气，安得欻起而有知乎？草木亦皆禀气，何无知乎？"此从其说之无当于解释自然界者言。故郭说虽辨，终不得后人信奉，而性理渊微之阐发，仍必有待于宋儒。惟郭注妙义络绎，清辨斐亹，为人爱诵。后起儒佛两家，无形中沾染郭义者实多；爰特为拈出而条理之，使治中国思想史者，亦知有郭象一家之言之如是云云也焉耳。

（此稿作于一九四八年春，
刊载于是年九月《学原》二卷五期）